A Work in Progress:
Behavior Management Strategies and a Curriculum
for Intensive Behavioral Treatment of Autism

孤独症儿童
行为管理策略及行为治疗课程

[美] 罗恩·利夫（Ron Leaf）
　　 约翰·麦克伊钦（John McEachin）／主编

蔡飞 ／ 译

华夏出版社
HUAXIA PUBLISHING HOUSE

中文版序

我们欣喜地获悉《孤独症儿童行为管理策略及行为治疗课程》一书将要再版。本书由"孤独症伙伴"（Autism Partnership, AP）的专业人员合力编写而成。"孤独症伙伴"是临床医生和专家共同运营的一家全球性机构，专注于为孤独症谱系障碍儿童及其家庭提供一对一治疗、团体干预和海外咨询服务。除此以外，我们也提供定制的校本培训（school-based training）和社会团体服务，以满足该地区不同学校的特殊需求。我们相信，经过基于应用行为分析（Applied Behavior Analysis, ABA）的密集行为治疗（intensive behavior treatment），障碍人士能够发挥出巨大的潜能，构建出有意义的关系，并过上有品质的生活。

本书分为两个部分，分别介绍了以应用行为分析为基础的行为干预策略，以及由54个明确渐进的练习组成的教学课程。

本书第一部分"孤独症儿童行为改进策略"致力于帮助人们理解家长和教师在日常生活中所面对的行为问题，并提供解决这些问题的实用信息。此外，这一部分还涉及睡眠问题、排便训练、进食问题、自我刺激行为以及游戏和社交技能。

本书第二部分"孤独症伙伴的回合尝试教学课程"是从初级到高级的一系列详尽的教学课程，新手家长和正在探索孤独症儿童课程的专业人士将会由此发现本书是一个宝贵的资源库。

除本书外，我们还出版了三部著作，《编织社交网络》（Crafting Connections）是全面理解和教授社交技能的一部综合性著作，《现在该上学了》（It's Time for School）介绍了"孤独症伙伴"项目如何在学校系统中实施，《孤独症治疗方法的真相疑云：不得不说》（Sense and Nonsense in the Behavioral Treatment of Autism: It Has to be Said）讨论了孤独症和应用行为分析领域的最新议题，并澄清了关于应用行为分析的诸多误读。

我们出版了两张光盘，设计了三套教具，并创建了一个叫作 APSPARKS 的 ABA 在线资源网站。ABA 教具包括代币制度套装（Token Economy Set）、课室行为管理制度套装（Group Reinforcement Systems）和语言理解训练套装（Comprehension Trainer Set）。

在我们的临床工作者团队所创建的 ABA 资源网站 APSPARKS.cn 上，我们提供了 1000 个课程、教学方法、治疗评论和疑难解答的相关视频以及其他各类主题的介绍。此外，网站上还有五十多篇关于 ABA 技能和 ABA 程序的文章和可供下载的资料，这些文章和资料对本领域的家长和治疗师来说都是极其重要的资源。

我们真诚地希望您在阅读本书后会感到受益良多！

理学硕士、认证行为分析师
"孤独症伙伴"董事
www.autismpartnership.com.hk

改版译序

由美国临床心理学家罗恩·利夫（Ron Leaf）和约翰·麦克伊钦（John McEachin）所著的《孤独症儿童行为管理策略及行为治疗课程》的中文简体版在我国出版已有11年之久了。作为内地第一本系统讲解孤独症行为治疗课程的书籍，它为许多从事孤独症干预工作的专业人士和孤独症儿童的家长提供了训练指南，为无数孤独症儿童带来了康复希望，作为本书中文简体版的译者，我深感荣幸！

借此机会，我想向为本书做出重要贡献的人们表达谢意。首先，我要衷心感谢开发此课程的罗恩·利夫博士和约翰·麦克伊钦博士，感谢他们开发出如此精彩实用的课程。如果他们知道此课程在中国受到如此广泛的欢迎，造福了那么多孤独症儿童和他们的家长，我想，他们一定会感到无比自豪。其次，我要衷心感谢在青岛开办孤独症训练中心的方静女士。由于某个特殊的机缘，16年前，我造访了这个中心，方静女士将此书的英文版慷慨赠送给我。"赠人玫瑰，手有余香"，她的信条深深地感染了我，使我有此机缘阅读此书并萌生将其译为中文的念头。最后，我要衷心感谢华夏出版社的刘娲女士。11年前，还是年轻编辑的她，慧眼识珠，积极策划和推动此书出版，并担任责任编辑。我深刻地感受到她对孤独症儿童及其家长所怀抱着的深切的同情心和博大的爱心。

当初，我之所以翻译此书，并在相当长的一段时间内从事孤独症干预工作，是因为有着特殊的人生机缘，接触了很多孤独症儿童和家长，这些星星的孩子，他们明亮却空洞的眼神，深深地刺痛了我。我有机会倾听许多孤独症儿童家长的心声，他们的绝望和无助，他们的挣扎与奋斗，深深地震撼了我！有一位家长向我讲述自己如何从希望到绝望，再从绝望中奋起，无畏苦难，与命运抗争，带领孩子在孤独症的漫漫黑夜中艰难前行，逐渐看到曙光的心路历程。我有幸读到他写的一首名为《那一刻，我沉入深渊——献给我的孩子》的诗，它深深地打动了我。

一声啼哭 / 如一道霞光 / 我心中 / 布满彩霞
我幸福地颤动 / 如风中的花枝 / 我张开臂膀 / 拥抱你这小小的生灵
你沉静的睡容 / 让我多么陶醉 / 我的爱 / 大地一样深沉
怎么会知道 / 蓝丝绒般的天空 / 会酝酿狂暴的风雨 /
如镜的港湾 / 会掀起滔天的巨浪 / 狰狞的厄运 / 伺伏在幸福的身后
那一刻 / 我沉入深渊
痛苦 / 窒息一般 / 缠绕着 / 无法相信 / 那只是命运恶意的玩笑
刹那间 / 生命失去了重量 / 如一片枯叶 / 飘零在秋风中 / 天地一片灰色 /
我影子一般 / 失魂地游走
你明亮的眼睛 / 面对着空洞的世界 / 如晶莹的星 / 孤悬在无际的夜空
你天使般的睡容 / 像锋利的锯 / 割痛我
你是爱的根源 / 痛苦的渊薮 / 我多么想放纵自己 / 从世界极顶 / 纵身一跃
但是 / 我不能
我无法想象 / 长大的你 / 蓬头垢面 / 目光空洞 / 行走在喧嚣的城市
我梦想的你 / 挺拔如小松 / 伟岸似山峰 / 目光灵动 / 如山涧的清流
我要牵着你 / 行走在暗夜中 / 朝着太阳的方向 /
我要磨砺你 / 用心灵的利剑 / 刺破无边的黑暗 /
我要用虔诚 / 感动上帝 / 终有一天 / 上帝会对你说 / "要有光"
于是 / 光明照亮你

这首诗写于2004年"六一"国际儿童节前夜，具有特殊的意味！他告诉我，当孩子被诊断为孤独症时，他与妻子相对而泣，不吃不喝，躺了整整三天！这三天里，他愤怒，愤怒于命运的不公：他的家庭世代善良，不曾做过一件坏事，发生率万分之五的孤独症怎么会落到自己孩子的头上？这三天里，他绝望，绝望于生命的无助：他甚至希望世界末日马上来临，结束他无尽的痛苦；这三天里，他想过死亡：抱着孩子从高楼之上，纵身一跃，永久解脱！但最后，他终于战胜了绝望，战胜了怯懦，战胜了自我，他选择了与命运抗争，他要扼住命运的咽喉，他决心和孩子一起，走出绝望的隧道，去迎接黑暗深处熹微的曙光！他领悟到，只有行动才有希望，只有抗争才有未来！无论命运如何不幸，太阳每一天都会升起，太阳每一天都是新的！

这位家长和孩子的故事，深深地打动了我！我下定决心，尽快翻译此书，以图造福所有孤独症儿童和家长，为他们走出绝望和痛苦、走向光明的未来助一臂之力！

由于后来工作变动，我渐渐不再从事孤独症干预工作，但我还是尽可能地帮助每一位求助于我的孤独症家长。在此过程中，我深切地感受到，党和国家高度重视特殊教育事业，高度重视孤独症干预工作，但我国孤独症干预资源还是严重不足：高水平专业人士依然严重缺乏；高水平孤独症治疗机构依然寥寥可数；高水平治疗课程，特别是针对青春期孤独症人士的情感和社会性训练课程依然严重不足；孤独症儿童接受融合教育往往会遇到种种困难。在此，我呼吁：培养特殊教育师资的院校要强化孤独症干预专业人士的培养，培养学前教育和基础教育师资的院校要强化孤独症融合教育人才的培养，强化中国特色孤独症干预课程的开发。

这次改版，我们更新了40余个术语的翻译，以使其同当下使用更为广泛的译法保持一致，并修正了初版中的纰漏，同时将原有的小开本改为大开本，内容上则没有大的变动。希望此次改版能够更便于读者阅读，同时参考使用书中的表格、工具等。

最后，我要祝福所有孤独症儿童及其家长，祝福所有帮助孤独症儿童及其家长的人们！希望这个译本能够继续帮助家长和专业人士带领孤独症儿童走出心灵的牢笼，走向光明的未来！

蔡飞

2019年12月26日凌晨

初版译序

1943年，孤独症正式被文献记载。1982年，南京脑科医院的陶国泰先生诊断出我国第一例孤独症。二十多年来，我国诊断出的孤独症儿童越来越多，按万分之五的发生率计算，总体数量庞大。在此形势下，培养大量专业人才，构建高质量的训练课程是孤独症康复事业的当务之急。但国内相关的资料少得可怜，远远不能满足广大学校、机构、家庭的需要。因此，引进国外高质量的孤独症康复训练课程不失为捷径之一，相信《孤独症儿童行为管理策略及行为治疗课程》在我国的出版，能为我国从事孤独症康复训练的广大专业人士、孤独症儿童的家长和教师提供有益的帮助。

《孤独症儿童行为管理策略及行为治疗课程》一书有以下几个特点：

1. 理论联系实际。这一课程以应用行为分析（Applied Behavior Analysis）作为孤独症康复训练的主要方法。实践和研究表明，伊瓦尔·洛瓦斯（Ivar Lovaas）所发展的应用行为分析是孤独症康复训练最为有效的方法之一，其理论基础是斯金纳（B. F. Skinner）的操作式条件作用（operant conditioning）原理。这一原理也是行为矫正的主要原理之一，其要点在于，行为（behavior）如得到强化（reinforcement），出现的概率就会提高。根据这一原理，任何行为，无论是适应性行为（adaptive behavior），还是不良行为，都因强化而成。因此，运用这一原理，可以塑造适应性行为。应用行为分析的基本方法，就是将较复杂的适应性行为分解成较小的单元，小到患儿能掌握的程度，然后一步一步（通常是从最后一个行为单元开始倒推着向前训练）运用强化原理进行训练，直至掌握整个适应性行为。本书第一章和第二章集中讨论了密集行为治疗（intensive behavior intervention）的方法，第三章讨论了强化问题，第四章至第七章运用强化原理，分析了孤独症儿童的破坏性行为和自我刺激行为的成因及解决方法，第八章至第十二章分别讨论了如何运用强化原理培养孤独症儿童在睡眠、大小便、进食、游戏和社交方面的适应性行为。

2. 可操作性强。本书第二部分"孤独症伙伴①的回合尝试教学②课程"提供了孤独症康复训练的范例，它是应用行为分析在具体行为领域的应用。这些行为领域包括认知、语言、情感、社交、游戏和自理技能等方面。每个项目的训练都有具体、详尽、可操作的行动指南，因此，对应用行为分析有基本认识的家长，只要按照课程的指导逐步实施，就能收到一定成效；同时，根据这些范例进行康复训练，可以在"做中学"，在实践中进一步领悟应用行为分析的精髓。

3. 适用范围广。这一课程既适用于孤独症儿童的康复训练，也适用于其他发展性障碍儿童的康复训练；既适用于正式的结构化行为训练，也适用于较为生活化的行为训练；既可为孤独症康复训练的专业人士所采用，也可为一般孤独症儿童的家长和教师所采用。

当然，没有一门课程是完美的，任何课程都在不断完善之中。希望采用本课程的专业人士、家长和教师，能在运用本课程的基础上有所发展和创造，开发出更加丰富的康复训练课程。要特别说明的是，考虑到汉语没有动词时态和名词复数，我们没有译出课程部分的"动词时态"（Verb Tenses）和"复数"（Plurals）这两个部分。

本人之所以翻译此书，一是源于对孤独症儿童及其家庭深切的同情，对他们的无助与痛苦感同身受，二是因为本人运用这一课程对孤独症儿童进行系统训练收到了良好的成效。希望更多的专业人士和家长能分享此书，使更多的孤独症儿童走上健康发展之途。

在本人对孤独症儿童进行康复训练的过程中，在此书的翻译、出版过程中，得到了许多朋友的热情相助：青岛以琳自闭症研究中心的方静女士提供了本书的英文版；南京脑科医院儿童精神卫生中心的王晨阳医生、金利波医生、邹冰医生和王民洁主任给过我各种形式的无私帮助；华夏出版社为争取此书的版权做了大量工作。我愿借此机会对他们表示深深的感谢，感谢他们的古道热肠，感谢他们对孤独症儿童及其家庭深刻的同情心和卓有成效的帮助。

---

① 译注：孤独症伙伴（Autism Partnership），即本书两位作者所在的孤独症治疗机构。
② 译注：回合尝试教学（Discrete Trial Teaching），也译为"分解式尝试教学""回合式（操作）教学""离散单元教法""分离式试验教学""单一尝试教学法"（中国台湾）。

只要用爱心的阳光照耀，用智慧的圣水滋润，每一颗种子都会发芽，每一朵鲜花都会开放，每一个孤独症孩子都会成长！愿这本教程帮助每一个孤独症孩子走出心灵的牢笼。

蔡飞
2007 年 10 月 9 日于南京市月光广场冷月斋

前　言

此书已写了二十多年，但仍未完成。这一工作仍在进行之中。甚至在写下这些话时，我们的一位富有才智的工作人员，也是富有献身精神的家长，还在思考一种新的、把一种重要技能教给孤独症儿童的巧妙方法。但如果要一直等到我们认为囊括了全部有用的课程，那么此书将永远不可能付梓。

我们要做的就是提供一张路线图和十分详尽的例子，以便从事孤独症治疗的人士能深刻理解治疗过程。

此书并非细则详尽的手册，也不应被当作细则详尽的手册。孤独症儿童各不相同，需要针对每个孩子的特点，对课程做相应修改。并非每个孩子都要上完全部课程，有些孩子需要增加许多超出本书范围的课程。处理课程要有灵活性，要向孩子学习。我们希望大家自主开发并试用新的教学课程。只要以资料为指导，就不会偏离方向。这就是应用行为分析的妙处。

尽管此书内容并非完备，但富于献身精神的研究者所汇集的有效治疗和教学技巧方面的知识确实令人印象深刻。我们以他人的工作为基础，同样，我们也希望人们以我们这里所提交的工作为基础。

我们得益于全世界最有天才的教师，得益于他们的创新和深刻见解。他们有些是持证的专业人士，包括特殊教育教师和语言病理学家；有些是辅助性专业人士；还有些是在理解如何影响孩子方面有才能的家长。

在加州大学洛杉矶分校，我们受到伊瓦尔·洛瓦斯（Ivar Lovaas）工作的重大影响，在他的指导下，我们学习了多年。他写下了这一领域尽人皆知的经典著作——《发育障碍儿童的教育：我的书》(*Teaching Developmentally Disabled Children: The Me Book*)。此书虽然涉及的范围稍窄，但论述精深，即使在二十年后，仍有很强的启发性。

最近有一本新书《对孤独症幼儿的行为治疗》（*Behavioral Intervention For Young Children With Autism*）问世，此书涉及范围广泛，是由凯瑟琳·莫里斯（Catherine Maurice）编辑的。对处于本课程高级阶段的孩子来说，由萨布里纳·弗里曼（Sabrina Freeman）所编的《教我学语言》（*Teaching Me Language*）一书必不可少。希望我们仍在编写的作品，能比邻这些重要的著作在书架上赢得一席之地。

罗恩·利夫

约翰·麦克伊钦

1999 年 1 月于加利福尼亚锡尔比奇

目 录

导　言 ·· 1
　　伙　伴 ·· 1
　　一位家长的故事 ·· 1

孤独症儿童行为改进策略

第一章　密集行为治疗 ··· 7
　　历史基础 ·· 8
　　课　程 ·· 9
　　我的孩子应该接受多少个小时的治疗？ ·· 9
　　家人起什么作用？ ·· 10
　　治疗安排 ·· 10
　　教学模式 ·· 11
　　教学环境 ·· 12
　　治疗阶段 ·· 12
　　评　估 ·· 13
　　课程的有效性 ·· 13
　　优秀课程共有的要素 ·· 13

第二章　适用于年龄较大的孩子和青少年的方法 ······························· 15
　　对年龄较大的孩子进行治疗 ·· 16
　　教育安置 ·· 18

第三章　强化 ··· 19
　　关于反对强化的意见 ·· 19
　　确定和开发强化物 ·· 20
　　强化物的种类 ·· 21
　　选择强化时间的间隔 ·· 22
　　强化法则 ·· 23

第四章　破坏性行为 ··· 28
　　哪些行为是有害的？ ·· 29

	创设最佳环境	30
	环境和压力	30
	治疗要自然、有趣、可泛化	31
第五章	理解破坏性行为	33
	如何处理破坏性行为	35
	加剧周期	36
	第一阶段	37
	第二阶段	38
	第三阶段	39
	最后阶段	40
	所有阶段	40
	具体的行为管理方法	41
第六章	行为课程	43
	破坏性行为	43
	培养孩子挫折承受力的课程	44
	压力等级	46
	不服从	47
	促使服从的要点	47
	训练服从的课程	48
	服从的等级	49
	及时进行处理的方法——积极的	50
	及时进行处理的方法——缩减的	50
第七章	自我刺激行为	51
	自我刺激的功能	52
	及时进行处理的方法	53
	积极处理的方法	56
	实用性	56
第八章	睡眠问题	57
	形成夜间常规活动	58
	选择适当的就寝时间	58
	发展"助眠"物体	59
	让孩子待在床上	59
	不要让孩子睡在父母的床上	60
	午睡时间	61

第九章　排便训练 ……………………………………………… 62
　　准　备 …………………………………………………… 62
　　设　备 …………………………………………………… 63
　　按时排便训练 …………………………………………… 63
　　延长排便的时间间隔 …………………………………… 65
　　引导独立排便 …………………………………………… 65
　　检查裤子的干湿 ………………………………………… 66
　　独立排便的强化训练 …………………………………… 66
　　辅助还是不辅助 ………………………………………… 67
　　大便困难 ………………………………………………… 67
　　使用尿布的刻板行为 …………………………………… 68
　　夜间排便 ………………………………………………… 68
　　午睡时间 ………………………………………………… 69

第十章　进食问题 ……………………………………………… 70
　　选择食物 ………………………………………………… 71
　　选择教学时间 …………………………………………… 71
　　引进新食物 ……………………………………………… 72
　　其他进食问题 …………………………………………… 72

第十一章　游戏和社交技能 …………………………………… 74
　　促进语言发展 …………………………………………… 74
　　随机学习 ………………………………………………… 75
　　社会性强化 ……………………………………………… 76
　　对教授社交和游戏技能的抵制 ………………………… 76
　　选择要教的游戏技能 …………………………………… 79
　　单独游戏 ………………………………………………… 80
　　教授游戏 ………………………………………………… 80
　　有效的教学成分 ………………………………………… 81
　　任务分析 ………………………………………………… 81
　　每次只教一步，直至掌握 ……………………………… 82
　　反复进行练习 …………………………………………… 82
　　进行辅助并逐渐减少 …………………………………… 83
　　强化 ……………………………………………………… 83
　　培养独立性 ……………………………………………… 83

第十二章 社交游戏 84
　　社交活动和游戏活动实例 85
　　举办游戏聚会 87
　　选择同伴 88
　　社交发展阶段 88

孤独症伙伴的回合尝试教学课程

教学指南 93
回合尝试教学 96
泛化核查表 110
服　从 111
非言语模仿 112
积木仿搭 117
动作技能 121
配　对 123
绘　画 128
游　戏 131
　　一般教学策略 132
　　游戏范围 132
　　游戏发展阶段 133
唱　歌 135
独立活动和游戏 137
游戏脚本 139
接受性指令 144
接受性命名 149
实用的非言语沟通技能 153
诱发沟通 155
言语模仿 157
　　发音困难 163
表达性命名 164
交谈——初级 167
勇于表达自己的观点和立场 169
是/不是 171

否　定	173
共同注意	175
情　绪	177
手势及肢体语言	180
特　征	183
事物的用途或作用	186
分　类	188
常识和推理（一）	190
常识和推理（二）	194
相同与不同	196
介　词	198
代　词	201
扩展语言	204
"我不知道"	208
交谈——中级	210
提　问	213
排　序	216
第一 / 最后	218
之前 / 之后	221
故　事	223
原因与结果	225
理　解（一）	228
理　解（二）	230
同伴交往	231
交谈——高级	235
交谈核查表	238
社交意识	239
观察学习	241
社交技能	247
什么不见了？	250
回　忆	251
数量概念	253
阅　读	256
书　写	258

自理技能 ·· 259
排便训练 ·· 264
学校行为核查表 ·· 268

附　录

　　附录一：课程评估 ·· 269
　　附录二：日常资料汇编 ·· 299
　　附录三：回合尝试资料 ·· 300
　　附录四：课程概要 ·· 301
　　附录五：成绩评估 ·· 302
　　附录六：课程说明 ·· 306
　　附录七：追踪表格 ·· 307

作者简介 ·· 309

导　言

伙　伴

我们的机构名叫"孤独症伙伴"（Autism Partnership），因为我们深信，对个体的治疗要取得成功，所有治疗者的精诚合作至关重要。但这并不是说，大家要永远保持一致，各种观点都有益于治疗过程。很多时候是条条大路通罗马，建设性的争论能开启心智。

家长比任何人都更清楚，如果缺乏合作，对孩子的伤害会有多大。作为专业人士，我们可能永远不会真正知道，当孩子成为争论的中心，冲突是多么令人沮丧。对许多家长来说，这只不过是多年来所经历的又一场噩梦。

一位家长的故事

在忐忑不安地意识到儿子的发展方式有些异常时，梦魇就开始了。这最令家长感到恐惧。我们努力寻找一切都好的积极征兆，以此宽慰自己。在身体方面，没有迹象显示我们的儿子有问题，他成功经历了大多数早期发展阶段。别人总是这样对我们说："他确实还不会说话……但孩子开口说话的时间各不相同。"也许是因为他是我们最小的孩子，他确实不像其他孩子那样喜欢社交，但每个孩子都是不同的，个性和性情都不一样。我们想要化解疑虑，需要化解疑虑，也必须化解疑虑。亲友们也总是渴望帮助我们消除这一恐惧，但不祥之感并未就此消除。

我们向熟悉的儿科医生诉说了我们的忧虑，在孩子的照料和健康方面，他帮助过我们。他说不必担心，每个孩子的发展都有所不同。我们希望的正是这种保证，也很愿意相信这种保证。我对自己说:"也许我正好是个焦虑的家长,问题是由我造成的。"也可能是我为这个孩子做得太多了——他最小,他们说这种情况也会出现在婴儿身上。

但是,几个月过去了,情况并未改善,儿子同朋友家孩子的差距越来越大。在以后的检查中,我再次报告孩子没有进步,但仍被告知不要担心,孩子要说话还有很多时间。医生微笑着安慰我们,并说孩子一旦开口说话,也许我们会希望他保持安静。

最后一次找儿科医生,是我和丈夫一起去的,我们向他说明了孩子的情况。也许安慰我们最恰当,但他做了转诊处理。我真不知道自己的感受:是宽慰?终于有人同意我们的看法,事情终于有了转机;是愤怒?我知道出了问题,但就是没人愿意相信;是否认?也许儿科医生反应过度,实际上一切都好;是内疚?为什么不早点相信自己的直觉?

我感到恐慌,想马上为孩子获取帮助。我安排时间去见专业人士,但往往要等很久,而且经常延期。我开始认识到孩子的病不能这样耽误下去。第一位专业人士非常冷淡,他草草地告诉我们这是孤独症。我极为震惊,虽然没有充分理解孤独症的含义和全部细节,但知道这绝非好事。实际上,我怀疑的也是孤独症,但这一诊断还是令我感到震惊。

我知道,有些父母甚至还没有我们这样"幸运",我们的孩子这么早就得到了诊断。他们通常被告知,孩子太小,没有什么异常。医生确实没看出有什么问题,或者说孩子至少没有什么在常模之外。由于没有得到明确诊断,他们找了一个又一个医生,关于孩子的问题,他们得到的解释各不相同,甚至相互排斥,相互矛盾。有些家长得到的是错误诊断,从而误入歧途。

有了这种与专业人士打交道的经验,我们只能痛惜孩子所失去的宝贵时间。你已然深感痛楚,但接踵而来的是,好心的家人和朋友对这一诊断表示怀疑。你很想和他们一起怀疑,但又深知最好不要听信他们的话,他们善意的怀疑无助于缓解痛苦。你确实没有时间和精力跟他们争辩并说服他们。

梦魇在继续。我们忍受这样的痛苦,由于担心我们的孩子行为怪异,没有人邀请我们参加圈内人士的活动。由于用在搜集资料和寻求治疗上的时间越来越多,我们的朋友圈子越来越小。无论如何,我们都难以享受社交的乐趣。参加人家孩子的生日晚会,只能使我们痛苦地想起自己孩子的缺陷。朋友们也不知道能说些什么,他们的鼓励听起来如同隔靴搔痒。我感到孤独、无助和失落。

最后，我明白自己必须重新振作起来。我竭尽全力，开始尝试选择各种治疗方法。可到哪里去寻找关于孤独症的有用信息呢？少得令人绝望，其中还有很多自相矛盾的说法和后来被证明是错误的信息。我获悉，孤独症是一种终身障碍，我们的孩子永远会有严重障碍。此外还有各种人们信以为真的"疗法"。我该相信谁呢？我盼望孩子有可能得到康复，但又害怕这其实并不可能。梦魇还在继续。

关于孤独症的治疗，有许多不同的说法：维生素疗法、禁食疗法、脱敏治疗、感觉统合训练、TEACCH①以及洛瓦斯法②。有些治疗十分可笑，令人发噱。还有其他各种疗法：言语治疗、作业治疗、游戏治疗、身体和行为治疗。有人会告诉你，某种疗法最好，其他疗法可能十分有害，而另一种说法却正好相反。各种说法，令人莫衷一是，真让人想放声尖叫！

真正有效的疗法似乎很少，看来，我们只能接受诊断和黯淡的预后了。最终，我们选择了特殊教育，希望孩子至少能学到一些东西，并感到快乐。一年后，我对行为疗法有了一些了解，出于某些原因，我觉得这一疗法可能有效。但当我咨询专业人士时，他们却说行为疗法绝不是我们要找的神奇疗法，我们已经做了一切能帮助孩子的事。然而，通过与一些正在参加密集行为课程（intensive behavioral program）的家长交谈，我觉得行为疗法可能有效，他们的孩子进步惊人。我进一步进行了研究，发现有些书籍和科学论文令人信服地证明，反对行为治疗的专业人士又错了。梦魇终于要结束了，但漫长而艰辛的工作仍摆在我们面前。

一旦选择了某种疗法，家长的梦魇通常会加剧，缺乏合作的问题也会凸显出来。谁负责提供什么东西？先进行哪种治疗？我的孩子需要多少个小时的治疗？父母再一次成为争议的中心。这不但会造成持续多年的情绪困扰，而且会破坏有效的治疗。

为孤独症人士提供优质治疗的机构很多。不过，即使是具有丰富的应用行为分析经验的机构，它们在治疗实践上也常常有所不同。其间的差异可能是由多种因素造成

---

① 译注：TEACCH，"Treatment and Education of Autistic and Related Communication Handicapped Children"的缩写，全称为"孤独症和相关沟通障碍儿童治疗与教育"，是专门为孤独症儿童设计的课程与教学，由美国北卡罗来纳大学的麦西博夫（Mesibov）和邵普勒（Schopler）等人在20世纪60年代中期历经多年教学经验发展而成。
② 译注：洛瓦斯法（Lovaas），即洛瓦斯所发展的应用行为分析（Applied Behavioral Analysis, ABA）。

的：孩子的年龄和功能水平、治疗环境、对治疗的个人见解和不同阐释。来自不同学科的专业人士可能会提出相互冲突的建议，如果他们不熟悉应用行为分析的最新研究，就更有可能如此。对必须为孩子选择一种疗法的家长来说，这尤其令人困惑。已经采用某种应用行为分析课程的家长会很幸运地发现，在应用行为分析的提供者之间，共识远大于分歧。选择哪一家应用行为分析机构，可能取决于哪一家的见解最令人信服。由于家长通常有过痛苦的经历，他们怀疑专业人士，甚至对专业人士感到愤怒，也就并不令人惊讶了，这是对忍无可忍的情况的自然反应。而专业人士会感到吃惊和不解，家长为何如此愤怒和多疑。

我们必须携手合作，必须接受争议，必须依靠证明疗法有效性的资料，必须关注孩子，必须珍视并汇集团体内的所有观点和独特见解，必须像伙伴一样一起努力。

孤独症儿童行为改进策略

罗恩·利夫
约翰·麦克伊钦
贾米森·戴哈什
马琳·贝姆

Behavioral Strategies for

Teaching and Improving Behavior of

Autistic Children

第一章　密集行为治疗

孤独症是一种因正常发展过程受到严重破坏而出现的障碍，它出现在生命的头两年。它导致儿童语言、游戏、认知、社交和适应等功能受损，在发展过程中越来越落后于同伴。其病因尚未明了，但有证据表明，起因在于生理方面，如脑的某些部位神经异常。

孤独症儿童不会像普通儿童那样学习。他们似乎不能理解简单的言语沟通和非言语沟通，也因感觉输入而感到困扰，并不同程度地游离于周围的人和事。他们醉心于某些妨碍其游戏发展的活动和事物，对其他孩子没有什么兴趣，也不会通过观察和模仿他人进行学习。

尽管学习过程遭到破坏，行为科学家仍然根据学习理论的基本原理，形成了教育孤独症儿童的有效方法。伊瓦尔·洛瓦斯（Ivar Lovaas）博士和他的助手在加州大学洛杉矶分校经过30年的研究，令人信服地表明，早期治疗能显著改善孤独症儿童的功能。1987年和1993年发表的两项追踪研究表明，19个接受密集行为治疗的孩子中，有9个能成功地完成常规教育课程，并在智力测验、适应技能和情绪功能方面，看不出他们和同伴有什么差别。即便是那些没有获得最佳结果的孩子，在语言、社交、自理和游戏技能方面也有重大收获，除其中两人以外，其他孩子都发展出了功能性语言。

在这一研究中，孩子开始接受治疗的年龄都在三岁以下。他们**平均**每周接受40个小时的一对一治疗，由加州大学洛杉矶分校的本科生实施，并接受研究生和心理学家的指导，平均治疗时间是两年或两年以上。

历史基础

从 1993 年开始，应用行为分析（Applied Behavioral Analysis, ABA）再次流行。在很大程度上，这与凯瑟琳·莫里斯（Catherine Maurice）的著作《让我听见你的声音》[①]一书的出版有关，此书记述了她对两个孤独症儿童的治疗。同许多专业人士和父母一样，莫里斯女士一开始对行为治疗不甚了了，她曾认为行为治疗太消极、太僵化，也曾认为行为治疗效果有限，会使儿童形成机械的行为方式。但其经验证明，情况并非如此。她发现人们可以十分灵活地、积极地运用行为治疗。更为重要的是，行为治疗极为有效。

莫里斯女士的故事给受专业人士误导、认为孤独症儿童将永远受其障碍严重影响的家长带来了希望和方向。自此，全世界的家长开始开设密集行为课程，也开始要求学校和政府部门对孩子采用应用行为分析。

虽然应用行为分析最近才开始广泛流行，但它并不是什么新疗法。批评行为治疗的人士经常辩称，行为治疗只是一种"试验性"程序。证明其有效性的经验证据很少，只有洛瓦斯（1987）和麦克伊钦、史密斯（Smith）和洛瓦斯（1993）的两项研究得到援引，显示对孤独症儿童实施行为治疗是有效的。实际上，应用行为分析是以五十多年来对各种行为障碍和发展性障碍人士的科学研究为基础的。从 20 世纪 60 年代早期开始，大量研究证实了对孤独症儿童、少年和成人实施行为治疗的有效性。研究表明，应用行为分析能有效地减少孤独症人士常见的自我伤害、发脾气、不服从和自我刺激等破坏性行为。研究还表明，应用行为分析在教授复杂的沟通技能、社交技能、游戏技能和自理技能方面是有效的。洛瓦斯及其同事（1973）发表了一篇综合性研究报告，表明应用行为分析有效地治疗了多名儿童的多种行为。

虽然洛瓦斯的工作被引用得最多，但也还有其他证据表明应用行为分析的好处是实实在在的。哈里斯和汉德尔曼（Harris & Handleman, 1994）回顾了数项研究，这些研究表明，参加采用应用行为分析综合性学前课程的孤独症儿童中 50% 以上成功地融入了非残障班级（non-handicapped classrooms），而且许多儿童不需要持续的治疗。

[①] 编注：《让我听见你的声音》（*Let Me Hear Your Voice*）中文版 2018 年由华夏出版社出版。

课　程

行为治疗的目的在于教导孩子学习那些能促进发展的技能，帮助他们尽量独立，提高生活质量。现行的多种课程都是经过几十年的研究才开发出来的，可以教授各种技能。

课程内容应包括人们充分发挥多方面才能、充分享受生活所必需的技能，也应包括游戏和模仿等大多数儿童通常不必正式学习的技能。学习说话、理解概念、发展学业技能、提高游戏和社交技能应是重中之重。不过，随着孩子年龄渐长，教学的重点应转移到实用知识和适应技能上。课程安排应循序渐进，先教简单的概念和技能，在孩子掌握作为必要条件的技能之后，再教复杂的技能。不过，不必刻板地坚持学生学习的预设次序。例如，有些孩子在会说话之前就学习阅读，虽然这并非常见的模式。

重要的是，要以学生已取得的成绩为基础，扩展其已有技能的使用范围，鼓励形成新的技能。言语沟通的发展并不会消除学生在游戏技能、社交技能和适应技能方面的需要，因此必须设计一些课程专门教授这些技能。有些孩子可能永远学不会说话，因此需要一些替代性的沟通手段。课程设计要以经验为依据，强调实用：有效的就坚持，无效的就改变。

我的孩子应该接受多少个小时的治疗？

为了确定每周安排多长时间进行治疗，应当检视孩子的日程。要合理安排时间，密集治疗、强度较低但仍是结构化的活动、自由活动和在家的时间要保持平衡。除了对一教学的时间，也应考虑教学质量和正式治疗之外时间的结构化程度。研究表明，许多孩子每周接受30个小时以上的直接训练，效果最好。应当调整治疗课时的长度，以取得最大成效。通常，2～3小时效果最好。

要泛化①技能、提供观察学习的机会，必须举办游戏聚会。如果孩子白天部分时

---

① 译注：泛化（generalization），在条件作用（conditioning）形成之后，对与条件刺激相似的刺激做出相似的反应。例如，如果狗对铃声形成了唾液分泌的反应，那么与铃声类似的刺激（如蜂鸣器的声音）也会诱发其唾液分泌的反应；又如，如果我们受到蛇的惊吓而害怕蛇，那么也会害怕与蛇类似的事物，如鳝鱼。在应用行为分析中，泛化是指个体将在治疗过程中所学到的概念或技能应用到具体的生活情境中。孤独症儿童通常泛化能力低下，因此，治疗师必须促进儿童对所学概念或技能的泛化。

间在学校，就要减少在家治疗的时间。

家人起什么作用？

在治疗过程中，家人的投入至关重要。没有人比你更了解孩子，你最关心孩子，受孩子障碍的影响也最大。你把大量的时间花在了孩子身上，你可以利用这些时间将教学目标泛化到日常生活情境中。

家长经常直接对孩子进行治疗。不过，家长都知道，和孤独症孩子一起生活要承受很大的心理压力，治疗团队的协调工作也很费劲。因此，只要有可能，最好雇请治疗师来进行大部分密集行为治疗工作，这样家长才有时间休息，余下来的时间陪伴孩子才会更愉快、更有成效。家长可以利用密集行为治疗之外的时间，培养孩子的游戏技能、社交技能和自理技能。到公园玩、到杂货店购物、到邮局寄信、走亲戚等都可用来泛化孩子的技能，改善孩子的行为。此外，洗澡、吃饭、穿衣和喂猫等日常活动也可以用来教学。这样，孩子的全部时间都成为治疗过程的一部分，家长也成为治疗团队的成员。让孩子参与日常活动，对防止其进一步孤立十分重要。

治疗安排

教学方式要因时而变。开始，在孩子习惯了治疗之后，应逐渐增加正式回合尝试教学（Discrete Trial Teaching, DTT）的时间。不久之后，随着用于其他教学［例如，团体教学（group teaching）和随机教学（incidental teaching）］的时间的增加，可逐渐减少回合尝试教学的时间。在治疗过程中，课程重点也会有所变化。不过，治疗的总体结构依然相同。治疗应是各种课程的结合，包括提高沟通技能、游戏技能、社交技能和自理技能的课程。课程应是个别化的，以满足每个孩子的特殊需要。下面这个例子展示了在一次历时3个小时的典型治疗过程中应如何分配时间。

20分钟　室内结构化游戏
80分钟　语言（始终要有短暂休息：0~20分钟语言；5~10分钟游戏；0~20

分钟语言；5～10 分钟游戏等）

  30 分钟 自理技能

  30 分钟 室外结构化游戏

  20 分钟 记录任务执行和完成情况

这一时间分配的任一部分，都可以根据学生年龄、治疗阶段和学校要求进行增减。

教学模式

应用行为分析应是这一课程的主要教学模式。虽然治疗可采用许多不同技术，但主要教学方法应是回合尝试教学。这是一套使学习最优化的特殊方法，能促进大多数技能的发展，包括认知技能、沟通技能、游戏技能、社交技能和自理技能。此外，它不仅适用于各个年龄段，而且适用于所有人。

☆回合尝试教学不只是教授语言的方法，也不只适用于孤独症儿童。☆
☆它是有效的教学方法！！！☆

回合尝试教学包括：①将一种技能分解成较小的部分；②一次只教一个小技能，直到掌握为止；③集中一段时间，反复练习；④进行辅助，并在必要时逐渐减少；⑤使用强化。

基本的教学单元叫作尝试（trial），它有明显的开始和结尾，因而名之为"回合"。为了巩固学习，回合尝试教学应包含很多尝试。只有在学生掌握了技能的每个部分之后，才能教授新的技能。在回合尝试教学中，教授的技能单元非常小，并且要求学生立即做出反应。在学习中，学生应积极投入。这不同于连续尝试或较传统的教学方法，后者教授大量内容，而没有明确界定学生要做出的反应。

治疗所采用的其他技术包括行为管理（behavioral management）、危机干预（crisis intervention）、结构化教学互动（structured teaching interactions）或较传统的咨询方法（more traditional counseling methods）。

教学环境

刚开始进行教学时，应创设一种环境，使学生能尽早取得成功，这就要排除各种干扰，避免孩子分心。不过，教学必须很快扩展到日常环境。这不但更为自然，而且可以把学习迁移到所有情境中①。因此，治疗不应只在家里进行，也要在室外进行，在社区、公园、麦当劳和市场之类的场所也可进行。如果干扰分散了孩子的注意力，就要教育孩子集中注意力，不受环境干扰的影响。孩子必须学会在各种干扰物会自然出现的环境中学习，从而为在学校这样的典型环境中学习做好准备。

治疗阶段

随着孩子学习的发展，治疗会进入不同阶段。虽然各个阶段并非截然不同，但治疗仍可分为三个阶段。

开始阶段主要是逐渐了解孩子。建立温暖、快乐和具有强化作用的社会关系至关重要。为了实现这一目标，第一个月的治疗重点在于，通过游戏和无条件发放强化物来确定强化物。通过营造积极的氛围，使孩子更愿意服从教学安排，治疗进展会因此更快，挣扎和破坏性行为会因此更少。了解孩子的好恶、明了其长处和短处十分重要。"学会学习"（Learning to Learn）也是开始阶段的关键成分。必须让孩子知道，符合要求就会得到即时的、频繁的奖赏。要学习的技能包括怎样安坐听讲，怎样在教学情境中专注于任务，对指令做出反应，学习如何处理反馈，理解因果关系等。这一阶段是为学习概念和技能做准备的阶段。

中级阶段包括学习具体的沟通、游戏、自理和社交技能。要将复杂的概念分解成一系列可系统教授的步骤，将抽象的概念转化成具体的实例。在孩子学习课程的过程中，要对课程进行个别化调整，以满足孩子的需要。虽然开始时目标在于迅速促进学生技能的发展，但长期目标在于提高学生的学习能力和在自然环境中的功能。因此，

---

① 译注：学习迁移（the transfer of learning），一种学习对另外一种学习的影响。根据学习之间相互影响的性质，可分为正迁移（positive transfer）和负迁移（negative transfer）。如果一种学习促进另外一种学习，此为正迁移；如果一种学习妨碍另外一种学习，此为负迁移。"把学习迁移到所有情境中"是指学生将在回合尝试教学中所学到的知识、技能用于日常生活。这里的迁移当然是指正迁移。

为实现长期目标，治疗应尽可能自然而不影响孩子的学习速度。应该让孩子参加游戏聚会和其他社交活动或社区活动。在这一阶段，孩子通常会进入学校情境。

高级阶段要使治疗日益自然，更能泛化到日常环境中。这一阶段的重中之重在于，发展较为微妙的社交、游戏、情感、认知和沟通技能。完全融入自然的学习环境（也就是学校）也在这一阶段。

评　估

必须不断评估治疗的有效性。工作人员应每天收集与所教课程和行为有关的资料。要定期举行团队会议，讨论治疗的有效性，讨论如何改进课程。建议用摄像机拍下孩子在家生活和训练的情况，每月至少一次。

课程的有效性

治疗会成功增强孩子在语言、游戏、社交和自理等方面的功能。不过，治疗效果当然会因人而异，它取决于以下几个因素：开始治疗的年龄、治疗的质量、孩子的认知能力和家人是否协调一致。治疗的宗旨在于最大限度地开发孩子的潜能。

虽然"康复"这一目标令人神往，但研究结果表明，在最好的情况下，三岁以前开始接受治疗的孩子实现这一目标的不到一半。不过，几乎所有被研究的孩子在沟通、社交和游戏技能方面都取得了巨大的进步。事先难以确定哪个孩子会取得最理想的疗效。治疗之前已有的沟通技能和认知能力与疗效有关。不过，在治疗开始之后，学习速度成为更为可靠的预测指标，经过六个月的治疗，就能知道孩子在治疗中的进步将会有多快。

优秀课程共有的要素

1. 治疗内外协调一致。
2. 每周至少两小时的督导。
3. 家长和工作人员参加所有会议。

4. 在治疗之前培训新工作人员。

5. 家长正确评价治疗团队。

6. 愉快的工作环境。

7. 同督导讨论问题。

8. 不对孩子进行比较。

9. 不对工作人员进行比较。

10. 欣赏治疗师的不同风格。

11. 日程安排具有灵活性。

12. 家长参与部分时间的治疗。

13. 团队成员能进行开放式的沟通。

14. 积极地、创造性地提出问题并解决问题。

第二章　适用于年龄较大的孩子和青少年的方法

虽然最好在孩子年龄很小的时候就开始进行治疗，但大多数年龄较大的孩子也能受益于密集行为治疗。不过，要治疗年龄较大的孩子，必须事先改造和改进治疗模式。在对年龄较大的孩子进行治疗时要进行调整，在同家长沟通时也要进行调整。

年龄较大的孤独症儿童的家长通常有着与年龄较小的孤独症儿童的家长根本不同的经验，他们面对养育严重残障孩子这一巨大挑战的时间要长得多。多年来，他们一直试图走出由治疗方案、治疗方法和专业纷争所构成的迷宫。他们因没有得到适当的服务而长期遭受挫折。看到孩子年龄日长却进步无几，他们常会产生强烈的无助感、绝望感和愤怒。针对年龄较大孩子的治疗要取得成功，就必须先消除父母的忧虑、愤怒和挫败感，除了对孩子进行密集行为治疗之外，还要对家长进行教育和辅导，以解决这些长期令人困扰的问题。

最重要的是，要倾听并理解家长的问题，指导他们更好地配合治疗体系。要为家长提供信息，查找资源，帮助建立支持系统。帮助家长总结经验也很重要。这些家长通常接受了大量错误的信息，因此，必须为他们提供正确的信息，以正视听。要让他们正确理解诊断、病因、治疗和预后。很少有家长不为"今年的新疗法"一类的传言所吸引。这常常意味着，要消除家长因有个孤独症孩子而产生的痛苦和愤怒。

与家长打交道，最重要的也许是调整其对孩子预后的期望。要指导家长形成现实的期望。有些家长过高估计孩子的潜能，强烈否认孩子的病症；有些家长则过分悲观，认为没有人能改变孤独症儿童的命运。虽然预后很不明确，但应该保持某种现实的乐观。虽然这也适用于年龄较小孩子的家长，但对年龄较大孩子的家长来说，这一点更为重要，因为孩子成年期的不明朗前景已隐然逼近。

在对年龄较大的孩子进行治疗时，帮助家长处理孩子的行为和技能缺陷很重要。

年龄较大孩子的破坏性行为常常频率高、强度大，也更难管理。因此，除了直接对孩子进行高强度的训练之外，还要培训家长运用行为管理技术。对年龄较小的孩子进行治疗，主要以一对一和结构化的形式进行；对年龄较大的孩子进行治疗，更需要家长在日常生活情境中进行训练。为了使家长集中精力进行"治疗时间之外的治疗"，我们不强调家长在回合尝试教学中的作用。处理孩子在社区所表现出来的破坏性行为，在乘车时教孩子学说话，帮助孩子在公园里玩，与正式的回合尝试教学同等重要。

对年龄较大的孩子进行治疗，要着眼于实际，要帮助家长使治疗适应生活，而不是使生活适应治疗。这就要求了解家庭的需要，并帮助他们确定目标次序。不要增加他们的负担，但要理解他们的特殊处境，并根据其家庭需要提供治疗。这就需要为他们寻找可行的方案，解决问题，并帮助他们理解作为父母如何教育孩子。还要为他们设计治疗课程，既不降低治疗的有效性，也不增加其家庭所遭受的挑战和困难。因此，寻找并利用所有资源，包括招募并训练辅助性专业人士，是治疗年龄较大的孩子和青少年的主要工作之一。

对年龄较大的孩子进行治疗

与年龄较大的孩子有关的问题

- 行为问题和体格大小
- 行为问题由来已久，因而根深蒂固
- 要优先处理重要的行为问题
- 技能发展不平衡（例如，会阅读却不会穿衣服）
- 如何恰当地运用强化（例如，与年龄相称的程度）

要有灵活性和创造性

- 更多地在学校实施课程
- 利用一切可能的资源
- 向提供服务的人（如教师、治疗师）说明诊断的结果**或许**能更多地取得他们的合作
- 教学的指导方针［例如，尝试（trial）是否分解得太细］

- 治疗的结构（例如，每天 2 小时的回合尝试教学）

课程问题

- 要强调娱乐技能和社交技能
- 如有必要，要教功能性的（非言语的）沟通技能
- 自理和日常生活技能
- 利用社区设施的技能

满足增强独立能力的需要

- 用间接的方法提醒学生注意
- 尽可能自然
- 避免学生依赖老师的贴身照顾
- 不要只关注学业技能的训练
- 要教授实用技能
- 特别强调游戏和社交

服务于特定目的的治疗

- 心理咨询
- 系统脱敏[①]
- 社交技能训练
- 多学科方法（职业治疗、语言治疗等）
- 性教育

家长的作用

- 监督、协调治疗团队
- 泛化：要训练学生在各种场合运用学过的知识和技能，如引导学生在超市购物和洗澡时运用学过的知识和技能，利用各种机会教授游戏和社交技能
- 不要因错失机会而内疚

---

① 译注：系统脱敏（systematic desensitization），行为治疗的一种，主要用于治疗恐惧症。第一步，进行放松练习，让服务对象学会肌肉的深度放松，肌肉的深度放松与焦虑颉颃；第二步，排列诱发恐惧或焦虑的情境的主观等级；第三步，以实际或想象的方式实施系统脱敏。脱敏从诱发恐惧或焦虑最轻的情境开始，服务对象在面对诱发焦虑或恐惧的情境时，进行肌肉的深度放松，以消除由情境诱发的焦虑或恐惧，直至完全不再恐惧或焦虑为止，然后进入下一个情境进行训练，依次类推。

现实的期望

· 以尽量开发学生潜能为目标

教育安置

关于教育安置,"孤独症伙伴"的理念是:应在限制最少的但能使孩子长期收益最大的环境中进行教育安置。教育安置的限制性各不相同。因此,要仔细评估哪种安置最能满足孩子的需要。每种潜在环境各有利弊,在做决定时,许多因素都很关键。没有必要机械地从限制性安置开始。与此相似,治疗团队也不必机械地排除非融合性的安置。有时,限制性更强的环境更能满足孩子的需要,并使其最终获得更强的独立性。

治疗团队应做好计划,确定教什么才能为学生提供最佳机会,才能使学生在尽可能多的领域迅速提高技能。一旦采用了某种安置形式,就要不断评估,以确定提出新安置形式的最早机会,这一时机应对孩子有利。没有必要一次只让孩子提高一个层次。例如,如果进步显著,环境适宜,孩子就能从一切都完备的教室直接过渡到完全融合的教室。在考虑提高之前,不要机械地等待孩子完全适应某个特定的环境,这一点也很重要。有时,额外的挑战,激励作用更强的环境,获得有意义强化物的可能性提高,能使孩子在层次更高的环境里立即取得更大的成功,即使他对当前的环境并不完全适应。

限制性程度不同的教室
(classroom continuum)

限制性较高						限制性较低
寄宿学校 (Residential School)	在家训练 (Home Bound)	个别训练 (Self Contained)	反主流训练 (Reverse Mainstreaming)	主流训练 (Mainstreaming)	有支持的完全融合 (Full Inclusion With Support)	无须支持 (No Support Needed)

第三章　强化

在开始阶段，课程的有效性主要取决于强化物的有效性。随着时间的推移，要使孩子逐渐摆脱对人为的强化物和自然依联①的依赖。开始时，孩子很可能并不觉得保持安静、合作或服从本身也具有内在的激励作用，可能也不会觉得说话、游戏或社交具有内在的激励作用。否则，孩子就不会被诊断为孤独症。在开始阶段，为孩子提供人为的外在强化物能够更好地培养其适当行为。

关于反对强化的意见

有些人以各种理由反对使用强化物。他们可能觉得运用奖赏不自然。这也许是因为他们看到过有人不恰当地使用强化，也没有逐渐减少强化的计划。强化对每个人都具有激励作用，它可能是薪水、假期、嗜好或他人的陪伴。我们之所以会感到心满意足，正是由于生活中各种强化物在起作用。

有人反对使用强化（奖赏），是因为误认为强化（奖赏）构成行贿。但是，强化如果使用得当，就不是行贿。在日常生活中，行贿的目的在于诱使他人做不正当之事（例如，向行政官员行贿）。在行为矫正课程中，行贿是在遭到某人拒绝做某事时就奖赏进行的协商。还有一个行贿的例子：孩子表现出破坏性行为，你跟他说，如果停止破坏性行为，就能得到奖赏。这并不是正确的强化方法。当孩子出现破坏性行为时，不要提醒他中止这一行为会得到什么东西。谈论强化物本身就具有强化作用，在出现破坏性行为时，即便是这种轻微的强化也不应该出现。宣布破坏性行为中止后会得到什么东西，也会使孩子有机会讨价还价，或者有机会考虑自己是否值得表现出适当行

---

① 译注：自然依联（natural contingency），自动的、内在的，非安排好的依联，而非外在的、安排好的依联。我们在日常生活中存在的那些依联就是自然依联。

为。还有一种情况也可算作行贿，那就是在提出要求时，主动允诺某种奖赏。这也会使人依赖给予奖赏的承诺，并在**没有**得到给予奖赏的承诺时，拒绝完成所要求的行为。更为糟糕的是，用人们喜爱的强化物逗引人，而在所要求的行为出现之前又一直不给强化物。所有这些，都不同于通过适当谈判而达成的行为协议，也不同于其他正强化[①]的恰当运用。在日常生活中，最常见的依联奖赏[②]也许就是薪水了。从没听说过有人认为领取周薪或月薪是贿赂。

也许有人深信，孩子可能会依赖奖赏，因此反对使用强化。只有在没有以适当的方式逐渐减少强化，或没有将自然的激励因素纳入计划时，孩子才会依赖强化。从理论上讲，课程开始时强化要频繁，然后很快减至自然的频率。

有人认为，对有些孩子不要进行强化，因为似乎没有什么东西能激励他们。通常，这种情况只出现在确实不需要强化物却得到强化物的情境中，或出现在得到强化物但与行为无关的情境中。吃饼干、看电视、郊游是日常生活的一部分，如果唾手可得，就起不到强化作用。如果对某个孩子而言，确实没有什么有效的强化物，就要以确定强化物为目标。确定和开发强化物需要时间。即使孩子已经有了各种强化物，开发更多的强化物也是值得的。

☆"如果没有良好的强化物而又不去开发，那就别训练啦！"☆

确定和开发强化物

对孩子进行简单的观察也有助于确定强化物。强化物并不一定要复杂。我们常会错误地认为，强化物必须复杂、精细。其实，十分细小、平常的东西，通过精心的"包装"或高明的推销（就是对这些东西做出热烈的反应），也能成为强化物。孩子经常出现的行为，如听音乐、看电视，也是适当的强化物。人所自由选择的任何东西都有可能成为强化物。和父母相处、散步、擦背之类的日常活动，都能成为有效的强化物。

---

① 译注：强化分为两类，一类是正强化（positive reinforcement），一类是负强化（negative reinforcement）。所谓正强化，就是给予个体某种他想要的东西，如食物、饮料、金钱、荣誉等；所谓负强化，就是去除个体某种他不想要的东西，如吃药后病痛的解除，犯刑人员如果表现好，就获得减刑等。

② 译注：依联奖赏，即依联强化，就是行为之后马上得到的强化。

要开发强化物，第一步只需让孩子接触可能充当强化物的事物。有时，孩子不知道玩具怎么玩，因此不知道玩具有多好玩。通常，孩子并不知道自己其实会喜欢某种玩具、活动或食品。成年人肯定了解这一现象：本以为某种食品可能很难吃，但只要壮起胆子尝一尝，就会发现它其实是美味佳肴。

让孩子任意使用可能充当强化物的事物，也能形成新的强化物。一旦能自由使用某种东西，就会有兴趣获得更多。有线电视公司经常采用这种方法，他们定期让用户免费接收电影频道。他们的经验是，让用户免费接收电影频道，总有一部分用户会觉得电影频道很有趣，因而购买这一服务。

强化物常常因餍足[①]而失去强化价值。如果个体过多地接触某种强化物，它最终会失去强化价值。例如，某种食品如果吃得太多，不管多么喜欢这种食品，最后也会感到厌恶。为了避免餍足，保持强化物的强化价值，有时必须让人得不到它。在孩子仍然喜欢某种强化物时，常常很难做到这一点。如果不暂时收起非常有效的强化物，那么其他效力较小的强化物就很难发挥作用，最后孩子会因餍足而对原来非常有效的强化物失去兴趣。要轮流使用非常有效的强化物和效力较小的强化物，同一种强化物不能用得太多、太滥。

对非常有效的强化物，要限制使用。应只在某些特定的时刻或在塑造特定的目标行为时才使用它。在进行正式治疗时，如果孩子很难集中注意力，那么就应只在进行正式治疗时才使用非常有效的强化物。这不但能保持强化物的强化价值，而且能激励孩子保持注意。我们经常要求父母将某些强化物收起来，只在治疗时拿出来。

把潜在的强化物同已经形成的强化物结合起来是开发强化物的有效方法。通过这种结合，潜在的强化物会获得相似的强化价值。比如，我们总是将夸奖、抚摸等社会性强化物同食物、玩具和活动等已经形成的强化物结合起来，就是出于这一原因。又如，为培养年轻观众对棒球运动的兴趣，每隔数局就给他们发放热狗、花生和棉花糖。

强化物的种类

不同的强化物具有不同的强化价值。有些只是不错而已，有些则让人"喜欢

[①] 译注：餍足（satiation），消费足够量的强化物，从而减弱相关的学习和表现。

得要命"。强化物的种类要齐全,要有各种效果不同的强化物,以便进行差别强化（differential reinforcement）。这就是说,对特别好的行为,要施予效力特别强的强化物;对良好的行为,要施予效果良好的强化物;对一般的行为,只施予一般的强化物。这样,不但能强化较好的行为,而且能增强孩子提高成绩的信心。

选择强化时间的间隔

通常,在课程开始时,强化的次数要多。**开始时**,也许只要孩子每几分钟**没出现**破坏性行为就要对他进行强化。更重要的是,在**出现**适当行为时,应进行更强有力的强化。

切记,强化的目标是以自然的频率进行强化。虽然在开始时可以采用连续强化[1],但应很快改为间歇强化[2]（例如,每15分钟、30分钟或60分钟进行一次强化）。最终目标应该是孩子在日常环境中（例如,在教室里）可能遇到的强化时间间隔。强化最终要以自然的频率出现（例如,每天一次,甚至是每周一次）。

最初的强化时间间隔应根据破坏性行为的次数确定。例如,如果孩子每隔15分钟就出现一次破坏性行为,那么应在15分钟内（例如,10分钟）就对他进行反馈和强化。这样,他才能真正享受到强化。失败的原因之一就是强化的时间间隔太长,这会导致在强化间隔结束之前,孩子可能就出现了破坏性行为,因此很难得到强化。如果孩子从未体验过强化,强化就不会起作用。此外,强化时间间隔太长会削弱孩子的动因（motivation）。

在逐渐减少强化的次数时,应采用效果更好的强化物,否则,孩子就有可能退步,也会失去继续进步的动力。一开始,不要使用效果非常好的强化物,否则,在减少强化次数时,就找不到效果更好的强化物了。

下面就是一个强化时间间隔的例子,强化力度从左到右逐渐增强。强化的时间间隔是相对的,最短的间隔从30秒到15分钟都可以。强化价值越大的强化物,个体需要用越长的时间得到。

---

[1] 译注：连续强化（continuous reinforcement）,强化物跟随于每一次反应。
[2] 译注：间歇强化（intermittent reinforcement）,强化物只是偶尔地跟随于反应。

5 分钟	15 分钟	30 分钟	60 分钟	半天	一天
葡萄干	半杯果汁	玩 5 分钟玩具	唱歌	录像	外出

强化法则

强化法则也许是心理学研究最多的主题之一。一百多年来，心理学家检验了强化原理，也进行了强化实践。研究表明，在行为改变过程中，强化不但必不可少，而且十分有效。通过研究，形成了如何有效运用强化的法则。

日常生活里到处都有强化，教师、家长、老板和教练都会运用强化，不过这种强化通常缺乏系统性。在运用强化时，大多数人并不知道最有效地运用强化的精妙之处。

许多书籍和手册都讨论过"强化法则"，要有效运用强化，必须遵循以下我们认为最重要的强化法则。

1．**强化物应具有强化功能**（reinforcing）

我们常常认为，自己喜欢的东西（如巧克力、冰淇淋、乡村音乐、高尔夫等）别人也会喜欢，但事实往往并非如此。显而易见，如果强化物确实不具有强化功能，所要求的行为或技能就不会得到提高，或者学得非常慢。因此，必须确定我们所认为的强化物真正具有强化功能。为此应不断进行评估：孩子得到强化物时是否兴奋；在进行自由选择时，孩子是否选择强化物。评估的根本标准是：孩子是否努力赢得你作为强化物拿出来的东西。

必须不断评估某种东西是否具有强化作用。遗憾的是，强化物的价值通常变化很快。因此，必须根据孩子当前的偏好十分灵活地改变强化物。

2．**强化应依联于目标行为**

只有在目标行为出现时才能得到强化物。除非出现目标行为，否则不要让孩子轻易得到强化物。轻易得到强化物会降低强化物的功效。因此，尝试选择为依联奖赏而保留的最佳强化物。不要选择不能控制或一控制就会引起大麻烦的强化物。

这条规则有个例外。对孩子很少选择的强化物，偶尔让他在没有出现目标行为的情况下得到，也许是有益的，这可以增强他对这种强化物的兴趣。

3. 应采用各种强化物

提供各种强化物，可避免孩子对强化物感到厌倦。采用各种强化物，能保持强化物的新颖性，使其更加有效，也能使你进行差别反馈（differential feedback）。即使孩子喜欢某种强化物，也要将它同效果稍差的强化物结合起来轮流使用。此外，决不可给予超出必要的强化。

哪怕孩子喜欢的强化物很少，也要选用其最喜欢的来强化最重要的行为。

4. 社会性强化物应同初级强化物[①]相结合

即使孩子不喜欢微笑和表扬之类的社会性强化物，通过将其同初级强化物（如食物、饮料、喜欢的玩具等）结合起来，它们最后同样会具有强化作用。开发了社会性强化物，最终就能交替使用社会性强化物和初级强化物，并能逐渐减少初级强化物的使用。此外，社会性强化物是日常生活中使用的主要强化物。

5. 不断地开发和确定强化物

每天都要在家里找找，集中一些新的物品进行尝试；逛逛玩具店；试试对其他孩子起作用的东西。即使孩子不喜欢某种玩具或活动，也不要放弃。

留心孩子的自我刺激，这有助于了解孩子喜欢什么东西或活动。进行视觉自我刺激的孩子可能会喜欢弹珠迷宫或液体定时器；进行听觉自我刺激的孩子会对音乐磁带、按钮式发声图书或乐器感兴趣；进行动觉自我刺激的孩子会对按摩、蹦床和呵痒痒的游戏感兴趣。

体现因果关系的玩具常常能吸引孩子。随着孩子的进步，有多种用法的玩具仍然有用。要寻找能够提供各种感觉刺激（如会发声、会移动、会发光）、探索机会和具有从简单到复杂的各种用法的玩具。

6. 使用同年龄相称的强化物

这会使同伴更愿意接受孩子，使人不太看得出孩子正在接受强化。此外，这有助于人们以同年龄相称的方式对待孩子，也有助于孩子以同年龄更相称的方式看待自己，并激发其更复杂的兴趣。最后，由于孩子在日常生活中更有可能接触这些强化物，这也有利于促进泛化。

---

① 译注：初级强化物，通常是一些能满足生理需要的东西，如食物、饮料等。

7. 出乎意料和新奇性能极大地增强强化的效果

出人意料的事物常常很有趣，具有很强的激励作用。设计摸彩袋和秘密箱，改变了强化物的呈现方式，这就为孩子提供了新的强化物。这种热情会与治疗时的人、场所和教学材料联系起来。

8. 在开始时，强化应马上出现

强化在行为之后半秒内出现最有效。这样，行为和强化物之间的联结最强，因此，孩子会更清楚地知道大人希望他做出什么行为。当孩子"学会学习"时，强化立即出现，在开始时也特别重要。立即提供强化物，减少了不慎强化其他行为的可能性。例如，如果你要强化目光接触，却拖延了强化，那么，实际强化的可能是他转过头去这一行为。同样，如果在行为出现之后几分钟才进行强化，孩子就很有可能忘记自己刚才做了什么，因而不知道将来要重复什么行为。不过，随着治疗取得进展，应当谨慎地延长强化的间隔时间，让孩子习惯日常环境中强化效果不那么明显的强化时间间隔。

9. 恪守关于强化时间间隔的规定

总是根据某个强化时间间隔进行强化，有助于孩子根据所要求的速率重复行为。强化物越能预测，目标行为就越有可能出现。如果出现了积极行为，却没有受到强化，或者更糟，出现了消极行为却随便得到了强化，进步就会大大减慢。由于预定强化频率降低（见下文），为了取得最佳效果，治疗团队中的每个人所采用的强化时间间隔要保持一致，这一点非常重要。

10. 随着时间的推移，应逐渐减少强化

采用密集强化时间间隔的时间越长，减少强化就越困难，要减少强化时，行为就越有可能消失。开始减少强化时，如果孩子出现问题，就要暂时增加强化的次数。同样，如果在减少强化次数的同时又提高了要求，就要提供效果更好的强化物，否则很可能出现倒退。

11. 评估强化的时间安排

要保证强化物的给予不削弱动力。相反，不要因强化物延迟太久而降低强化的有效性。为了避免这种情况，在未及拿出强化物时，你可以运用言语沟通（例如，称赞孩子刚才的行为）和非言语行为（例如，微笑、点头和竖起大拇指等）。在进行实际强化之前，要做出多种积极反应。采用代币系统或其他符号代表孩子所获得的奖品，是

行为出现之后延迟强化的另一种方法。

12. **在早期的教学中，要说明所强化的行为**

这有助于孩子意识到什么行为正受到强化，明白你要他重复什么行为，增强强化物和行为之间的联系。说明所强化的行为，有助于教师提醒自己专注于要训练的目标行为。以后，就不必具体说明所强化的行为了，因为孩子会理解行为和强化物之间的联系。

13. **过一段时间之后，强化不要过多，要更实际**

采用实际的、自然的强化物，能促进泛化。否则，如果孩子在日常生活中得不到强化，适当行为就有可能消失，破坏性行为就有可能重新出现。

14. **不要把奖品用作贿赂！！！**

不要让孩子习惯事先知道会得到什么强化物。在孩子出现破坏性行为时，不要提醒他说如果中止破坏性行为就能得到强化物，也不要威胁如果不中止破坏性行为就会失去强化物。在破坏性行为出现之后，不要追加强化物，也就是说，在破坏性行为加剧时，不要给予破坏性行为加剧之前没有出现过的额外强化物。

行贿极具诱惑！在短期内，行贿似乎非常有效。在得到贿赂时，孩子常常会马上中止破坏性行为。这是一种短期策略，虽然可能暂时缓解破坏性行为，但会引起长远的问题。你和孩子都会依赖行贿。你会发现，自己不得不经常用强化物提醒孩子，不得不经常提醒孩子要做什么才能得到强化物。这也会使孩子和你讨价还价，还会使孩子习惯于先考虑要得到的强化物是否值得自己做出你所要求的努力。

要在**适当**的行为出现**之后**再告诉孩子能得到什么奖赏，这除了能抵消行贿的不良后果，还能使强化不易预测，从而可以逐渐减少强化。一旦你开始依赖"如果……，那么……"式的讨价还价，就是承认这种互动的结果比过程更重要。"如果你停止叫喊，我就给你汽水。"这时，孩子只因你给予的东西才改变行为，而不是因为他听话，也不是因为要做的事是正确的。专注于外部强化，会减少孩子内化做出较好选择的愿望。

15. **运用差别强化**

差别强化是教授技能和矫正破坏性行为的一种重要方法。差别强化很简单：对最好的行为或成绩，给予作用最强的强化物；对最希望出现的行为，给予孩子最想要的强化物；对不太重要的行为，给予质量较差的强化物。下表提供的是正式治疗中可能用到的差别强化的实例。

差别反馈和信息反馈

正确、注意力集中	正确但注意力不集中	不正确但注意力集中	没反应或不正确、注意力不集中
哇	正确	试得好，但……	你必须集中注意
漂亮	正确	差不多	你要听好
你学会了！（理解了、记住了）	可以、不错、对	用两只手	不
听得真好	是	我做的时候你也做	醒醒
太棒了	你能做得更好	让我们再试一遍	你不在听
你想出来了（你理解了）	是	你快要结束了	你不在注意
你真聪明	好	结束，但是……	你需要试试……
真了不起	好、可以、对	那不是……	听着！
做得好	嗯、嗯	嗯、嗯	注意！
好、可以、对	相当好	不是	我要问你一个问题
干得好	做得好，但……	不怎么样	你得回答
好极了	挺好	摇头表示"不"	喂！

☆语气、表情和具体强化物的运用，有助于孩子了解什么是强化物。☆

第四章　破坏性行为

　　破坏性行为也许是治疗过程中遇到的最大障碍之一。这类行为极难改变，会给每个人带来沉重的压力和挫败感。但是，最大的障碍也许不是破坏性行为本身，而是每个人都不愿意处理破坏性行为。破坏性行为甚至经常不被当作要处理的问题。

　　许多课程忽略破坏性行为，没有设计相应的教学内容，原因可能是多方面的。对刚开始接受训练的孩子来说，破坏性行为极难改变，因为在孩子学习适应世界、应付世界的过程中，这些行为特别有效。同任何适应性行为和过去有效的行为一样，破坏性行为不论形成的时间长短，都极难改变。

　　在尝试改变孩子的破坏性行为时，我们能预料到破坏性行为的强度将会提高，出现的次数将会增多，有时多得惊人。在我们试图消除孩子的破坏性行为时，孩子会变得烦躁不安，因为这些行为对他们一直十分有用。此外，孩子根据过去的经验知道，破坏性行为的加剧往往能迫使他人让步。父母不想让孩子烦躁不安，也不想忍受孩子的吵闹，往往会选择放弃或让步。这是一种很自然的反应。不幸的是，让步只会强化破坏性行为，使其将来更难改变。

　　忽略破坏性行为的另一个原因可能是，人们往往认为形成认知技能会使孩子的残障看起来轻些。教授学业技能和沟通技能常常是家长和治疗者最感兴趣的领域，因此成为治疗的重点。有一种观点是，如果没有语言技能，孩子进学校学习和成功的机会就会大大减少。其实，真正影响甚至妨碍孩子融入社会的是破坏性行为，而不是别的。孩子失去这些机会的主要原因正是破坏性行为，而不是语言或社交缺陷！

　　有人甚至想当然地认为，如果孩子拥有了语言，其破坏性行为就会消失，或者减少到可以控制的水平。不幸的是，破坏性行为不但会大大减少孩子学习的机会，而且会大幅延缓学习的速度，对其预后产生消极影响。到最后，我们还是得想办法处理这些行为，但由于耽搁的时间太长，它们会变得更难处理。

家长和工作人员常常觉察不到孩子的破坏性行为。因为习以为常，人们往往觉察不到破坏性行为的出现，或者不了解其干扰作用有多大；由于没有觉察到孩子的破坏性行为，人们往往十分迁就孩子；由于孩子几乎没有表现出破坏性行为的必要，因此，处理破坏性行为就显得迫切。当孩子因未获得迁就而产生极端反应时，人们才会意识到孩子对迁就的依赖。有时，人们大概也能意识到孩子有可能出现破坏性行为，但为了求太平，不知不觉地调整自己的行为，以免和孩子对抗。

如果家长和老师盲目地期待破坏性行为最终自行消失，那就不会优先处理行为问题。此外，他们还认为，学习语言之类的新技能有助于缓解问题行为。其实，学习语言之类的新技能对减少破坏性行为收效甚微。因此，坐等破坏性行为自行缓解或消失，只会耽误行为问题的解决。

如前所述，尝试改变破坏性行为，常会使孩子烦躁不安。这让谁都不好受。除了不想忍受孩子的吵闹，孩子的烦躁不安也令人苦恼。虽然行为问题增加其实是种积极信号（也就是说，他觉察到了变化，他在进行互动，显示其毅力），但仍让人不舒服。但是要提醒自己，我们的目标不是让孩子短期快乐，而是让他长期快乐。我们知道怎样才能让孩子感到快乐——只要让他进行自我刺激、满足他的所有要求就行了，但这不符合孩子的长远利益。作为成人，我们经常要做出违逆孩子喜好的决定，如睡觉之前必须刷牙，不能只吃炸薯条，不能扔玩具……而孩子常常做出对自己有害的选择，因此，我们有责任确保他们做出正确的选择。这和医生给病人打针类似，虽然让人不舒服，但它是必要的。当然，在这一过程中难免会出现一些不愉快，要尽量使处理破坏性行为的过程积极、快乐。

最后，许多人觉得，与教授语言那样复杂的东西相比，处理破坏性行为更需要耐心和技巧。如果工作人员缺乏这些技巧，很容易感到恐惧、无助，从而回避行为问题。

哪些行为是有害的？

发脾气、攻击和不服从之类的行为显然是具有破坏性的、有害的。其他本质上消极的行为，如注意力不集中、不参与、偏离任务和自我孤立等，也许没有什么破坏性，但会阻碍孩子的发展。处理这些行为同样具有挑战性，也必须加以处理。虽然这些行为对发展的阻碍并不明显，但仍然会有阻碍。任何妨碍学习过程的行为都是有害的。

创设最佳环境

在实施正式课程之前，创设良好的教学环境很有好处，这不但能极大地提高课程的有效性，而且能使你的孩子、家人及本人在这一过程中感到更愉快。因此，要创造一个能让孩子安静、合作的环境。开始时，在发出任何指令之前，就要和孩子坐在一起，玩他所喜欢的玩具或游戏。当他习惯了你在他旁边时，逐渐发出孩子极有可能听从的指令。例如，可以用非常快乐但直接的口吻说"吃饼干""看录像"，或"转这个盖子"。

创设积极的学习情境不但能减少破坏性行为，而且能提供强化适当行为的机会。开始时，既要用口头表扬进行强化，还要用玩具、活动和食物之类实际的强化物进行强化。进行口头表扬时，应当说明表扬的是什么行为。要不断肯定所期望的行为，如"我喜欢你现在这么安静""感谢你的倾听""现在注意力很集中，棒极了"。不过，语言一定要简单，要让孩子能理解。

用这种积极的方式进行治疗，除了能减少行为问题、提供强化适当行为的机会，还有许多好处。第一，能使我们和孩子建立积极的关系，这种关系对有效的治疗是必不可少的。第二，为评估孩子的长处和短处提供了极好的机会。第三，我们能确定并开发强化物。第四，能吸引孩子，使孩子希望回到学习情境中。第五，我们可以潜移默化地进行教学而不引起孩子的阻抗。

环境和压力

环境对行为影响极大。混乱的环境（也就是吵闹、炎热、杂乱的环境）使行为趋于激烈，较安宁的环境使行为趋于和缓。普通人如此，孤独症儿童尤其如此。轻柔的、和缓的话语能使破坏性行为趋于和缓，但人们的做法往往与此相反。当孩子出现破坏性行为时，人们往往又气又急、大喊大叫，这反过来会加剧孩子的破坏性行为，而孩子的破坏性行为又会使人更气更急,叫得更响,从而形成恶性循环。同样,对抢夺物品的孩子,我们往往会本能地做出这样的反应:毫不犹豫地夺回物品,重新控制物品。这类意外事件往往只会使局面更加混乱,使孩子在努力控制情境时变得更加狂乱。

练习压力管理技术有助于在此类情境中保持镇静。长时间地深呼吸,提醒自己冷静,想象一些令人愉快的场景,或者只是简单地休息一下,都有助于恢复镇静,也有助于孩子恢复镇静。保持镇静不但可以避免场面进一步恶化,而且可以使人保持客观的立场,使人不会过多地注意孩子行为消极的方面。过多地注意孩子行为消极的方面,反而会强化孩子的破坏性行为。

避免潜在的对抗也能减少严重的破坏性行为。让孩子自己进行选择,进行某种程度的控制,是避免对抗的有效办法。例如,问"你想坐在地板上上课,还是坐在椅子上上课?""你喜欢做什么?""你喜欢在哪个房间玩?"之类的问题,让孩子进行选择,常常能营造较为安宁的环境。

除非你准备和孩子对抗到底,否则就不要提出可能引起对抗的要求(例如,"回到座位上去!""眼睛看好!""坐好!""向人问好!""说再见!")。因此,你自己必须想清楚,这是否真的很重要,自己是否已经做好了和孩子对抗到底的准备!!也就是说,除非你已经准备好让孩子完全服从指令,准备好可能运用肢体引导让孩子服从,否则,就不要提出可能引起对抗的要求。

沉闷常常会引起破坏性行为,因此有必要不断评估沉闷到什么程度就可能引起破坏性行为。不过,我们无法完全避免沉闷,也没有必要完全避免沉闷。孩子必须学会对付沉闷,但一定要避免不必要的沉闷。下面谈谈在治疗过程中避免沉闷的方法。

治疗要自然、有趣、可泛化

- 要用热情的语调
- 要在多种不同环境中进行训练
- 指令要多样化(例如,"这是什么?""你看到什么?""告诉我这是什么。")
- 采用有趣的、令人喜欢的、有用的材料
- 不要反复训练孩子已经掌握的课程,防止孩子感到厌倦

- 在孩子合作的时候，不要因为他注意力集中、任务完成得好而拖课，这构成对孩子合作行为的惩罚。同样，在孩子烦躁不安时，也不要随便缩短课时，这构成对孩子不合作行为的奖赏。
- 保持较高的成功率，使孩子更多地取得成功
- 运用孩子喜欢的事物或活动作为强化物（孩子用于自我刺激的物体也可以用作强化物）
- 把比较困难的任务穿插在比较简单的任务之间
- 强化物要自然、多样
- 语言要尽量自然
- 课程要多样化（例如，语言、游戏、社交和自理）
- 尽可能降低教学的结构化程度（例如，有时可以坐在地板上进行训练，而不一定要坐在座位上进行训练）

当孩子出现破坏性行为时，除了进行必要的监控，尽量不要去关注。这就是说，要完全忽略孩子的破坏性行为，因为关注本身会强化孩子的破坏性行为。显然，如果孩子的行为极度危险或者对他人有危害（例如，叫喊、说脏话、击打），就要进行制止（例如，把孩子抱开或强制他把手放下来）。制止破坏性行为本身也会造成对破坏性行为事实上的关注，这无法避免。不过，在制止破坏性行为时，要尽量减少与注意有关的行为，如尽量减少与孩子的目光接触，尽量不和他讲话。通常，人们对破坏性行为关注得太多[①]，而不是太少，这不但会强化破坏性行为，而且会使孩子感到焦虑，甚至会诱发更多的破坏性行为。即使过度关注能制止破坏性行为，孩子也会因此变得高度依赖外部的控制。因此，尽量不要去关注孩子的破坏性行为，以免孩子因破坏性行为而得到奖赏。

下一章会详细讨论处理破坏性行为的方法。

---

① 译注：训斥、惩罚也是关注过度的表现。

第五章　理解破坏性行为

行为是因其后果而习得的，这一假设是行为治疗课程的主要基础。如果某一行为的后果是积极的，那么这一行为将来就更有可能出现；如果某一行为的后果是消极的，那么这一行为将来出现的可能性就更小。例如，如果攻击行为经常产生个体向往的结果（例如，得到注意、逃避、挫败感减轻），那么个体将来就会变得攻击性更强；相反，如果攻击行为导致消极结果（例如，被迫放弃某种喜欢的活动），攻击行为再次出现的可能性就会降低。

减少问题行为的行为疗法有两大类：增强行为（behavioral enhancement）策略和减少行为（behavioral reduction）策略。罚时出局（time-out）、为行为付出代价、消退①等减少行为策略，运用紧随破坏性行为的消极后果来减少行为问题。**对其他行为的差别强化**（differential reinforcement of other behavior, DRO）、**对不兼容行为的差别强化**（differential reinforcement of incompatible behavior, DRI）、**对低频率行为的差别强化**（differential reinforcement of lower rates of behavior, DRL）等增强行为策略，通过强化令人满意的行为和不具破坏性的行为来减少破坏性行为。行为治疗课程通常综合运用增强行为和减少行为这两种策略。这样的课程不仅是为了消除破坏性行为，也是为了形成或增加适当的替代行为。所教的新行为如果自然而然地引起社交、游戏和沟通之类的结果，就最为有效，因为这些结果具有强化作用。既然是由于亲社会行为而受到强化，孩子过去那种运用破坏性行为来获得奖赏的倾向就会被削弱。

在减少自我伤害、攻击和发怒之类的严重破坏性行为方面，行为技术很有用。此外，沟通技能、社交技能和自理技能有缺陷的人士，也可以通过行为治疗获得这些重要技能。

---

① 译注：消退（extinction），即不给予强化。

虽然大多数行为治疗都能减少破坏性行为，但其长期效果取决于能否形成适当的替代行为。治疗的长期效果受多种因素影响。在设计课程时，如果不理解**为什么**出现破坏性行为，那么破坏性行为的潜在原因就得不到适当处理。大多数人在制订治疗计划时，通常只考虑如何消除具体的不良行为。不幸的是，如果有人因遭受挫折而打耳光，制止这一行为并不足以消除这一问题。如果行为治疗课程没有处理当事人应付挫折的手段，某种替代行为（如撞头）就很可能取代最初的自伤行为。因此，在制订行为治疗计划时，如果先分析破坏性行为的功能，并据此处理挫折和自伤行为，效果就会好得多。

有效地改变破坏性行为，关键在于理解其功能。破坏性行为的出现并不是偶然的，它们自有其作用。例如，攻击行为可能具有减缓压力、逃避不喜欢的任务或引起他人注意的作用。破坏性行为是进行沟通、影响环境和满足需要的方式，据此而言，它是一种适应性行为。

由于破坏性行为满足某种需要，因此，治疗课程要取得成效，必须教给孩子另一种能满足这种需要的行为。这样的行为就是替代行为。如果不把替代行为教给孩子，那么他极可能形成其他适应不良的行为，或者旧病复发、故态复萌。因此，必须通过系统的、周密的教学，教给孩子某种更能满足需要的方法。

近十年来，对破坏性行为性质的认识已有所加深，但行为训练课程的设计和运用没有充分利用这些认识，没能有效地教授适当的替代行为。行为训练课程在好几个方面都存在缺点。

没能恰当地选择替代行为常常是编制课程时遇到的第一个困难。对孩子不应该做什么（例如，不打人）可能很清楚，但确定孩子**应该**做什么作为替代往往更难。选择替代行为，不但要分析破坏性行为的作用，而且要确定什么行为能有效地发挥相同的作用，还要确定孩子能学会什么行为。此外，必须将替代行为分解成各个部分，以便一步一步地教给学生（也就是说，必须进行任务分析）。例如，只是确定必须学会的某种减压技术还不够，还必须将其分解成具体的步骤（例如，深呼吸、肌肉放松、数数、根据指导进行想象等），还要制订周密而详尽的计划。

缺乏耐心常常是妨碍成功编制行为训练课程的另一个重要原因。每个人都希望迅速出现变化，这可以理解，但这并不现实，也不是很可取。教授替代行为是个长期的过程。破坏性行为常常是经过数年的条件作用①才习得的，因此，要习得新的替代行为也许需要数年的时间。此外，要让孩子完全学会并保持一种技能，必须采用系统的、渐进的教学方法，但人们往往急于求成，试图一开始就教授所有复杂的技能，而这并非有效的教学方法。一次只能教一步，而且只有在学生掌握了一步之后，才能开始教下一步。

教学的时间安排得不恰当也是行为治疗过程中常见的问题。要尽量在条件最好的时候进行教学，这就是说，要在师生接受性最强、活动最有效的时候进行教学。这就是所谓的积极教学法（proactive teaching）。人们往往在破坏性行为出现之时或刚结束时进行教学，这绝对是个错误的教学时机，这正是孩子因发怒而学不进去的时候，也是教师因愤怒和遭受挫折而难以保持积极心态和失去耐心的时候。要在孩子没有表现出行为问题的时候，要在他感兴趣的时候，要在他有学习某种替代行为动因的时候进行教学，这一点十分重要。

如何处理破坏性行为

下面是供你和工作人员在破坏性行为加剧时参考的指南。由于情况各不相同，每个人与孩子的关系也不一样，因此，不可能十分完整地说明要采取什么行动，但还是可以说明一些具有指导作用的一般原理和应遵循的步骤。关键是要牢记，积极教学法最有效，不应该在孩子激动的时候进行教学。

表达受压抑的不良情绪的行为（acting-out behaviors）通常有着稳定的加剧模式，

---

① 译注：条件作用分为应答式条件作用（respondent conditioning）和操作式条件作用（operant conditioning）。应答式条件作用的形成机制如下：中性刺激和非条件刺激同时呈现，或近于同时呈现，且中性刺激在前，非条件刺激在后，这样多次结合以后，原来由非条件刺激所诱发的行为也能由中性刺激诱发，这时，条件作用就形成了。中性刺激也叫条件刺激。例如，铃声和食物多次结合，原来由食物所诱发的唾液分泌也能由铃声这样的中性刺激所诱发。条件作用形成以后，还会泛化。所谓泛化，就是与条件刺激相似的刺激也能诱发相似的行为。例如，狗在对铃声形成唾液分泌的条件作用之后，与铃声相似的蜂鸣器的声音也能诱发这一反应。泛化能力其实是一种概括反应的能力，但孤独症儿童的泛化能力往往低下。例如，用一支红色的笔教他"笔"这一概念，再让他看绿色的笔，他很可能就不知道这还是笔，而普通孩子就不存在这样的问题。

操作式条件作用的基本原理是：某种行为出现之后，如果得到强化，它以后出现的频率就会增加。操作式条件作用是应用行为分析的理论基础，本书所阐述的回合尝试教学就是以操作式条件作用原理为基础的，因此，训练师或家长必须首先掌握这一理论，才能真正理解应用行为分析。

也就是说，破坏性行为通常有几个发展阶段。在最初的阶段，破坏性行为通常表现为轻微地躁动、不停地走动、做出手势或呼吸急促等非言语行为或嘀咕、争辩等言语行为。如果情况没有得到处理，或者反应无效，破坏性行为就可能加剧，表现得更加明显，如破坏财物或逃跑。在最后的阶段，可能会攻击自己或他人，从而达到高潮。

每个阶段都需要做出不同的反应。关键是要清楚地认识到，连最适当的反应，或过去有效的反应，也不一定继续有效。要不断地分析现在怎么做才有效，后面的教学该怎样进行。

必须认识到，大部分孩子都接受过多种治疗。这些治疗方法可能没有持续得到正确运用，或者使用的时间不够长，还不足以产生疗效。此外，通常采用的训斥、罚时出局或取消孩子的某些权利等，从长远来看是无效的。这类方法以这一假设为基础：如果破坏性行为导致严重的后果，它再次出现的可能性就会下降。这些方法虽然能暂时制止破坏性行为，但确实没有处理破坏性行为的潜在功能，并且可能产生副作用，引起新的行为问题。

人们常常错误地理解减少破坏性行为的方法。例如，罚时出局这种干预方法应该让孩子"暂时**得不到强化**"。也就是说，孩子身处具有强化作用的积极情境中，当他出现破坏性行为时，就让他暂时离开一段时间。但实际上，孩子对许多情境并不觉得有趣，也不想待在那里，离开那里他会感到很高兴，因此让孩子离开反而会强化其破坏性行为。此外，孩子在被带离之后应该得不到任何形式的强化。但是，当孩子被带离而处于"罚时出局"状态时（例如，被强制坐在椅子上、角落里或床上），如果你不留意，他可能就会从事自我刺激之类的具有强化作用的行为。因此，这样的罚时出局实际上强化或增加了破坏性行为！再如，训斥并不能减少破坏性行为，因为在训斥过程中，成人的情绪反应和其他形式的注意会强化而不是削弱孩子的破坏性行为，虽然这是一种消极的注意。

加剧周期

破坏性行为的加剧常常遵循某种模式。通常，开始时比较轻微，然后逐步加剧。各个阶段也可能难以明确划分。此外，孩子的破坏性行为可能不遵循某种固定的加剧模式。例如，孩子很可能一开始就出现通常在中间或结束阶段才会出现的行为。因此，最重要的是，要确定孩子的激动程度以及最适当的反应，并运用常识灵活地处理各种独特的情况。

在危机出现**之前**，应采取一些积极有效的措施。措施之一就是给孩子许多进行选择的机会。这样做可以使他更愿意接受那些无法进行**选择**的场合。其次，要准备**丰富**的强化物。下面你会看到，在有些场合，当孩子结束消极行为、开始恢复自我控制时，就要发放一些强化物。准备丰富的强化物，也便于在孩子行为正常、平静时不断进行**大量**的强化，甚至在其行为焦躁不安时，仍可进行少量的强化，而不必担心孩子会发现可以用消极行为迫使他人对自己进行强化。这是因为对破坏性行为强度下降的强化要**少于**对没有破坏性行为的强化。

你的态度在所有阶段都很重要。心态要平和，立场要坚定，要善于控制情绪。这有助于让孩子保持平静，有助于你保持客观性，也有助于治疗收到成效。要想办法让孩子进行选择，但又不能让他在进行选择之后得到比原来更多的强化。让孩子进行适度的控制，孩子的行为可能不会变得极具破坏性。

有一份计划至关重要。在制订计划时，必须考虑到各种可能出现的意外行为和情况。如果孩子情绪恶劣或行为恶化，就**必须迅速**进行调整。

第一阶段

当孩子开始躁动不安时（表现为自言自语、自我孤立、呼吸急促等），仍要继续进行教学，但对其适当反应要不断进行高密度的言语强化和实物强化。例如，表扬他做得很好，并在其躁动减弱时加大强化力度。这是使破坏性行为**逐步降级**的基本策略。切记，一定要有一张不断发展的课程表，以保证孩子在没有破坏性行为时，可以得到最喜欢的强化物。但是，在其破坏性行为加剧时，一定要采取措施鼓励他恢复自我控制。如果得不到任何强化，孩子就没有动力改变其行为。幸好，躁动行为不可能永远持续，其强度自然会有所变化，偶尔也会停顿下来。这样，你就有机会在孩子的躁动暂时停顿时对他进行强化。孩子安静的时间越长，强化的力度应该越大。不过，对躁动逐步降级的强化力度一定要小于对一开始就没有出现躁动的强化。

如果孩子躁动急速加剧，那么你还是应该忽略这一行为，**但不可忽视孩子**！要继续和孩子一起进行活动，让他知道破坏性行为并不能使他逃避任务。此外，如果你离开这一情境，就不能在孩子的躁动行为降级时及时进行强化。如果你完全忽视孩子，其破坏性行为可能会加强，引起更大的混乱。

第二阶段

切记，破坏性行为之所以进一步加剧，是由于我们在第一阶段没能进行有效的治疗，或是由于我们误解了破坏性行为。不过，有时这种情况是难免的（我们毕竟只是人！），有时即使在第一阶段进行最好的治疗也不起作用。如果孩子的破坏性加剧到中等强度（例如，大声说"不"、跑来跑去、大声地自言自语、哭叫等），也许有必要改变环境刺激。可能有什么东西让孩子痛苦加剧。如果能找到那种东西，就可以通过改变活动或环境来改变情况。

有两种情况会加剧孩子的破坏性行为。一种是，孩子只是在进行操纵，只是希望通过加剧破坏性迫使你做出让步。在这种情况下，无论采用哪种使破坏性行为逐步降级的方法，都不要让他得逞，这一点很重要。为此，你必须态度坚决，不能心软。另一种情况是，对孩子要求太高，因此我们必须进行调整。例如，教学活动时间太长，没有进行恰当的辅助，课程太难或者我们没有对孩子进行充分强化。换言之，虽然孩子胡搅蛮缠并不正当，但他感到沮丧是有充分理由的，对此我们应予谅解。变换任务是改变这种情况的最好办法，这也许能消除引起破坏性行为的因素，由此减少破坏性行为。变换任务时，要尽量不露声色，防止孩子认识到只要表现出破坏性就能逃避自己不喜欢的活动。可以让孩子转而从事已经掌握得很好的活动，或者从事孩子拒绝尝试时愿意接受辅助的活动。我们经常采用接受性指令（receptive instruction）、非言语模仿或简单手部动作，以使孩子重新形成服从行为。

要一如既往，在孩子保持平静、行为恰当时，就进行言语强化和实物强化；在其表现出破坏性行为时，尽量不去注意。有些强化物不但能激发孩子的动因，而且能抚慰孩子，抚摸、柔声说话、拥抱、轻轻地拍打和唱歌等就是这样的强化物，要充分利用这些强化物的功能。要精心设计利用这类强化物进行强化的时机。如果破坏性行为刚出现不久（30秒以内），就不能过多地用这类强化物进行强化，因为这对刚出现的不适当行为也有所强化。如果破坏性行为出现的时间长一些（至少几分钟），就可大量给予这类具有抚慰作用的强化物，这时，要强化的主要是自我控制。此外，还会有意外的收获：强化物的抚慰作用可以消除烦躁不安，并因此大大减少孩子的破坏性行为再次加剧的可能性。

如果最初的任务是合理的，并且预计孩子能完成，就应该让孩子重新尝试这一任务，并尽量在课时结束之前完成任务。切记，改变破坏性行为是个长期的塑造过程，不可能毕其功于一役。不过，要尽量多完成一些任务，以更接近那个长远目标。

第三阶段

在孩子极度躁动不安时（例如，有攻击性、叫喊、扔东西、打人、自伤等），你必须十分镇定。如果以前对孩子进行过听从指令的训练（例如，"把手放下！"），就要利用这些指令，这也许能有效地控制破坏性行为。发出的指令要尽量具体，语气要坚定，要明确说明必须**做**什么，而不是说**不能做**什么（例如，"你必须坐在椅子上！"）。不过，你不一定总是能马上想到恰当的话，可以发出如"停住"等简单指令来制止破坏性行为，这也许有助于重新控制局面。但这样的指令不能用得太多，只能用一两次，否则就会失效，你自己也会因此失去威信，使情况变得更糟。对破坏性行为逐步降级的任何迹象都要进行口头强化和实物强化，但对破坏性行为本身，则尽量不要去关注。

工作人员常常用威胁来制止破坏性行为。他们这样做的原因之一就是威胁可能确实会使破坏性行为立即中止。问题在于，用这种拙劣的方法控制破坏性行为，往往导致破坏性行为在其他时间进一步加剧。靠威胁来控制破坏性行为会使孩子形成某种行为模式，只对说出严重后果的指令做出反应，而不理会平常直截了当发出的指令。长远目标是要让孩子认识到，后果不管是积极的还是消极的，不管有没有说出来，它都一定会出现。此外，不要事先告诉孩子会有什么后果，这只会使你处于不利地位。最好是让孩子担心一旦出现破坏性行为会有什么后果。这样，你就有更多的时间对孩子的破坏性行为应有什么后果做出恰当的决定。

不管是什么后果，都应该由破坏性行为发生时正在对孩子进行训练的人来执行。

把孩子交给另一个"更高的权威"来控制，只会削弱你的威信，这样做其实是在告诉孩子："你的行为我控制不了，所以我把你交给别人。"**最后，决不要用你实际上并不准备执行的事或不恰当的事来进行威胁**（例如，"我会把你锁在房间里，永远不让你出来！"）。

在孩子自我控制能力较好时，你可以提醒他，因为他能保持安静，并且任务完成得好，因此会得到一个奖赏。当时，既可以明确说明这个奖赏是什么，也可以不说。不过，这种方法容易将强化变成贿赂，因此，除非万不得已，否则不要轻易采用。

最后阶段

如果孩子的破坏性行为危及他人或自己，就必须采用攻击行为管理策略（management of assaultive behavior, MAB）或其他强制手段，包括陪同或制止。例如，在出现严重的自我伤害行为时，就应当采用攻击行为管理策略。当然，对攻击行为，要尽量不予注意，当孩子的破坏性行为逐步减弱时，要密切监控，以便及时进行口头强化或实物强化。

☆只有在用尽了其他方法或情况危险时，才采用强制手段。☆

所有阶段

在整个过程中，要细心观察孩子对表扬或强化的反应。在受到表扬或强化时，孩子或拒绝或加剧破坏性行为的情况也很常见。如果强化有效，就能从孩子的行为上看出来。如果孩子平静、放松，不怎么紧张，就说明强化是有效的。

如果孩子变得更加烦躁，扔掉或拒绝你给的强化物，就应重新选择强化物。在得到强化或反馈时破坏性行为逐渐加剧的孩子，往往有强烈的控制欲和权力欲。可以尝试某些方法，如不直接评论孩子的行为。例如，不要说"你这样安静我很喜欢"，而要说"和你在一起感觉很好"，或者评论他正在做的事，如"你愿意和我一起看这本书吗？"

这既能让孩子得到注意，又没有直接关注破坏性行为。如果你想给孩子某种强化物，却遭到拒绝，就尝试把强化物放在他身边，不用他到你手上来拿。这既能强化他保持平静，又能让他对情境有所控制。对有些孩子来说，直接到他人手里拿奖品，会使他们感到自己处于下风，这会进一步挫伤他们。

如果孩子躁动减弱，就要进行记录。这些记录有助于分析破坏性行为逐渐加剧的模式，也有助于确定疗效，因此有助于决定如何进行调整。这份关于破坏性行为出现的频率和强度的资料，可用来确定治疗是否有效。

具体的行为管理方法

即使是最有效的行为管理课程也不能保证彻底消除破坏性行为。不过，把教授适当的替代行为、采用有效的强化方法和创设最佳环境结合起来，就更容易实现这一目标。下面这些技术有助于行为治疗取得最佳效果。

1. 如前所述，不论破坏性行为何时出现，你只能进行少量的、必需的关注。在孩子没有表现出破坏性行为时，应该对他进行关注，或进行其他形式的强化。应当慎之又慎，不要使破坏性行为成为你加大强化力度的线索。否则，孩子会从事破坏性行为，以便得到停止破坏性行为后的强化。为防止出现这种情况，在破坏性行为出现之前，要准备丰富的强化物。此外，孩子因破坏性行为逐步减弱而得到的强化，一定要少于没有破坏性行为时得到的强化。

2. 强化破坏性行为逐步减弱极其重要。人们往往会等到孩子完全平静时才进行强化。但这费时太长，也只能进 步加剧孩子的破坏性行为。不要等到破坏性行为完全消除后再进行强化，在它略有减弱时就要进行强化。不要和孩子争夺控制权，要给孩子留面子，让他平静地返回原来的环境。一定要夸奖他，并说明之所以夸奖他是因为破坏性行为逐步减弱（例如，"你现在控制得非常好""我喜欢你现在平静下来"）。

3. 要采用**精妙**的方法转移孩子的注意。方法越精妙，孩子觉察到变化的可能性越小。回到原来的任务并取得成功很重要。尽量不要过分直接干预，以免孩子过分依赖工作人员控制其情绪和行为，过分直接的辅助很难逐渐淡出。较少的指导会促使孩子形成自我控制能力。

4. 对孩子自我刺激、轻度攻击或自我伤害之类的行为，可采用反应制止（response prevention）的方法。如果采用这种方法，就要尽快制止这些行为，同时尽量减少对这些行为的注意。一般只要制止这些行为就可以了，不必评论这些行为，这样就不会打断孩子原来从事的任务或活动，而继续从事这些任务或活动，就能得到强化。

5. 建立高水平的行为动量①是对付破坏性行为或不注意的有效方法。当孩子用心听讲或行为良好时，破坏性行为就会大大减少。让孩子经常取得成功，就能建立高水平的行为动量。例如，用游戏或孩子很喜爱的活动展开治疗，孩子的表现就会更好。开始正式教学后，如果孩子的行为恶化，可加紧辅助，并进行适度强化，这有助于建立高水平的行为动量。如前所述，安宁、积极的环境也很重要。

6. 采用压力管理和无错误服从（Errorless Compliance）训练课程，对减少破坏性行为、创设最佳环境也很重要。这些课程将在后面进行论述。

7. 切记，在破坏性行为出现之前，最重要的就是防止其发生。关于正强化的预防性使用，有两条最有用的指导方针：

"及时发现孩子的优点。"

"夸奖最好的，忽略其他的。"

---

① 译注：行为动量（behavioral momentum），在环境条件发生变化后，行为持续的趋势，也即对干扰的阻抗。

第六章　行为课程

破坏性行为

孩子的破坏性行为，如哭闹、发脾气和攻击等，很可能具有多种功能。减轻挫折和压力通常是破坏性行为的主要功能。破坏性行为也可能同逃避有关，孩子经常能通过从事破坏性行为逃避不喜欢的情境。破坏性行为的另一个目的可能是随后得到的注意。

挫折可能是引起破坏性行为的因素，因此，必须实施相应的课程，增强孩子对不喜欢情境的忍耐能力。孩子需要学会应付不愉快的情境。通过逐渐接触不愉快的情境，可以不断提高忍耐挫折的能力。此外，要让孩子认识到，从事破坏性行为并不能逃避令人不愉快的情境。重要的是，不要让孩子因破坏性行为而受到更多的注意，不要因此而激励孩子做出更多的破坏性行为。

实施这样的课程，首先要找到让孩子产生挫折的事件。要找到这些事件，家长和教师的观察很重要。此外，通过查阅资料和报告，也能发现引起破坏性行为的事件。愿望没有得到满足、身处不喜欢的环境、常规的改变或没有得到强化，都可能让孩子产生挫败感。

引起挫折的事件至少可以分为三种水平。引起轻微躁动的事件属于第一种水平；引起极度躁动的事件属于第三种水平；介于这两者之间的事件属于第二种水平。当然，也可以将引起挫折的事件分成更多水平。此外，引起挫折的事件是会变化的，昨天只让孩子稍微感到烦恼的事件，明天就可能令其暴跳如雷！

其次要让孩子放松。让孩子坐在非常舒适的椅子上，光线要柔和、朦胧，并播放令人放松的音乐。要用缓慢而柔和的语调引导孩子平静。要密切观察孩子,如果他放松了,就要表扬他,并说明表扬他是因为他放松。如有必要,可以延长课时,直到孩子学会放松为止。

在孩子学会放松后,就可以让他置身压力情境。开始时,只让他置身压力轻微的情境。如果孩子非常放松了,就可让他短时间置身压力情境。如果孩子仍能保持平静,就要特别地强化他。然后,再次回到压力情境,如果仍能保持平静,还要特别地强化他。这样反复进行训练,直到孩子在第一个压力情境中保持平静达五节课的时间为止。

在孩子成功控制第一个压力情境后,就要让他置身第二个压力情境。要持续进行这一课程,直到孩子能平静地置身各种强度的压力情境。此外,要有计划、有步骤地让孩子置身日常生活的各种环境。

由于不可能消除所有压力情境,因此,要运用放松练习,训练孩子应付引起轻微压力的情境。要尝试各种方法,以找到最有效的方法。应尝试在紧张时放松肌肉、听音乐、深呼吸及在指导下想象之类的压力管理方法(stress management procedure)。如果找到了最有效的方法,就要教给孩子,然后辅助他采用这种方法,并强化他运用这种方法进行压力管理。随着孩子语言的发展,要让孩子学会使用简单的语言表达情绪,使之最终成为孩子应付压力的方法之一。

培养孩子挫折承受力的课程

第一阶段

1. 通过询问家长和老师、观察孩子、关注其破坏性行为模式,找到孩子感到紧张的情境。

2. 根据引起孩子紧张的程度,从低到高排列引起其紧张的情境。

第二阶段

1. 在孩子尽量放松时(也就是说,在孩子坐在舒适的椅子上,有柔和的灯光和轻柔的音乐时),让他置身引起最轻微紧张的情境。

2. 在孩子平静时,要进行夸奖和间歇强化。这对逐渐形成更适当的反应是必要的。

3. 逐渐将教学转移到更自然的环境和情境中。

4. 如果孩子在最轻微的紧张情境中能连续5个课时保持平静，就开始让他在更紧张一些的情境中进行训练。

5. 持续进行训练，使孩子在各种不同紧张强度的情境中消除紧张感。

第三阶段

1. 教孩子多种放松方法。

2. 如果孩子掌握了放松方法，就要在他感到有点紧张时提醒他采用这些方法。

3. 尽快减少辅助。

压力等级

令人轻度烦恼的　　　　　　　令人中度烦恼的　　　　　　　令人极度烦恼的

不服从

逐渐提高要求、促使孩子成功执行指令，是训练服从的课程的基础。开始时，只要求孩子完成他特别喜欢的任务。例如，可以要求孩子吃饼干、玩他喜欢的玩具，甚至让他进行自我刺激。对这类指令，孩子极有可能服从，这就创造了表扬和奖励他服从指令的机会。然后，逐渐发布一些孩子不太欢迎的指令，如果孩子服从，就要进行有力的强化。

促使服从的要点

1. 只发布能执行到底的指令。这就要求必须动员孩子执行指令，并对此进行强化。随着孩子的成长，要尽量减少这样的动员。

2. 不要在短时间内发布多个指令（例如，在10秒钟内发出3个指令），否则，孩子就不会服从，并且会感到烦躁。

3. 让孩子进行积极的选择（例如，"你是喜欢到外面去玩呢，还是喜欢看录像？"）。

4. 也要让孩子进行强迫选择（例如，"你是要洗澡呢，还是要睡觉？"）。

5. 当孩子不服从指令时，要尽量不怒不喜，采取中性态度。

6. 把孩子不喜欢的任务穿插在比较容易的任务中间，以此促使孩子服从指令。任务生动、有趣可促使孩子服从指令。

7. 抓住机会，造成孩子服从指令的既成事实。例如，在孩子要去关门时，就说"请把门关上"，在他关上门后，立即对他进行强化。

8. 要平静地发布指令，并期望孩子能服从指令。

9. 适当让孩子进行一些控制。

10. **当孩子听话时，要给他有意义的强化物。**

训练服从的课程

第一阶段

1. 明确在家里经常发出的指令。

2. 确定孩子对各种指令服从的比例。

3. 设计一系列孩子服从程度不同的指令,从孩子很可能服从的指令(例如,"吃馅饼吧!")到孩子很可能不服从的指令(例如,"把玩具还给哥哥!")。

第二阶段

1. 教师发出孩子最有可能服从的指令。

2. 如果孩子服从这些指令,就要进行强化。

3. 如果孩子连续3个课时都服从这些指令,就进入下一阶段的训练。

第三阶段

1. 教师发出孩子较有可能服从的指令和可能不会服从的指令。

2. 如果孩子服从这些指令,就要进行强化。

3. 如果孩子连续3个课时都服从这些指令,就进入下一阶段的训练。

其他阶段

逐渐减少要求孩子完成他所喜欢的任务的指令,逐渐增加要求孩子完成他所不喜欢的任务的指令。

服从的等级

把一天当中经常发出的指令分成以下几种：

	总是服从 （100%）	经常服从 （75%）	有时服从 （50%）	很少服从 （25%）	从不服从 （0%）
1.					
2.					
3.					
4.					
5.					
6.					
7.					
8.					
9.					
10.					
11.					
12.					
13.					
14.					
15.					
16.					
17.					
18.					
19.					
20.					

及时进行处理的方法——积极的

第一阶段

1. 如果孩子没有表现出不良行为，每 5 分钟对他进行一次口头表扬。

2. 如果孩子连续 3 个课时没有表现出不良行为，就对他进行一次强化和口头表扬。

第二阶段

1. 如果孩子没有表现出不良行为，每 15 分钟对他进行一次口头表扬。

2. 如果孩子连续 3 个课时没有表现出不良行为，就对他进行一次强化和口头表扬。

第三阶段

1. 如果孩子没有表现出不良行为，每 30 分钟对他进行一次口头表扬。

2. 如果孩子连续 2 个课时没有表现出不良行为，就对他进行一次强化和口头表扬。

其他阶段

逐渐延长孩子获得强化所需的时间。进入这个阶段后，如果孩子连续 2 个小时没有表现出不良行为，就可以让他在合理的范围内随心所欲地获取强化物。

及时进行处理的方法——缩减的

1. 如果孩子出现某些不良行为，就得不到预定的言语强化和实际强化物。

2. 如果孩子出现某些不良行为，尽量不要让他感到有人在注意自己。

第七章 自我刺激行为

自我刺激行为是孤独症的主要症状之一，是一种重复性的刻板行为，除了满足感官刺激，好像不起任何作用。必须减少自我刺激行为，原因有三：①自我刺激行为非常影响注意力的集中；②自我刺激行为对孩子具有很强的强化作用，降低了其他更恰当的强化物的吸引力；③自我刺激行为使孩子看起来行为怪异，容易遭到歧视。在进行自我刺激时，孩子专注于自我刺激行为，不能加工重要信息，这会严重影响学习。由于自我刺激行为强化作用很强，因此难以减少。

自我刺激与视觉、听觉、嗅觉、味觉、触觉和机体觉直接相关，而且形式多样。躯体动作是其主要形式，包括摇摆、拍手、旋转；注视手部与躯体动作有关，但包含视觉成分。凝视物体更是一种纯粹的视觉性自我刺激，注视移过视线的物体也是纯粹的视觉性自我刺激，如透过栅栏上的木条往外看。

第二种自我刺激是使用物体进行感官刺激。例如，拍打纸张/树叶、在指间绕线、旋转物体、转车轮、筛沙子、泼水、拾布上的绒毛。孤独症儿童摆弄玩具，看起来像真玩，但并不按照要求来玩。例如，他是转汽车的轮子而不是"开"汽车。重复使用物体，如反复敲打，就属这类自我刺激。

第三种自我刺激行为是仪式化行为和强迫行为。这些行为种类繁多，排列物体、握持物体、穿相同的衣服、坚决不让移动物体（如家具）、反复谈论某一话题（言语重复症）、关门和因变迁而带来的问题都是常见的例子。孤独症儿童常常会形成某些规则，刻板地遵守这些规则，并且要求他人也必须遵守这些规则。同强迫行为一样，这些规则严重影响日常生活。随着时间的推移，这些行为会越来越强、越来越顽固，孩子也会对改变这些行为产生越来越多的阻抗。

大多数人在感到无聊时会进行各种自我刺激，做白日梦、用脚掌轻轻叩击地板、卷头发或玩铅笔。不过，不同之处在于一般人能够继续注意，其自我刺激行为也更隐蔽（也就是不怎么反复，看起来也还算恰当）。最重要的是，这些行为既不是唯一的，也不是最想要的满足方式。大多数人通过娱乐、嗜好、同他人交往能够得到更多的满足。此外，大多数人为避免产生不良社会影响，能够控制自己的自我刺激行为，例如，我们不会在众目睽睽之下剔牙齿。

而孤独症儿童的自我刺激行为会反复出现，或者在感到无聊或紧张时出现。这些行为不但不恰当，而且会降低孩子的注意力。由于孩子缺乏反应，很容易让人怀疑他的听力或视力有问题。此外，自我刺激会削弱感觉强度，使孩子痛觉迟钝。

自我刺激行为同成瘾行为相似。进行自我刺激活动的内驱力（drive）会导致与毒品诱发状态相似的行为。只要个体因自我刺激而产生"快感"或沉湎于获得"快感"，他就不会去学习。此外，瘾越大，就越难以自拔，宝贵的学习机会因此丧失！像其他瘾君子一样，由于越来越沉醉于自我，孩子的发展会进一步迟滞，因此，控制自我刺激行为至关重要。有几种方法可用来减少自我刺激行为并消除其干扰。

自我刺激的功能

正如在前面"破坏性行为"部分讨论过的那样，同所有破坏性行为一样，自我刺激有多种功能。首先，提供自我刺激是其主要功能。孤独症人士通常对周围的人和事不感兴趣，进行自我刺激是其获得满足的手段，因此在感到无聊或无事可做时，他们就会进行自我刺激。大多数孩子经常会玩玩具或找其他人（如父母、兄弟姐妹、同伴等），而孤独症人士则喜欢进行自我刺激。

其次，自我刺激能减轻压力和挫败感。例如，当环境发生变化或出现混乱时，或者做出错误反应时，孩子经常会进行自我刺激。自我刺激能起到自我安慰和防止产生挫败感的作用，也能起到信号作用，让他人降低要求或帮助消除挫折源。因此，对孩子而言，自我刺激可以帮助他适应环境，具有强大的激励功能。

随着时间的推移，自我刺激行为会变得越来越强烈，因此极难控制和消除。对较小的孩子而言，消除自我刺激行为也许是切实可行的目标，而对较大的孩子而言，目标只能是减少自我刺激行为。不过，把自我刺激行为改造成同年龄相称的行为，无论对年龄较小的孩子还是对年龄较大的孩子都有好处。越早开始治疗，就越有可能取得成功。

同处理其他行为问题一样，处理自我刺激行为也有几种可供选择的方法。如前所述，行为管理方法可分为"*积极教学法*"和"*及时进行处理的方法*"，将两者结合起来效果最好。用积极教学法可教授其他替代行为，这些替代行为能提供与自我刺激相似的满足感。及时进行处理的方法主要通过减少甚至取消强化，让孩子为行为付出代价，强化其他替代行为以减少自我刺激行为。

及时进行处理的方法

完全忽略

自我刺激行为本身就能强化自己，因此，如果你忽略他，他会很高兴，这样他就能不受干扰地进行自我刺激了；如果你干涉他，他会很不高兴，因为这剥夺了他喜欢的刺激。人们有时会把忽略当作消退。不过，由于进行自我刺激不是为了赢得注意，因此，完全忽略对减少或消除自我刺激行为几乎没用。与此相似，罚时出局一般也没用。罚时出局的有效性取决于将孩子带离具有激励作用的活动或环境。不过，罚时出局实际上为孩子提供了更好地进行自我刺激的机会，因此，它实际上可能会增加自我刺激行为。

强化

同处理所有行为问题一样，运用强化方法来减少自我刺激行为极其重要。有几种适当的强化方法：对不兼容行为的差别强化或对替代行为的差别强化（differential reinforcement of alternative behaviors, DRA）、对其他行为的差别强化和对低频率行为的差别强化。这些方法能强化和激励孩子从事与自我刺激无关的行为。任何及时进行处理的课程都**必须**同某种差别强化课程结合起来使用。

反应制止

无论自我刺激行为何时出现，都要立即制止，这会减少甚至消除强化。由于自我刺激行为本身能强化自己，因此，只要孩子进行自我刺激，就等于在接受强化，就像吃糖本身能强化吃糖一样。自我刺激行为被制止得越快，孩子进行自我强化的时间就越短。

制止自我刺激行为的方法极其重要。同处理大多数行为一样，要采用间接的方法来制止这种行为。下面是根据强度排出的各种干预方法。

最不直接						最直接
罚时出局	看他一眼	用面部表情表示	用手势表示	用部分肢体制止	用全部肢体制止	用言语制止

采用最不直接的方法，理由同采用最不直接的辅助相似，那就是比较容易减少干预。言语提醒或训斥通常比手势更难减少。方法越间接，孩子就越可能内化，就越不需要采用外部控制的方法。制止不良行为的方法越不明显，孩子的外化反应就越少。例如，轻轻碰一下就能制止自我刺激行为，但孩子甚至没有觉察被碰了一下。虽然孩子并不是为了引起注意才进行自我刺激的，但要防止他人的注意诱发孩子的自我刺激行为。因此，采用最不直接的方法会降低注意强化自我刺激行为的可能性。

请注意，直接制止并不等于干预（intrusiveness）。干预要限制孩子的自由。例如，口头要求孩子改变，并不用任何体力，所以干预程度最低。不过，言语辅助通常较难减少，因此，不利于培养独立性。只有在孩子感到困惑或想知道要做什么时，才能采用言语辅助。如果他理解了相关概念或所期望的行为，就应采用非特异性辅助。非特异性辅助不明确告诉孩子具体要做什么。

采用间接的、干预程度最小的方法，有几个重要理由：首先，它减少了争斗的可能性。通常来说，采用干预程度高的方法可能会引起孩子的阻抗，并采取极端措施以赢得争斗。其次，采用干预程度低的方法不会引起他人的注意，这非常重要。在教室、公园或社区等公共场所训练孩子时，我们总是希望孩子尽量不引起人们的注意，以免孩子被认出来或蒙受耻辱。

切记，自我刺激行为一出现，就要立即制止，这一点至关重要。最好是防患于未然，甚至在自我刺激行为出现之前就制止它，在一开始就打破循环。一开始，要采用较为直接的方法（如肢体引导），因为不太明显的方法不能制止自我刺激行为，不过，目标应当是尽快采用间接的方法。一旦制止了自我刺激行为，就应当指导孩子进行更为恰当的活动。当他开始表现出恰当行为时，要对他适当进行强化。恰当行为持续时间越长，强化力度越大。

降低自我刺激的强化价值

有几种方法可以减少孩子通过自我刺激得到的满足。把自我刺激当作强化物，是减少自我刺激行为的有效方法之一。这看起来不太明智，但能达到两个目的：既能作为有效的强化物，又能逐渐减少孩子通过自我刺激得到的满足。

第一，在孩子行为恰当甚或没有进行自我刺激时，可以让孩子进行有限的自我刺激作为强化。实际上，这是利用自我刺激发展适当的替代行为来取代自我刺激行为。此外，这种方法有一个更重要的作用，它改变了自我刺激行为的性质。自我刺激行为本来是由孩子内在控制的，但用它来强化其他行为，就能控制它、改变它，就能对它施加限制和条件。将自我刺激行为从内部控制转变为外部控制，就能降低其强化价值。要得到强化，就必须长时间不进行自我刺激，这样我们就能逐渐控制并减少孩子的自我刺激行为了。

第二，创造条件让孩子选择不进行自我刺激，也能降低自我刺激的强化价值。例如，让他在最喜欢吃的东西、最喜欢看的动画片和进行自我刺激之间做出选择。当然，只有在形成其他更有吸引力的替代性活动时，这种方法才会有效。他不选择自我刺激，就是在自行降低自我刺激的强化价值。

刺激控制

所谓刺激控制，就是创设不会引起自我刺激行为的环境。例如，在家里的某个房间，在白天的某个时段，不允许出现自我刺激行为。只有在特定的条件下，才允许自我刺激，这样就把自我刺激行为控制在适当的范围里，并减少了它出现的次数。其目标是不断减少自我刺激行为，最终消除这一行为。例如，一开始只允许在卧室和客厅里进行自我刺激，随后，只允许在卧室里进行自我刺激；与此相似，一开始只允许在某段时间进行自我刺激，然后，逐渐缩短允许进行自我刺激的时间。

积极处理的方法

要消除任何问题行为，最重要的是教授适当的替代行为。这个过程往往漫长、乏味、充满艰辛。但是，如果孩子没有学会适当的替代行为，就不可能取得长期的成功，连最有效的及时处理方法都不能减少行为问题。简单地取消某种行为，并不能为孩子提供代替破坏性行为发挥作用的方法。必须教孩子学会替代行为，否则，自我刺激行为就会重新出现，或者出现其他不当行为。

明确自我刺激的功能是选择替代行为的基础。进行自我刺激主要是为了获得感官刺激，因此，教授具有强烈感官成分的游戏、娱乐和交往技能是形成替代行为最有效的方法。孩子必须学会获得满足的技能，这样他就不必为娱乐而进行自我刺激了。

自我刺激很可能还有其他作用，因此，也要教授其他技能。为了减少自我刺激，也要教给孩子应付挫折的方法。减少挫折，就能减少自我刺激行为。学会沟通技能，也能有效地防止自我刺激行为。例如，有些孩子在不知道如何回答时会进行自我刺激，教孩子用语言或其他方法表示自己不知道或感到困惑，可以减少其自我刺激行为。

专门为教授游戏、社交和沟通技能设计的课程在其他章节有详细介绍。

实用性

减少自我刺激极具挑战性。自我刺激非常强大、极具干扰性，孩子很可能觉得它比任何活动更具强化作用。要彻底消除自我刺激行为几乎是不可能的。减少自我刺激很重要，但也很艰巨，很可能会给你自己和家庭带来巨大的压力，这种压力会极大地削弱你有效实施任何行为课程的能力。

要用较短的时间准确实施课程，而不要用较长的时间前后矛盾地实施课程。因此，要确定用多长时间、在什么条件下实施课程。孩子最终会知道哪些场合不能进行自我刺激，哪些场合可以进行自我刺激。在有效控制孩子的自我刺激行为之后，就要增加干预孩子自我刺激行为的时间和场合。你可能希望一开始就完全消除自我刺激行为，但最好采用你和孩子双赢的方法。**更多不一定更好！！！**

第八章　睡眠问题

如果孩子上床、入睡、保持睡眠和重新入睡有困难，夜晚就会很难熬。在孩子睡觉之前，家长通常要经受长时间挫折的考验。最后，家长会发现自己处于这样的尴尬境地，如果要让大家都能睡一会儿，就必须和孩子睡在一起。

睡眠障碍给全家带来沉重的压力。由于在就寝时间争执，兄弟姐妹的睡眠通常受到干扰，家长也很难睡个整觉，这使他们第二天精力不济。孩子也由于睡眠不足，学习新知识和新技能的能力大大降低。如果孩子很疲劳，治疗就会受到极大影响。

众所周知，睡眠习惯很难改变。即便是成人，换一头睡、换个枕头或换张床睡，都会影响睡眠。当然，如果孩子习惯晚上睡得迟或者和父母睡在一起，要改变这一习惯就会遭到阻抗。但是，耽搁的时间越长，这一习惯就越是根深蒂固，因此，睡眠问题早处理比晚处理好，如果现在避重就轻，迁就孩子，只会使问题更难解决。只有一个例外可以考虑推迟处理睡眠问题，那就是，如果孩子在其他方面服从指令能使处理睡眠问题更加成功。

通常，经过一周的努力，每个人都能安享睡眠。不过，要注意的是，这一周并不轻松！开头几天，你可能整夜不能睡觉，因此，在训练开始前的几天要尽量多睡，以做好准备。训练开始后，可以在白天补足睡眠。可安排在有四天假期的周末或休假时开始处理睡眠问题，如有必要，也可请亲戚帮忙。要不折不扣地完成这一课程，这至关重要，因此要选择能够持续进行治疗的时间。

最后有一个提醒。如果你已经开始处理孩子的睡眠问题，但有时迫于孩子的哭闹和反抗而做出让步，会使孩子的不良睡眠行为受到间歇强化：有时如愿以偿，有时一无所获。他知道你试图强硬，但他也知道，只要不断加剧破坏性行为，就能迫使你让步。这样，下次想要改变孩子的睡眠习惯就难上加难了。万一出现这种情况，最好立即做出让步，一两周后再尝试进行处理。这听起来有点离奇，但在重新处理时，孩子会觉得变化更明显，用不了多久，就可消退其破坏性行为。

形成夜间常规活动

这一课程的基本目标是让孩子在夜间能独立入睡，不论是在入夜时分，还是在午夜。要记住，在夜间醒来很正常，但通常能很快重新入睡。如果入夜时分孩子要你陪伴才能入睡，那么他半夜醒来也会找你。

要解决睡眠问题，首先要形成夜间常规活动。和成人一样，孩子也有有利于入眠的夜间习惯。夜间常规活动能让孩子知道该睡觉了，更重要的是，它本身也能诱导孩子入睡。例如，不少成年人发现，开着电视、读书或听音乐有利于入睡。

切记，夜间常规活动及之前的活动都必须能让孩子保持平静，这就是说，活动量较大的活动要在白天较早的时候进行。如果洗澡能让孩子平静，那就在夜间给孩子洗澡，以此作为夜间常规活动的开始。洗过澡，让孩子穿上睡衣、刷牙。如果孩子不喜欢刷牙，那就早点安排。为孩子读平静的故事，既能让孩子感到愉悦，又能让他放松。这样的常规活动每天晚上都要进行，不要有所偏废，直到孩子形成始终如一的睡眠习惯为止。

选择适当的就寝时间

如果让孩子上床睡觉会引起激烈冲突，那么设法让孩子疲劳，也许有助于消除冲突。确定适当的就寝时间可能需要一些时间。实际上，应在你认为孩子理想的入睡时间后一个小时左右开始夜间常规活动。重要的是，要让孩子感到疲劳，这会减少他对上床睡觉的阻抗。我们发现，一开始应把就寝时间定在午夜。这样，家长宣布该睡觉时，孩子会更愿意。然后，把就寝时间逐步往前推，直到孩子在你预定的时间上床睡觉。为了让孩子感到疲劳，可减少或取消午睡，早上也不要让孩子起得太迟。切记，目标是让孩子按规定的时间就寝从而获得充足的睡眠。

发展"助眠"物体

在午夜醒来是最常见的睡眠问题。孩子虽然还感到困倦,但不知道怎样才能重新入睡。成人也会遇到同样的问题,但成人通常会想一些轻松的事、听一听音乐或看一看书。由于不知道要做什么,孩子会起床、开灯、听音乐、玩玩具、到房子四周游走或者在床上蹦跳,他们会找人陪,因此爬到父母床上。这时家长必须教给他们重新入睡的方法。

最好的方法是确定一种与睡眠密切相关的物体或活动。这样,最后只要接近这个物体就能有效地诱导睡眠。例如,在孩子瞌睡时,给他一条柔软的毛毯,用毛毯轻轻地触摸他的脸,毛毯最终会同瞌睡相联系。这样,孩子醒来后,就能借助毛毯重新入睡;柔软的动物玩具甚至奶嘴也可以用来助眠;睡前播放轻音乐,也能使轻音乐同睡眠发生联系,最终使之具有助眠作用。虽然有人担心让孩子在睡前喝牛奶或果汁会引起蛀牙,但在开始教孩子自我放松时,有必要在床上放一瓶牛奶或果汁。一段时间过后,可以用水来代替牛奶或果汁。孩子学会如何在夜间重新入睡后,最终不用借助任何东西就能重新入睡。

孩子往往醒得很早而不感到疲劳。不要直接让他睡觉,应该阻止他进行与睡眠无关的活动,不要让他拿到任何玩具,也不要让他吃饼干或者喝喜欢的饮料。注意,不要开灯,所有的环境线索都要提示该睡觉了(也就是安静、黑暗和静止)。如果有利于入睡,可以采用微弱的背景刺激,如夜灯和轻柔扇动的扇子。

让孩子待在床上

毫无疑问,让孩子待在床上是这部分课程最难的部分,需要极大的耐心和绝对的冷静。在这个过程中,要不断不动声色地把孩子带回他自己的床上。孩子起来多少次,就要把他带回去多少次。一旦孩子明白他最终还是要回到床上,并且根本不会得到注意,他就会就范。

如果孩子不断起床,你就要守在他床边或房门口。为了使自己能坚持下去,适当的位置和保持舒适很重要。坐在舒适的椅子上、用耳机听音乐或听录音会使你更能忍受这一过程，也有助于保持理智。一旦孩子在床上睡了，你就要离开，远离他的视线。请记住，这需要时间！！！改变孩子的睡眠习惯并不轻松，但只要有耐心、有韧劲，就能够成功，你会得到安然入眠的奖励！！！

把孩子带回床上的时候，要尽量减少肢体接触，这一点至关重要。例如，能用部分肢体引导，就不用全部肢体引导；能用手势，就不用部分肢体引导；能用面部表情，就不用手势。如前所述，尽量采用间接的方法，原因有多种：首先，能把注意减至最低程度；其次，能减少和孩子的控制争夺战；再次，能减少引起烦躁的潜在根源；最后，比较容易逐渐减少。不过，首要目标是让孩子尽快回到床上而又不感到焦虑。

不要让孩子睡在父母的床上

睡在自己的床上，是独立自主的重要组成部分，对孤独症儿童也是如此。如果孩子已是少年，除非你要和他睡在一起，否则就不能让他睡在你的床上。运用上面的方法，孩子最终留在你床上的可能性就很小。不过，如果发现他溜到你的床上，你就必须坚持把他带回他自己的床上。再强调一下，不要流露出任何情绪，要采用干预最小的方法。和前面一样，他上你的床多少次，你就要把他带回自己的床多少次。如果总是出现这样的问题，你可以采用前面讲过的方法。

如果允许孩子睡在你的床上，即使偶一为之，也会造成巨大的困难。这就像在老虎机上赢得一笔巨额奖金，赢一次就足以使人继续玩下去，希望再赢一次。让孩子和你一起睡一次，就足以让他试图和你一起睡几周；和你一起睡两次，足以让他试图和你一起睡几个月。

首先，我们建议你不要破例。例如，如果孩子生病或受惊吓了，你当然要安慰他、关心他，但他应在自己的床上。如果允许他睡在你的床上，他就搞不明白是因为他病了你才让他和你一起睡的。如果搞得明白，他很可能会无情地利用这种例外考验你。当然，如果同年龄相称，周末的早晨可以让他到你的床上和你依偎在一起看动画片，或者设定一个时间（例如，天亮时），等过了这一时间，他就可以到你的床上。

有时，家长醒来会很吃惊地发现，孩子已睡在自己的床上。孩子已经学会偷偷溜到父母的床上。如果是这样，在房门口放一只铃，这样，当他进你的房间时，你就很容易知道他来了。

午睡时间

如果孩子需要午睡，也要让他睡在自己的床上，这很重要。这是为了巩固他睡在自己床上的习惯。如果他在你的床上、沙发上、地板上午睡，那就很难形成夜间常规活动。如前所述，最好减少或取消午睡，这可使孩子在晚间更加疲劳。

第九章　排便训练

　　每一位家长都不能坐等孩子不用尿布。训练好了孩子的大小便，家长就不用手忙脚乱地给孩子换尿布，也不用走到哪里就把尿布带到哪里，也不用剪购买尿布的优惠券了。此外，孩子会有更多的机会同其他孩子打成一片。许多孩子之所以不能参加某些课程，就是因为他们没有接受过大小便训练。

　　必须在孩子的生理发育达到准备状态后才开始大小便训练，切不可禁不住诱惑，匆忙进行大小便训练。虽然孩子24个月大时就能进行大小便训练，但这么早就开始并不好，过早进行训练，孩子和大人都会遭受挫折。许多发展正常的孩子能轻松地进行大小便训练，只要家长有耐心，等孩子的生理发育达到准备状态就行了。普通孩子通过自然观察就能学会上厕所，而孤独症孩子则不能。一定要等孩子的生理发育达到准备状态后再开始大小便训练，这一点至关重要。

准　备

　　普通孩子接受大小便训练的平均年龄是2岁6个月，因此，在2岁6个月之前，不必考虑进行大小便训练。在进行大小便训练之前，要考虑下列因素：首先，不但孩子的实际年龄要达到2岁6个月，而且其生理发育水平也要达到这一年龄。这就是说，孩子要能够忍尿60~90分钟，并且能够感觉到膀胱的充盈，还必须有排泄的意识。通常，在排泄前后，孩子会盯着大人或表示尿布湿了、脏了。其次，没有什么服从方面的问题和发脾气的问题。行为问题会严重干扰大小便训练过程。在进行训练时，要求孩子至少连续15分钟坐在马桶上。因此，如果孩子不合作，不能坐在马桶上，就说明他尚未为大小便训练做好准备。此外，其自我刺激行为绝不能妨碍他在训练期间集中注意力。如果他不断进行自我刺激，就不可能觉察到自己需要上厕所。最后，如果训练的目的是让孩子能够独立地大小便，那么他必须有能力找到厕所或有能力表明要上厕所。此外，孩子必须能够脱衣服、擦拭、冲厕所、重新穿衣服、洗手。

设　备！！！

我们强烈建议不要买便盆椅。训练的目标是孩子不使用任何便具，因此，使用便盆椅不但没有必要，而且会妨碍实现孩子进厕所大小便这一目标。把钱省下来，等孩子完成大小便训练之后举行胜利晚宴吧！！！

不过，我们建议你买一个马桶垫，让孩子坐得舒适一点，这有助于大小便训练的成功。还可以买一张凳子，让孩子安全舒适地爬上马桶，也可以让孩子坐马桶时把脚踩在上面。要教孩子怎样舒适地坐在马桶上，让他两腿分开，成 V 字形，这样他就能稳当、舒适地坐在马桶上。对男孩子，这样做可保证他尿在马桶里，而不会尿在自己身上或你身上。用与马桶垫相连的挡尿隔，也能帮助孩子尿在马桶里。

男孩和女孩都应先学坐着大小便，这会使大便训练和小便训练都很舒适。在男孩学会在马桶上大小便后，就要教他们站着小便。这通常可以通过让孩子观察父亲和兄弟来完成。这时，必须让他们知道小便时不要将裤子一脱到底，这样，在公共厕所小便时就可避免尴尬。

按时排便训练

按时大小便训练是开始排便训练最简单的方法，也可替代密集大小便训练（见下文）。虽然训练孩子按时大小便意味着你必须负责孩子的大小便，但这是培养独立性的第一步。不过，训练按时大小便不同于训练独立大小便。训练按时大小便很有用，但往往导致孩子依赖他人送他上厕所。要让孩子能完全独立地大小便，以后必须进行专门训练。

训练按时大小便的目的是让孩子只在马桶上排泄，而在其他时间控制排泄。建议开始时每隔 90 分钟带孩子进一次厕所，如果孩子没有排便，就把间隔时间缩短为 60

分钟；如果他排便了，就重新把间隔时间调整为 90 分钟。

在按时大小便的训练过程中，常见的错误是带孩子上厕所的次数太多（例如，每 30 分钟一次）。这样做，孩子虽然不会尿在身上，但也难以学会正常憋尿。切记，按时大小便训练的目的是让孩子在被带进厕所之前学会等待，让他能够控制大小便，为训练独立大小便做好准备。当然，如果孩子独立大小便，决不要妨碍他，而要重点强化！！！事实上，在按时大小便训练期间，经常有孩子独立大小便。

另一个错误是，在孩子好像要上厕所时才带他去。这会鼓励孩子依赖大人，孩子就难以学会独立大小便，这也可能导致孩子意外尿湿裤子或将大便解在身上。同最好的课程一样，训练孩子按时上厕所也必须前后一致。孩子指望你定时带他去上厕所，如果你随心所欲，就会大大延长孩子学会上厕所的时间。

如果到了规定上厕所的时间，就带他去厕所，让他坐在马桶上。如果坐得好，就每隔 3 分钟强化他一次。你可以唱歌、看书或让他玩玩具。不过，重要的是，不能让他太沉迷游戏而分心。如果他排便了，就要大加强化。给孩子只在排便后才能得到的特殊强化物，这有助于使上厕所成为特别的事情。不过，强化物不要过多，以免吓着孩子。孩子排便后就可以离开厕所，继续从事原来的活动。90 分钟后再带他去厕所，如果他坐在马桶上 15 分钟还没有排便，就让他起来，60 分钟后再把他带回厕所。

如果孩子把大小便排在身上，可以采用以下方法矫正：尽量让他帮忙清除排泄物，让孩子清除排泄物并不是为了惩罚他，只是为了让孩子体验自然后果，起到温和阻碍作用。对有的孩子来说，清除排泄物具有强化作用，对这样的孩子，就不要让他清除排泄物。接着，让孩子从大小便排在身上的地方走到厕所，练习几次。不要流露任何情绪，不要因孩子将大小便排在身上而沮丧。大小便意外排在身上和成功排便，都能让孩子学到东西。如果孩子将大小便排在身上的次数太多，就必须调整时间表，缩短去厕所的间隔时间；如果他较为成功，就延长间隔时间。

如果你开始按时大小便的训练了，就不要再让孩子兜尿布，除非在晚上和午睡时！！！即使出门也不要让他兜尿布，否则就会造成混乱和矛盾，削弱训练效果。这虽然相当不便（要为孩子换下脏衣服、穿上干净衣服、找厕所等），但可以让孩子了解成功排便和不成功排便的区别。

延长排便的时间间隔

如果孩子将大小便意外排在身上少于每天一次，就应延长上厕所的间隔时间。我们建议延长 15 ~ 30 分钟。我们的目标是孩子开始独立大小便，而这通常在延长时间间隔后出现。

引导独立排便

按时大小便训练只是实现孩子独立大小便这一终极目标的桥梁。如果孩子成功完成按时大小便的训练，就要开始训练他独立上厕所。

方法相当简单。除了延长上厕所的间隔时间以外，还可以让孩子坐在靠近马桶的椅子上，而不是让他坐在马桶上，并脱去他的裤子。如果他坐得好，就要每3分钟左右强化他一次；如果他自己起来上厕所，就要重重地奖赏他；如果他把大小便排在身上，就要用把大小便意外排在身上的处理方法来处理。

关键是不能辅助他上厕所！！！ 即使他的身子扭来扭去，很像要上厕所，也不要辅助他上厕所，因为这会使孩子依赖成人，推迟他学会独立上厕所的时间。对此要有耐心，应牢记，孩子能从将大小便排在身上中吸取教训。

还有一个告诫：如果孩子坐在椅子上就开始小便，**切不可命令他或辅助他上厕所**，这会使他依赖辅助。此外，你还会陷入不知提供什么后果的困境。你是强化他使用马桶吗？但这也会强化他最初尿在身上的行为；你是让他清理排泄物，然后正确地上厕所吗？但这会否定部分正确使用厕所的行为。正确的方法是，让他尿完（你应该回避或在他的膝盖上放一条毛巾），然后采取矫正措施。无论孩子何时尿在身上，都要重复前面的步骤，因此，在下次进行按时大小便训练时，让他坐在马桶上而不是椅子上。

如果每次都成功，就把椅子移到离马桶更远的地方，并给孩子加一件衣服。例如，第二步应是把椅子放在离马桶一两米远的地方，并给他穿上内裤。然后，让孩子穿着宽松的长裤和内裤坐在卫生间门口；如果孩子离卫生间较远并穿戴整齐，这一阶段就结束了。可以让孩子坐在不同的椅子或沙发上，使之接近日常生活。如上所述，如果他尿在身上，就重复以前的步骤。

检查裤子的干湿

在最后一个阶段，不用再带孩子上厕所，孩子要做的就是保持裤子干燥。如果孩子能保持裤子干燥，就要进行强化。为此，要定时检查孩子裤子的干湿，可以问他裤子干不干，并让他自己摸裤子。开始时，每隔15分钟检查一次，如果裤子干燥、洁净，就要热情地夸奖他。如果你还想用较小的实际强化物进行强化，那么数量应少于到卫生间成功大小便而获得的强化。如果他把大小便排在身上，就要进行矫正。逐渐延长检查的间隔时间（例如，30分钟、1小时、3小时等），强化的密度要接近日常生活环境。

独立排便的强化训练

有时，家长选择一开始就对孩子进行独立大小便的强化训练。如前所述，要进行大小便训练，孩子要具备一些必要的技能（生理发育上准备就绪，能坐较长时间，能保持裤子干燥60～90分钟，能表达上厕所的愿望或自己能找到厕所）。独立大小便训练的步骤同"引导独立排便"相似，只是强度更大，更加密集。既可以尝试在一天之内进行独立大小便的训练，也可以分散到几天中进行。有些家长发现，利用为期3天的周末进行训练效果更好。

在训练前一周就控制孩子喜欢的饮料和强化物有助于训练。这样，在进行正式训练时，孩子就会更爱喝这些饮料，而这会增加其排泄的次数。同样，暂时控制孩子喜爱的强化物可以增强其动因。

独立大小便的强化训练可分为三个阶段。

第一阶段：这一阶段的目标是让孩子明白应该在厕所里大小便。让孩子不穿衣服直接坐在马桶上，给他喝饮料，只要近三分钟"坐得好"就要对他进行表扬。一旦他在马桶上排泄，**就要鼓励喝彩！！！** 鼓励喝彩之后，让他玩10分钟，然后再回厕所。

在这一阶段，孩子不可能将大小便排在身上，因为他一直坐在马桶上。通常要用30分钟到2个小时才能让他明白应该在厕所大小便。当孩子寻找将要流出的小便，期待排泄，并在排泄后微笑或兴奋（他知道马上要得到喝彩了），第一阶段就结束了。

第二阶段：这一阶段的目标是培养独立性。遵循"引导独立排便"部分所阐述的步骤。如前所述，让孩子不穿衣服坐在靠近马桶的椅子上，耐心等待。切记，**不要进行辅助！！！** 采用强化方法和将大小便意外排在身上时的矫正方法。再次提醒，将大小便排在身上是学习过程的重要组成部分。在训练过程中，无疑会有成功、有失败，但最终会取得成功。如前所述，当孩子穿好衣服并离厕所较远时，第二阶段就结束了。

第三阶段：这一阶段的目标是形成泛化。如前所述，可以从经常检查孩子裤子的干湿开始，然后延长检查的间隔时间。

辅助还是不辅助

前面反复提到，不要辅助上厕所。不过干预总不是绝对的，总会有些例外。在大小便训练期间，偶尔也有必要进行辅助。如果孩子没有采用正确的方法，就可尝试采用干预程度最低的辅助（例如，手势、领他到厕所旁边、看看他等），叫他快点上厕所。**任何辅助都要尽快减少，否则孩子就会依赖辅助，因而学不会独立大小便。**

大便困难

最近，我们发现，孩子通常能够成功完成小便的训练，但大便训练较为困难。原因有多种，如日常饮食习惯、大便次数较少、大便疼痛，或只是控制战。如果大便训练确实有困难，就要给孩子检查身体，以确定孩子是否有病。

为增强孩子大便的动因，减少任何可能的争执，买些特别的强化物可能相当有效。让孩子去买这些东西，并将其作为重大活动也相当有效。

把强化物放在显著位置，并告诉孩子如果能在厕所里大便（要用孩子能理解的语言），就可以得到这些强化物。把大受欢迎的强化物留在孩子首次成功大便时使用，或留到孩子多次成功大便后使用。许多家长发现，如果将强化物作为礼物封起来或制成摸彩袋，更能使孩子感到兴奋。

当孩子把大小便排在身上时，要尽量不动声色，采用矫正方法，轻轻地提醒孩子怎么做才能得到强化物。无论如何都不要生气，也不要对他能否成功过分焦虑，否则你有可能陷入对抗，或者引起本不存在的对抗。

使用尿布的刻板行为

孩子通常会形成与大便有关的习惯，比如排泄在尿布里，或躲起来排泄（如躲在壁橱里、家具后面和外面等）。如果这种情况发生在孩子身上，也不要伤心，这种情况并非绝无仅有。破除这一习惯需要时间和耐心！开始时，只有在厕所里才给他用尿布。在孩子习惯了这一新做法之后，让他帮助把尿布里的排泄物倒进马桶。

在孩子习惯在厕所里使用尿布之后，就着手进行第二步。先让孩子兜着尿布坐在马桶上；然后，在尿布上剪一个洞或者将尿布往后折，以便孩子直接排泄到马桶里；尿布上的洞要剪得越来越大，或者尿布折得越来越多，直到不必再用尿布为止。

夜间排便

我们强烈建议，在孩子学会白天上厕所之前，不要试图让他在夜间上厕所，因此，晚上或午睡时仍要给他兜尿布。夜间排泄和白天很不一样。白天排泄受意志控制，而夜间排泄是反射性的，不受意志控制。孩子夜间起床上厕所时，膀胱里充满了尿液，小便把他胀醒；有些孩子睡得太沉，因此没有被胀醒。

教夜间排便的方法很简单！买一个"带响铃的防尿垫"，这种垫子可以通过特制品目录找到。只要有几滴尿液滴在上面，垫子就会发出警报。警报会惊醒孩子，这样就能使膀胱充盈和觉醒之间形成联结，这一联结形成之后，孩子就会被尿胀醒了。此外，警报还能制止孩子小便。

你要和孩子一起醒来，这至关重要。这是为了保证孩子充分觉醒，以便在膀胱充盈和觉醒之间建立适当的联结。此外，你可能需要帮助孩子进厕所并清理垫子。这一程序一结束，孩子就可以回到床上继续睡觉。

偶尔也有铃声不够响，没能唤醒孩子的时候，孩子没有醒来，就不会形成一尿急就觉醒的条件作用，这时要把铃声调响一点。

这种方法几乎在所有情况下都管用。如果这种方法不起作用，问题也许是孩子不愿起床上厕所。如果孩子在早晨尿床而不是在午夜尿床,那么尿床肯定是他不愿起床上厕所造成的。如果出现这种情况,采用"大便困难"这一节所讲的方法激发孩子的动因,应该有效。

午睡时间

如果孩子还没有接受夜间训练,那么就不要指望他午睡时不尿床。因此,午睡时也要给他兜尿布。如果完成了夜间排泄训练,就不要再用尿布了。

第十章　进食问题

　　家长经常报告孤独症孩子存在进食问题。虽然家长通常并不像关注睡眠问题和排泄问题那样关注进食问题，但它仍是个重要问题。最常见的问题是孩子只吃有限的几种食物，有些孤独症孩子可能只吃三到四种食物。家长最担心的是这会影响孩子的健康，其次担心这会引起孩子大小便困难。此外，父母试图让孩子尝试新的食品，这往往会引起孩子的行为问题。孩子不愿吃更多不同的食品，在家给家人带来很大的不便，而计划外出郊游则更加麻烦，到朋友家或到餐馆吃饭同样令人不快。

　　出现进食问题的原因有很多。虽然孩子偏爱某些食品十分正常，但在只吃自己喜欢的食物方面，孤独症孩子更加固执。如果不能马上如愿，普通孩子可能只是稍微吵闹一下，但孤独症孩子会大发脾气，并出现攻击行为。父母可能认为进食问题不太重要，犯不着大动干戈，这也可以理解。他们担心，如果孩子以绝食相报复，就会导致营养不良。可惜的是，在日常生活中，孩子往往因挑食或威胁而受到强化，随着时间的推移，其对新食物的阻抗会越来越强。

　　许多家长有时因进食问题同孩子发生争执。有时这会奏效，但孩子往往会变得越来越不听话。他也许会走极端、呕吐或完全拒食，有些孩子真的会饿自己，家长常常发现自己不得不让步。同单纯的让步相比，试图设限但又不能坚持到底，往往会使进食问题更加糟糕。

　　正如论述排泄、服从等其他行为问题一样，我们强烈建议，在没有为迎接这场战斗做好充分准备之前，不要着手解决进食问题。如果成功地减少了其他较易处理的行为问题，进食问题就会比较容易解决。如果孩子和你有了成功的记录，你就会更有信心，孩子也会更信任你。

选择食物

同处理大多数行为问题一样，要尽量用积极的方式处理进食问题。因此，既不要立即增加孩子的食物，也不要马上让孩子吃我们认为有营养的食物。相反，课程开始时，要选择孩子很可能接受的食物，这种食物的质地和口味最好同孩子偏爱的食物相似。例如，如果孩子只喜欢吃意大利面条，就尝试让他吃其他面条，这更有可能取得成功。

我们发现，有些孩子完全不接受对其喜欢的食物做任何变动。如果孩子喜欢吃某种品牌的鸡块，你最好不要买另一种！！！如果是这样，用完全不同于孩子平常所吃的食物，更有可能取得成功。这样，孩子就不会怀疑你试图欺骗他。克服孩子对食物的抵制，信任十分重要。如果让孩子清楚地知道你希望他做什么，并让他自己选择这样做，则效果最好。有时必须从垃圾食品或甜食开始，虽然我们并不喜欢这样做。要牢记，首要目标是增加孩子所吃的食物种类，并减少对尝试新食物的抵制。还要牢记，**实现目标需要时间！！！**

选择教学时间

应该在孩子状况最好时引进新食物。因此，吃饭时间并非最佳时机。没有人喜欢在吃饭时大动干戈。此外，也许以前吃饭时经常发生争执，因此，此时引进新食物，只会使孩子更加抵触。

应该选择孩子很有可能服从而你又不匆忙的时间。如果你和孩子心情都好，孩子就有可能合作，你就更有可能耐心地、不动声色地处理孩子的阻抗。在孩子玩耍之后、郊游回家之时、情绪高涨之时或在孩子感到饥饿但还没有饿得很厉害时引进新食物，孩子可能更愿意尝试，也不会让他竭力抵抗。

如果在孩子从事特别喜爱的活动之前引进新食物，就可以在孩子尝试新食物后把活动当作强化物。此外，喜爱的活动会刺激孩子吃得更快。当然，如果他没有尝试新食物，就不要让他参加活动。让孩子在特定时间、特定地点参加某种喜爱的活动，形成常规，有助于孩子明白尝试新食物后就能从事喜爱的活动，并因此吃得更快。

引进新食物

先让孩子尝尝极少量的新食物，哪怕只尝一点点。只要尝了这一点点，孩子就可以吃一口他特别喜爱的食物。为了增强孩子特别喜爱的食物的强化价值，我们建议，让孩子只在尝试新食物时，才能吃到喜爱的食物。因此，在选择孩子特别喜爱的食物时，应只选择那些其他时间可以收起来的食物。如前所述，孩子吃完新食物后，就能从事特别喜爱的活动。要逐渐增加新食物的数量，孩子只有吃完，才能得到强化。应该做好准备，让孩子尝试各种不同的食物，即使孩子曾拒绝过某种食物，也要继续尝试给他吃。

如果孩子很不情愿吃某种食物，可以用行为塑造①的方法让他慢慢接受。开始，让孩子看这种食物。接着，让他走过去，拿起食物，并送到嘴边。这可以当作非言语模仿练习来完成。你演示这一动作，并说："这样做。"如果孩子照着做了，就用其特别喜爱的食物强化他。要逐渐提高获得强化的要求，这些要求包括闻这种食物、用手指摸这种食物，然后舔吃手指或舔这种食物。要把接触食物的活动穿插在与食物无关的简单有趣的活动中（例如，鼓掌），这有助于孩子服从命令、保持行为动量。此外，也要逐渐延长孩子接近新食物及其进食环境的时间。有些孩子需要逐渐消除各种感官对新食物的过敏，要让他们感受到新食物对他们没有什么威胁。通过反复的接触，总有一天，孩子不但会容忍这种食物，而且会喜欢这种食物。

其他进食问题

在餐桌旁吃饭　许多孤独症孩子不肯同家长合作，不肯坐在餐桌旁吃饭。他们喜欢在吃饭时到处乱跑，这是因为他们觉得到处乱跑比坐在那儿更好玩。请注意，这个问题与要求孩子吃给他吃的东西不同。必须让孩子知道，吃饭时一家人必须围坐在餐桌旁一起吃饭。孩子可以不吃，但必须坐在餐桌旁。另外，如果孩子在其他时间吃东

---

① 译注：行为塑造（behavior shaping），行为管理的主要方法之一，主要依据斯金纳的操作式条件作用原理，用于形成个体的良好行为。要对孩子进行行为塑造，首先，要确定最终要让孩子形成什么良好行为，孩子的行为现状如何；其次，在要求孩子形成的最终行为和行为现状之间确立一系列要求从低到高的目标行为，然后，运用强化原理，从要求较低的行为开始训练起，在学生掌握要求较低的行为之后，就进一步提高行为的要求。只有在孩子的行为符合相应的要求之后，才对他进行强化，这样，循序渐进，最终使孩子掌握符合最终要求的良好行为。

西，他应该知道在哪里吃，例如，餐桌。应当把进食当作独立活动，而不要把它同游戏、散步或看电视等其他活动混在一起，这有助于培养遵守纪律的习惯，大大减少其他行为问题。

开始时，要把所有食物都放在餐桌上。如果孩子离开餐桌，就不能带走食物。只要他想吃东西，就必须坐在餐桌旁。如果这样做引起孩子发脾气，也不要沮丧，必须让孩子明白：你坚持原则，说到做到。当孩子意识到不可能迫使你放弃原则时，就会平静下来。在孩子掌握了第一条原则后，就应该教他第二条原则，那就是：只要离开餐桌，就不能吃东西。不要给孩子第二次机会，只要他离开餐桌，在下一顿饭之前，不要给他吃任何东西。这看起来很严厉，但可以让孩子坐在餐桌旁吃饭。最后一步，应该让孩子明白，不管是否想吃，为了与家人在一起，吃饭时必须坐在餐桌旁。开始时，时间应该很短，可以用特定的信号来表示可以离开餐桌。最自然的信号是兄弟姐妹吃完后，他就可以和他们一起玩。

吃得太快 可以用较正式的回合尝试教学的方法教孩子放慢吃饭速度。把吃每一口都当作新的尝试，每吃完一口都要把餐具放下来。用表扬（及其他任何同情境相称的事物）来强化他，并让他在吃下一口前等 5 秒钟。采用差别反馈，在他慢慢吃、慢慢放下餐具时给予最强的强化。在需要的时候，可以进行辅助。

第十一章　游戏和社交技能

游戏和社交技能是孩子必须学习的最重要的技能。游戏和社交相联系能极大地提高孩子的生活质量。如果缺乏游戏和社交技能，孩子常常会陷入孤独、沉闷甚至抑郁。和其他孩子一起玩有意义的游戏会让孩子更快乐，也会让他学到关于世界的重要知识，学习如何与人相处，并且有助于掌握抽象的认知技能。此外，学习社交和游戏技能还有许多好处。

促进语言发展

社交和游戏能有效地促进儿童语言的发展。游戏和社交对儿童语言发展的促进作用至少不输于结构化治疗①。结构化治疗肯定是促进语言发展的重要组成部分，但必须同精心设计的游戏及社交活动结合起来，一起构成完整的语言发展课程。

在快乐、放松的时候，孩子更乐意开口讲话。同一对一的教学情境相比，孩子在荡秋千、跳蹦蹦床时更愿意说话。实际上，让孩子坐在座位上，进行过分结构化的回合尝试教学反而会抑制孩子的语言。因此，我们建议在游戏情境中开始言语模仿的训

---

① 译注：结构化治疗（structured therapy），也叫结构化教学（structured teaching, ST），是一种广泛应用于残障儿童的特殊教育方法，它通过有组织、有系统地安排教学环境、教学材料及教学程序，运用操作式条件作用原理，让儿童进行有效的学习和训练。孤独症儿童的结构化教学是由美国北卡罗来纳大学的埃里克·邵普勒（Eric Schopler）及其同事在20世纪70年代早期创立的，它是一套专门针对孤独症和相关沟通障碍儿童的治疗与教育方法（Treatment and Education of Autistic and Related Communication Handicapped Children, TEACCH）。该方法主要对孤独症儿童在语言、交流以及感知觉运动等方面存在的缺陷进行有针对性的训练，训练内容包括儿童模仿、粗细运动、知觉能力、认知、手眼协调、语言理解和语言表达、生活自理、社交以及情绪情感等各个方面。该方法注重个体化治疗，强调训练场地及有关物品的特别摆放，注重训练程序的安排和视觉辅助；充分运用语言、身体姿势、辅助、标签、图表和文字等各种方法增进儿童的理解、交流和掌握，同时运用行为强化原理和其他行为矫正技术帮助儿童减少异常行为，增加良好行为。回合尝试教学也是一种结构化的训练方式。

练。在非结构化的情境中，从诱发沟通（请参考"课程"一节）开始训练儿童的语言较为可取。

通过社会互动和游戏，孩子的语言发展更为自然。从其他孩子那里，他能学会像大多数人那样自然地说话。成人教孩子语言通常会使孩子的语言成人化。例如，在回答"你多大了"这个问题时，我们会教孩子回答："我4岁了"或"我今年4岁"，尽管这样回答很礼貌，但过于正式，不是小孩子通常的回答方式。3岁的小孩甚至不会口头作答，只是伸出3个手指，4岁的小孩会伸出4个手指说"4"，更大的孩子通常只是简单地说出一个数字（例如，"5""10"等）来回答这一问题。因此，成人化的回答会使孩子显得不自然，使孩子难以融入同伴团体。

随机学习

难以通过随机观察进行学习是孤独症的主要障碍之一。为孩子提供社交和游戏的机会，积极教授社交和游戏技能，有助于孩子通过日常生活经验获得信息。

发育正常的孩子通常通过观察和注视他人获得大部分信息，而孤独症孩子通常需要直接指导。因此，治疗最重要的目标之一就是教会孩子如何向他人学习。许多课程都致力于培养共同注意[①]、团体非言语模仿（group nonverbal imitation）和观察学习[②]等特别的技能。

社交和游戏活动能使孩子学到很多知识和技能。当然，要实现这一目标，就必须进行细致而系统的干预。不过，这样做可以让孩子以最自然的方式进行学习。

在结构化条件下，孤独症孩子更容易集中注意力，因此，教师往往不愿意在结构化程度较低的条件下进行教学。不过，对这一问题要及时加以处理，否则就会变得更加严重，进而阻碍孩子的长远发展。必须尽快让孩子学会在结构化程度较低、较为自然的条件下学习，只有这样，才有可能使孩子成功地融入社会。

---

① 译注：共同注意（joint attention），和他人一起注意。也译作"联合注意"。
② 译注：观察学习（observational learning），一种较高级的学习方式，个体通过观察他人的行为，从而习得相应的行为。它包括注意、保持、动作再现和动机过程四个阶段。模仿是最简单也是最基本的观察学习方式，观察学习还包括从他人的行为中抽取一定的原则，并据此采取行动。美国心理学家班杜拉（Bandura）是观察学习理论的创立者。

社会性强化

通过社交技能的训练，孩子会觉得同伴越来越重要，这也许是社交技能训练的最大好处。同伴对孩子影响很大，通常远远超过成人。我们常常发现，同伴能更快地制止不当行为，比老师更有效、更自然。此外，其结果也较为自然。成人说起话来往往像治疗师（例如，"用你自己的话说！""你该做个好朋友！""你感到愤怒吗？"），而孩子说起话来则更加直接，没有圆滑的技巧，更为自然而有效（例如，"不要这么做！""把它给我！""真奇怪！"）。他们的行动也会为孩子的行为提供有效的自然后果，如抢回自己的玩具。

随着时间的推移，孩子会逐渐形成取悦同伴的愿望。这是治疗过程的关键，它表示孩子具有学习社交技能的内在愿望。同伴会自然而然地支持孩子的适当行为，孩子的适当行为会因此更有可能泛化，成人也可减少对孩子的监控。如果孤独症孩子觉得同伴很重要，就更有可能成功地融入同伴之中。

对教授社交和游戏技能的抵制

如果你不愿花大量时间和精力教孩子游戏和社交技能，这也并不奇怪。大多数家长都反对优先进行游戏和社交技能的训练，觉得它并不重要。我们常听到这样的议论：

"我现在更关心怎样让他开口讲话。"

"孩子一旦有了语言，我们再教他社交技能。"

"我不想占用任何教孩子学说话和学知识的时间。"

"我的其他孩子也没有太多朋友，我的孤独症孩子为什么一定要有呢？"

如前所述，我们认为游戏是强化语言和学习的重要途径。此外，虽然并不是人人都喜欢交际，但人人都能通过观察社会交往进行学习。因此，孤独症孩子也应有这样的学习机会，这很重要！至于何者优先，我们认为游戏最重要。

家长之所以对教授游戏技能有这么多抵触，还有一个主要原因是游戏非常难教。不像语言和学业技能可以用结构化的课程来教，教授游戏和社交技能需要很强的灵活性。

教孩子哪些游戏和社交技能，要看他的同伴掌握了哪些游戏和社交技能。因此，很难提供一个要教哪些游戏和社交技能的课程。例如，不同年龄、不同性别的孩子，玩的游戏各不相同；不同国家、不同地区的孩子，玩的游戏也不相同。印度的游戏与美国的游戏肯定很不一样，波士顿的孩子玩的玩具与得克萨斯的孩子玩的玩具肯定很不一样，就连长滩附近地区的孩子玩的游戏和玩具也各不相同。因此，我们不可能提供一个具体的游戏清单或游戏课程。以下只是不同年龄段的孩子所玩的游戏和玩具的例子。

年龄	玩具/设备	游戏	社交活动
2~3	看看说说 简单拼图 洋娃娃 字母拼图 形状分类器 秋千 玩具车 音乐录像 音乐	藏猫猫 对唱 涂色 跳跳球	独自玩耍 球类 茶会 追逐
4~5	乐高组合玩具 弹珠迷宫 积木 玩具汽车 拼图 洋娃娃 迪士尼人物 画画 烹饪玩具	糖果乐园 射击和梯子 儿童简易棒球 足球	捉人游戏 捉迷藏 游戏聚会
6~7	电脑游戏 手工 毛绒的动物玩具 手臂及腿部可以移动的玩偶（通常形似某故事中的英雄）	优诺纸牌游戏① 棒球 足球 芭蕾舞 溜冰 曲棍球 旱冰 踢球	在朋友家过夜 捉人游戏 装扮/家里/学校 建堡垒 童子军 生日晚会

---

① 译注：优诺纸牌游戏（UNO），规则简单，适合各个年龄段的人玩。可以由2~10人一起玩。以2个人玩为例：每个玩家手上抓7张牌，其余的牌背面朝上叠成一堆；先翻开上面的第一张牌，第一个玩家可以根据这张牌上的数字、颜色或词语将手里相应的牌打出来与之进行配对。例如，如果翻出一张红7，那么玩家可以打出手中的红牌或任何颜色的7，也可以打出手中的百搭牌。如果玩家手中没有牌与之配对，就必须抓一张牌，如果抓到的牌能与手上的牌进行配对，就可以接着翻牌配对，否则就要让第二个玩家开始翻牌配对。如果手上的牌出得只剩一张了，玩家必须大叫"Uno"（"1"的意思）。玩家如果没有做到这一点，并被其他玩家抓住，就必须抓两张牌。如果有玩家出完了手里的牌，就得分，并开始新的一局。

续表

年龄	玩具/设备	游戏	社交活动
8~10	体育卡片 模型汽车/飞机 芭比娃娃 宠物	街道曲棍球 棒球 篮球 绳球 体操 电视游戏 激光捉人游戏 手球	在朋友家过夜 体育项目 捉人游戏 童子军 游泳聚会
11~15	单排轮溜冰鞋 音乐 书籍 化妆品 珠宝首饰 杂志	棒球 足球 网球 水上运动 排球 下棋	睡衣晚会 打电话 约会 商场 和朋友一起看电影

和玩具游戏一样，社交行为的差异也很大。例如，孩子如何发起与同伴的交往差异就很大。大多数成年人教孩子走到同伴身边问："你想和我玩吗？"但实际上，大多数正常的交往并不是这样开始的。在有些场合，孩子们只是在某个孩子身边玩游戏，然后就慢慢地一起玩起来。为了使社交游戏能顺利进行，孩子们通常会拉着新朋友的手带着他一起玩。在某些情况下，孩子可能以评论（例如，"我有这样的玩具"）或提问（例如，"你是从哪里拿到这个的？"）发起游戏。孩子发起游戏的方法有很多，没有什么优劣之分。因此，重要的是确定附近孩子的游戏方式。

游戏和社交行为种类繁多，教起来很难，因此，老师和家长往往会退而求其次，只教授较为明确的、结构化的技能。采用回合尝试教学方法教授这些技能需要有极大的创造性，例如，辅助和奖励要巧妙。此外，教师掌握大量的游戏方法和社交技能也很有好处。

在进行游戏之前必须控制孩子的行为，这也许是大家不愿意教孩子游戏的原因之一。在结构化程度较低的游戏和社交情境中，孩子的行为问题会变得更加明显，但这不应该成为不教孩子游戏和社交技能的理由，恰恰相反，这正是要教孩子社交和游戏技能的根本原因。此外，最重要的是，要在所有情境中解决孩子的行为问题！

有人认为，孩子需要用于社交的语言，因此，主张推迟教授社交和游戏技能。语言无疑有益于社交，但并非不可或缺。到公园去看看，你就会发现，来自不同文化背景的孩子即使操着不同的语言照样玩得很好。因此，在教授基本的语言和认知技能的同时，也要着手教授游戏和社交技能。

选择要教的游戏技能

要教授游戏技能，必须先确定要教什么技能。游戏技能的选择应该慎重，既要选择棋盘游戏之类的互动游戏，又要选择能单独玩的游戏。要优先选择既与孩子的年龄和性别相称又有助于其融入同伴团体的游戏。

要与年龄相称　教授游戏的目的之一，就是提高孩子和同伴进行社交游戏的技能，因此，必须选择他那个年龄段特有的游戏。虽然孩子的能力可能同他的实际年龄还不相称，但还是要尽量选择与其实际年龄相称的玩具。在大多数情况下，不管目前的发展能力如何，孩子也能学会某些水平与其实际年龄相当的技能。大孩子玩小小孩玩的玩具会招人耻笑，也会影响同伴对他的接纳。游戏项目的选择也会影响孩子渴望的自尊和成熟水平。衣服、背包、餐盒、发型、外表和兴趣也要同年龄相当。外表和游戏水平会影响成人对孩子的看法，也会影响成人同孩子交往的方式。你要保证所有老师和看护人员对孩子保持适度的期望值，并称赞孩子的能力和成熟。

留心其他孩子在玩什么玩具是确定玩具是否与孩子年龄相当的最好方法。当然，问孩子及其家长最喜欢什么玩具也是好方法。此外，也可以到玩具商店查询适合孩子那个年龄的玩具。

要与性别相称　这个话题可能会引起争议，因为当今社会总体上对孩子玩各种不同的玩具都能接受。虽然过去人们认为洋娃娃或厨房游戏是女孩玩的，但现在许多男孩也会玩这些游戏。与此相似，现在女孩参与剧烈游戏和体育活动也很普遍。尽管社会对此日渐开明，但我们仍应小心选择孩子的同伴喜欢玩的玩具和游戏，使孩子能融入同伴之中。

要适合同伴　玩具或活动同孩子的年龄和性别相称，并不能保证孩子的同伴也喜欢玩。适合同伴是指与孩子交往的同伴也喜欢玩。为了使孩子能最大限度地融入同伴之中，应该观察孩子的同伴在玩什么玩具，否则，就会大大减少孩子参与社交游戏的机会。

要适合孩子的喜好 虽然可以对玩玩具和参加社交游戏进行外部强化，但如果活动本身能给孩子带来快乐，那么活动本身也能起到强化作用。让孩子看各种不同玩具，就可以知道他喜欢什么玩具。孩子的兴趣会通过面部表情、语言或玩玩具的动作表露出来。分析哪种玩具或活动能提供孩子所喜欢的感觉刺激，也有助于了解孩子的喜好。分析孩子的自我刺激行为有助于了解其喜好。例如，如果孩子喜欢与光线、运动或质地有关的自我刺激行为，就选择包含这些成分的游戏；如果孩子喜欢沙子或水，就用沙子或水设计游戏；如果孩子喜欢视觉刺激，就让他玩弹珠迷宫；如果孩子喜欢触觉自我刺激，就让他玩切割、粘贴之类的游戏；如果孩子喜欢听觉自我刺激，就让他玩会发出声音的玩具。

不要局限于你认为孩子会喜欢的游戏活动。这一课程的目的是拓展孩子的兴趣，而兴趣需要时间培养。开始时，即使孩子只是短时间参加某种活动，也要给予大量强化物，这一点很重要。开始时，活动的时间不要太长，以免引起孩子的反感。如果活动本身具有强化作用，就要及时延长活动时间，并逐渐减少奖赏。

由于现在可供选择的玩具很多，你极有可能找到既适合孩子的年龄、性别和同伴，又符合孩子兴趣的玩具。幸好，现在的大多数玩具都能提供丰富的感觉刺激。

单独游戏

只要有可能，就应选择既能单独玩又能一起玩的玩具。游戏的目的之一就是让孩子学会在不进行结构化训练的时候独自消遣。因此，不要只选择两人或两人以上才能玩的游戏或玩具。

教授游戏

开始教游戏时，不要用正式的方式来教。在同一时间，可选用3~5个项目来教。其中有些项目可以结合较正式的回合尝试教学课程（例如，非言语模仿课程）来教，其他项目则可在游戏时间教。逐步延长孩子参加某种活动的时间，逐步增加孩子用玩具所做的反应的种类。

开始教授游戏时，最好采用非正式的"游戏的"方式，例如，坐在地板上。不过，有时必须坐在桌子旁以较正式的方式开始，这既能减少孩子的分心，又能使孩子迅速掌握游戏，更好地熟悉游戏活动的基本步骤。教学方法包括演示（demonstration）、角色扮演（role playing）和差别反馈。一旦孩子在较为正式的回合尝试教学中掌握了基本的技能，就应该让他们在尽可能自然的情境中，以尽可能自然的方式继续练习并发展这些技能。

有效的教学成分

不论是教授游戏技能、社交技能和沟通技能，还是教授自理技能，教学方法大致相同。有效的教学成分可分为以下 5 个部分：

1. 确定技能的组成步骤（任务分析）。
2. 每次只教一个步骤。
3. 反复进行练习。
4. 必要时进行辅助，并逐渐减少辅助。
5. 强化渐次接近所要求的反应。

无论教授游戏技能和沟通技能，还是教授使用电脑和击打高尔夫球，优秀的教师都要遵循这些步骤。不论是否了解行为技术，有经验的教师都会运用行为技术，从滑雪教练到球队教练，从乐队指挥到主日学校教师，概莫能外。

任务分析

所有技能都应分解成便于教学的部分。这能简化技能并减少挫折，也能确保孩子理解每一个步骤，同时，也能使教师保持一致。所有工作人员都要采用任务分析所提出的相同步骤，并且次序要相同，这一点**至关重要**。

要进行任务分析，最简单的方法就是亲自做一次，记下所有必需的步骤；然后，让别人也来做一次，并记下所有步骤；最后，两个方法比较，确定统一的步骤。

步骤的多少，要根据孩子的年龄和能力水平来确定。为了有助于孩子取得成功，步骤多比少好。开始教学之后，就能确定是要增加步骤还是要合并步骤。如果孩子有困难，就应将任务做进一步分解；如果孩子没有出任何差错，就可以通过合并减少步骤。

每次只教一步，直至掌握

通常，人们想赶快完成教学过程。但是，如果进度太快，孩子就不能充分掌握技能。由于技能的各个步骤前后衔接，环环相扣，因此，只要有一个步骤没有掌握，技能就不可能掌握。因此，每次只能教一步！！！上一步如果没有掌握，就不能教下一步。如果孩子能连续 3 个课时在不同老师的指导下**独立**（也就是没有得到任何辅助）完成某个步骤，就说明他已经掌握了这一步骤。

此外，必须确定从前往后教还是从后往前教。从前往后教，就是从第一步开始教起，等孩子掌握了第一步后再开始教第二步，依次类推；从后往前教，就是从最后一步教起，等孩子掌握了最后一步再开始教倒数第二步，依次类推。从后往前教用的人不多，但这一方法很有效，它能使学习者持续正确地完成任务。此外，由于学习者能较快地完成最后一步，因此在开始阶段就能对孩子进行较强的强化。甚至从第一个课时开始，学习者就能自己完成任务。完成任务的体验是最好的自然强化。

反复进行练习

为了加快学习进度、提高学习成绩，要给孩子多种多样的学习机会。老师往往在孩子完成了一次任务之后就接着往下教，但如果孩子是在得到辅助之后才完成这一技能的，那么这样做就会使孩子没有足够的机会巩固这一技能。就像学打高尔夫球的人去球场练球从来不会只带一个球一样，学习者练习技能从来不可能只练习一次就够了，必须反复进行练习。要尽量使学习生动有趣，尽量变换学习情境和学习材料，同时进行必要的辅助和丰富的强化，这样就能极大地减少由重复引起的挫败感和沉闷感。

进行辅助并逐渐减少

请参考论述回合尝试教学方法中关于辅助的论述。

强化

"破坏性行为"部分已对强化进行了详细的论述。

培养独立性

教授游戏技能的目标之一就是让孩子学会在不受监控时独立玩耍。不过，开始时要采用回合尝试教学方法进行个别指导。一旦孩子掌握了游戏技能，就必须尽快逐步减少监控。这需要循序渐进。

在孩子做游戏时不和他说话，也不和他进行目光接触，以此开始减少监控。因此，明智的做法是在游戏活动结束时才夸奖孩子。由于是在游戏活动结束时才夸奖孩子，因此开始时游戏的持续时间要很短。只有在孩子习惯较长时间得到强化时，才延长游戏的持续时间。此外，应该逐渐减少你出现的次数。开始时，待在孩子身边，然后离他一两米远，再到房间的另一边，最后离开房间一会儿，再延长离开房间的时间。

游戏角对培养孩子进行独立游戏很有效。起初，可以设立一个放着玩具的游戏角；然后再设立第二个游戏角，训练孩子在结束第一个游戏角的游戏之后到第二个游戏角玩；最后，再增加游戏角的数量。最好选用有明显的开始和终结的游戏，这有助于孩子在玩好一个游戏角的游戏时知道去下一个游戏角。如果孩子玩的是没有明显开始和终结的游戏，就要用定时器，让孩子能自己到下一个游戏角开始新的游戏。

第十二章　社交游戏

要准备教孩子怎样与同伴交往，就要先确定所教的适当的游戏技能，然后运用一对一的回合尝试教学方法进行教学。在孩子掌握了某些游戏技能之后，就要安排孩子与同伴进行短时间的交往。例如，安排同伴与孩子相处30分钟。刚开始的几个课时应以让孩子和同伴都感到交往活动令人愉快为主。要通过烘烤巧克力饼干、做冷饮、玩玩具、到游泳池游泳这样一些有趣的活动来吸引孩子，使其迷恋，不要急着进行正式的教学活动。尤其重要的是，要让同伴在离开的时候依依不舍，渴望下次再来。

这些游戏聚会是确定孩子在正式治疗中必须学会哪些游戏技能和社交技能的理想机会。通过活动，不但能发现孩子的不足，而且能了解同伴的游戏、社交和语言技能。治疗应集中培养最重要的技能，这可以使孩子将来参加社交活动时更有成效，更加快乐。

如果同伴喜欢来访，孩子也掌握了一些必要的技能，就可不露痕迹地开始教学。最初的教学共有3次"尝试"，每次"尝试"不超过3分钟。每次"尝试"的活动都要有所不同，要选择互动性强、两个孩子都喜欢的活动。不要让孩子觉察到这是在进行"尝试"，尤其是不能让孩子的同伴觉察到这是在进行"治疗"。成人要尽量以不露痕迹的方式发挥作用。活动不要太正式，也不要过度结构化，但是要牢记游戏的基本内容，不要使游戏偏离方向。如果必须进行辅助，就要根据游戏的基本内容来辅助。

所有活动都必须是孩子通过以前的训练已经熟悉了的，并且要为每种活动确定具体的行为目标，例如，怎样用语言和目光进行接触、轮流、在哪里和做什么。当然，教师应当了解哪些是与孩子的年龄相称的语言和行为，以促进和提高有助于孤独症孩子和其他同龄孩子一起做游戏的交往能力。有时，我们会用成人的眼光看待游戏，因而会教一些属于成人的游戏行为。

一定要强化同伴的合作行为！如有必要，要尽量以微妙的方式辅助同伴向孩子发问、发出指令。要保证孩子能回答同伴的提问，响应同伴的指令，不要让同伴代替孩子做什么事。如果孩子拿走了同伴的玩具，要督促他归还。如果同伴向成人而不是孩子提问，就要让同伴问孩子。成人不应成为孩子与同伴交往的焦点，目的要尽量不露痕迹。**除非必要，切不可进行干预或参与交往！！！**

活动的时间安排要有灵活性，并注意及时进行调整。自发的行为总是比事先规定的内容更重要。在孩子自发地出现积极的行为时，决不要去打断他。不要过早地发出指令或进行辅助，以便孩子有足够的机会出现自发性行为。

逐步延长尝试的时间和整个游戏的课时。在两个孩子对游戏的常规内容更加熟悉之后，就可以开始让他们轮流进行某种活动，这种活动不一定非得是两个孩子都很喜欢的。此外，还要安排孩子与其他同伴做游戏，让孩子学会适应不同孩子的游戏方式。一开始，要组织一对一的游戏活动。稍后，就可以组织同时有两个或两个以上的孩子参加的游戏活动。要知道，在三个或三个以上的孩子组成的团体里，人际交往要复杂得多，这对孩子来说是一种新的挑战。

社交活动和游戏活动实例

通过这些活动要实现的教学目标：命名、扩展语言、描述、提出要求、轮流、相互帮助。

在室内进行的高度结构化的活动

来回推玩具汽车

桌上游戏

传接球游戏

合作建造某种东西

拼图

盒子玩具车、玩具火车、玩具赛车

合作任务

准备食物

建筑

创造性活动

用橡皮泥进行制作

美工

建造

户外活动

玩跷跷板

轮流滑滑梯

将球滚给别人

轮流乘马车、轮流拉马车

玩沙子

语言活动

让同伴当老师给孩子上课

让孩子给同伴当老师

语言课程：在别人陈述之后做相应陈述，相互提问

对话

讲故事

动作游戏

模仿领头人[①]

捉迷藏

抢椅子的游戏、保持舞蹈动作

捉人游戏

找臭虫

警察与强盗

西蒙说[②]

---

① 译注：模仿领头人，一种儿童游戏，参加者一个接一个跟在领头人后面，模仿他的一举一动。
② 译注：西蒙说（Simon Says），一种群体游戏，玩法如下：选一个人充当"西蒙"，其他人站成一排，充当"西蒙"的人站在他们前面，向他们发出动作指令。如果动作指令以"西蒙说"为开头，那么其他人就必须根据指令做相应动作；如果动作指令没以"西蒙说"为开头，其他人就不能做相应动作。如果谁违反了这一规则就要出局。最后一个没有出局的人可以在下一轮游戏中充当发布指令的"西蒙"。

用道具做想象性游戏

  根据剧本表演：《托马斯火车》、阿拉丁

  建造"城堡"或"帐篷"

  玩套装玩具：乐高组合玩具、城堡、娃娃家

  扮"医生"

  打扮

  推椅子假装开车

  假装开商店、到商店购物、开冷饮店等

举办游戏聚会

  举办游戏聚会很不容易，因为这需要找到适当的同伴。由于孩子的语言技能、游戏技能和社交技能有缺陷，他可能还未能成功地结交朋友。孤独症孩子常常缺少与同伴进行交往和活动的机会，因此，很少有随时可以邀约的玩伴。

  在孩子的破坏性行为不太多时，要让他与同伴进行接触。显然，如果孩子的破坏性行为太多，同伴就不愿意跟他玩。此外，太多的破坏性行为也会给他招来耻辱，并使他将来难以结交朋友。

  一开始，你可以带孩子去公园、餐馆之类孩子们常去的地方（例如，麦当劳、冒险乐园、儿童乐园）或活动中心。到这些地方的好处是，必要时可以带孩子迅速离开，还可以使孩子有与其他孩子进行接触的机会，也让你有机会开始教他必要的技能。通常，在这些地方，你也会结交其他家长。

  让孩子参加团体性体育活动是找到同伴的极好方法。参加足球、儿童简易棒球等活动特别容易让孩子找到同伴。在比赛和练习之后，孩子们通常会一起外出或进行个别会面。不用担心孩子不会参加比赛或不能理解比赛规则，因为大多数孩子都不会！不过，在进行较为正式的治疗时，必须训练这些技能。

  也许，学校是孩子结识同伴的最佳场所。学校极其重要：其一，学校是典型的学习场所，也是孩子运用所学技能的场所。其二，在学校里，孩子可以和同伴进行接触，这些同伴受到老师和纪律的约束！这一点最为重要。其三，在学校里，孩子可以找到自己的玩伴。

普通孩子的家长经常举办游戏聚会，因此，不要坐等他人发起游戏聚会。幼小的孩子还不觉得游戏聚会有多么好玩，也不会自己提出进行游戏聚会的要求，因此需要家长帮助发起游戏聚会。要举办游戏聚会，就必须同其他家长进行接触并邀请他们到自己家里。你要告诉这些家长，你的孩子很喜欢和他们的孩子玩，或者说你和孩子都很喜欢他们的孩子来玩。不要主动告诉其他家长孩子的问题或邀请他们的目的。如果其他家长觉察到你的孩子有异常，你可不经意地说孩子的语言有些落后、有点害羞。

选择同伴

为孩子选择同伴不要过于挑剔。不过，如果有选择的余地，应该优先选择那些具有良好的社交技能、游戏技能和沟通技能的孩子。没有行为问题的孩子也在优先选择之列。受人欢迎的孩子也是理想的玩伴，因为他很容易接近并能帮助你的孩子。但最重要的是，要为孩子找个好榜样。如果同伴本身就有行为问题，那么孩子们就难以互相学习了。不要试图同时对两个孩子进行治疗。

一般来说，比你的孩子年纪大的孩子比较适合做一对一的社交游戏。他们不但具有较强的技能，而且较有耐心，更愿意陪伴你的孩子。不过，要注意同伴的性别，要考虑好给孩子找一个异性同伴是否合适。找亲戚的孩子做你孩子的玩伴会有好处。如果让孩子参加人数较多的团体游戏，就给他找年龄小一些的玩伴，这可使游戏的水平接近你孩子的水平。

社交发展阶段

和教授其他技能一样，在教授社交游戏时，了解孩子的发展水平很重要。此外，还应了解男孩与女孩在游戏方面的差异。例如，女孩通常会玩时间较长的游戏，而男孩通常不会玩同一种游戏或玩具太长时间。此外，女孩更喜欢玩语言较多的游戏和更具创造性的游戏。男孩的游戏不像女孩的游戏那样有想象力。切记不要采用**你**对游戏的看法，因为你对游戏的看法是成人化的。

下面是"布里甘斯儿童发展调查表"（Brigance Inventory of Child Development）所描述的儿童社交发展阶段（括号里是儿童的年龄）。

1. 和他人一起玩简单的游戏，例如，来回滚球。（B：1岁）
2. 模仿其他孩子的动作。（B：1岁6个月）
3. 看其他孩子玩游戏，并试图短暂加入。（B：2岁）
4. 和其他孩子在一起，但一个人玩。（B：2岁）
5. 看其他孩子玩游戏，并在其他孩子旁边玩。（B：2岁6个月）
6. 玩简单的团体游戏。（B：2岁6个月）
7. 在成人的监护下，开始与其他孩子玩。（B：2岁6个月）
8. 开始轮流等候。（B：3岁）
9. 在帮助下轮流等候。（B：3岁6个月）
10. 对一个玩伴形成短时间的依恋。（B：3岁6个月）
11. 能经常与其他孩子玩合作游戏，但需要帮助。（B：3岁6个月）
12. 不用监护而能轮流等候和分享。（B：4岁6个月）
13. 最多与两个孩子玩至少15分钟的合作性游戏。（B：5岁）
14. 有几位朋友，与其中的一位特别要好。（B：5岁）
15. 在人数较多的团体游戏中能与他人合作。（B：5岁6个月）

孤独症伙伴的回合尝试教学课程

约翰·麦克伊钦

罗恩·利夫

The Autism Partnership Curriculum for

Discrete Trial Teaching with

Autistic Children

教学指南

环境：开始时，要在家里无人通行并与其他部分隔开的区域进行治疗，卧室或小房间就适于进行治疗。在孩子的行为得到控制之前，要尽量排除引起孩子分心的事物。随着学生的发展，要尽量采用自然的环境，可精心布置一些会影响注意力集中的事物。部分治疗活动可在家里的其他区域和户外进行。

教学方法：回合尝试教学是一种特殊的教学方法，能最大限度地促进学习。这一方法包括：①把一种技能分解成较小的步骤；②每次只教一个步骤。每个教学单元都要反复进行尝试，每次尝试都要有明确的起点（也就是指令）和结束（也就是反馈）。在孩子掌握技能的每个部分之前，不要教太多的内容。

辅助方法：要尽量采用干预程度最小的辅助方法。根据干预程度，辅助可分为肢体引导（physical guidance）、演示、言语提示（verbal cues）、点指（pointing）和隐含在指示物体中的辅助（within stimulus prompts），如靠近（proximity）。为了培养独立性，所有辅助都必须尽快减少。如果孩子能在辅助较少或没有得到辅助的情况下完成技能，就应给予更多的强化。

强化方法：强化是治疗的关键。治疗的目标是学生能在受到自然强化物（如表扬）偶然强化的情况下完成任务且行为恰当。不过，在刚开始进行治疗时，要用具体的强化物（如食物、饮料、玩具、有趣而又能刺激感官的事物和刺激物、音乐等）持续进行强化。随着学生的发展，要逐渐延长强化的时间间隔，要使用更自然的强化物。学生必须做出两个或两个以上的反应，才能获得强化物。此外，要采用各种不同的强化物，并逐渐使表扬和微笑成为有意义的强化物。

教师比例： 开始时，必须采用一对一的教学方式。当学生表现出良好的注意技能和倾听技能，学会通过观察进行学习，学会等候时，就可以加进其他孩子。

掌握标准： 如果学生连续做出正确的反应，就可确定他已掌握了相关知识和技能。一般来说，如果在两三天里有80%～90%的反应正确，就算他掌握了相关知识和技能。但是不要忘记，这一标准是人为的，而不是一成不变的，它需要根据学生的学习模式不断进行调整。通常不应采用百分之百作为成功的标准，因为这只能使孩子遭受挫折并感到厌倦。期望孩子的行为百分之百正确是不切实际的，因为除了缺乏理解之外，还有许多因素会导致错误。

课堂结构： 目标是将每节课的时间延长到2～3个小时。每天安排的课时数要以学生有收获为宜。对有些孩子（例如，白天部分时间上学的孩子），可以每天安排1节课；而对其他许多孩子，每天可以安排2～3节课。应该有课间休息时间。每天的课要平均分布，而不要集中在一起上，这样会更有成效。与此相似，一周的课也要平均分布。

每节课的作业时间和游戏时间要各占一半，一半时间应用于正式的认知技能和言语技能的结构化教学。要根据学生注意的持续时间、对强化的需要和材料的难度，少则3个一组，多则50个或以上一组，连续进行回合尝试。各组之间应有短暂的休息，休息时可给学生一个玩具或其他强化物，让他在桌子上或离开桌子玩。通常，让学生离开桌子玩是最好的强化形式。休息时间的长短要根据完成任务时间的长短来确定。例如，如果完成了3次短暂的尝试，就让学生离开桌子，休息时间应为30～60秒；如果教学持续了3～5分钟，休息时间应为2～3分钟；如果教学持续了10分钟，休息时间应为5分钟左右。但这些只是粗略的计算，应该根据学生的学习模式加以调整。请注意，白天早间的课可以长一点（约20分钟），但这么做往往使学生在下午感到疲劳，并因此影响下午的教学效果。

在休息时，治疗师应做好资料记录工作，并准备好下一组活动尝试要用的材料。同时，要监控学生在休息时的行为，对其进行适当的游戏和对没有出现不当行为（例如，自我刺激）进行强化。部分休息时间应该结构化，治疗师要指导学生进行适当的游戏；其余时间应完全留给学生，让其选择一种活动，不要对他提出任何要求（但在休息时行为要恰当这一原则仍然有效）。

不正式教授认知技能和语言技能的一半时间，包括上面所说的短暂休息、结构化游戏、散步和去公园之类的活动。这些活动用得到学生所学的技能，并可以将行为管理延伸到日常生活之中。每隔 1 小时左右，就要进行一次时间较长的（10～15 分钟）休息，并要变换休息地点，例如，到户外玩。环境的变换和体力活动对保持学生的学习兴趣和注意力及平均分配活动与游戏的时间都很重要。

课堂要有趣、自然：

1. 语调要热情。
2. 环境要多样化。
3. 指令要多样化。
4. 材料要有趣，令学生喜欢。
5. 成功率要高。
6. 要敏锐地观察到孩子的偏好。
7. 课程要多样化。
8. 要有穿插任务。
9. 强化物要多样化。
10. 语言要自然。

回合尝试教学

一、导言

1. 回合尝试教学是一种特殊的教学方法，能最大限度地促进学生学习。它能用于培养包括认知技能、沟通技能、游戏技能和自理技能在内的大多数技能。此外，它适用于所有人、所有年龄段。

回合尝试教学包括：①将技能分解成较小的步骤；②每次只教一个步骤，直到学生掌握为止；③进行密集教学；④必要时进行辅助，并逐渐减少辅助；⑤运用强化的方法。

每堂课包括许多"尝试"，每个"尝试"都有明确的开始和结束，因此称之为"回合尝试教学"。只有在学生掌握了技能的所有步骤之后，才能教授新的技能。

2. 回合尝试教学每次只教一个非常小的步骤，并要求学生立即做出反应。这不同于连续尝试或较传统的教学方法，这些方法一次就教授很多内容，而且没有明确学生应做出什么反应。

3. 回合尝试教学使学习成为一个**积极**的过程。孤独症儿童不可能在被动的环境中吸收知识。

回合尝试实例：教授接受性命名		
前提（A）*	行为（B）*	后果（C）*
"摸一摸果汁"	摸果汁；注意力集中	"好极了"
"摸一摸甜饼干"	摸甜饼干；注意力集中	"非常好"
"摸一摸果汁"	摸果汁；注意力不集中	"不错"

续表

"摸一摸甜饼干"	摸果汁；注意力集中	"不行，不行"
"摸一摸甜饼干"	没反应；注意力集中	没有强化（必须让学生理解为什么没有得到强化）
"摸一摸面包"	没有反应；注意力不集中	"你没看""太慢了"，等等

*A: Antecedent　B: Behavior　C: Consequence

二、回合尝试的成分

回合尝试有如下成分：①前提（指令或其他线索）；②辅助（有些尝试并不需要）；③学生的行为和反应；④反馈或其他后果；⑤尝试之间的间隔。下面详细论述每个成分。

1. 指令/区辨刺激[①]/行为信号

（1）尝试必须有一个明确的起点。起点通常是言语指令，但也可以是其他要学的项目或视觉刺激。在尝试开始时，应向学生发出信号，让他知道如果做出正确反应，就能获得正强化。这样的信号就是所谓的区辨刺激。

（2）在教学的开始阶段或者在学生掌握某种技能有困难时，指令要简明扼要。简明扼要的指令有助于避免混淆，也有助于突出相关刺激（例如，用"甜饼干"代替"请摸一摸甜饼干"，用"果汁"代替"你能指给我看哪个是果汁吗？"）。

> 随着学生的发展，应使用更复杂的、字数更多的指令，使用的语言要自然：
> - 促进泛化
> - 为学生在日常生活中进行随机的观察学习做好准备
> - 使教学变得更有趣

[①] 译注：区辨刺激（discriminative stimulus, S^D），一种线索或信号，它表明如果做出某种特定的反应将得到奖赏。例如，在标准压杆实验中，如果灯光出现，压杆就能得到一粒食丸；如果灯光不出现，压杆就得不到食丸。这里，灯光就是区辨刺激。只发生在特定情境而不发生在其他情境的操作反应叫区辨操作（discriminative operation），在上面那个实验里，灯亮时进行的压杆反应就是区辨操作。又如，如果红灯亮（区辨刺激），司机停车（区辨操作）就不会被罚款，也不会出车祸。斯金纳认为，区辨刺激是操作性行为的一个特殊时机，但不是真正引发这种行为的刺激。不是区辨刺激控制行为，而是行为的结果控制行为。但是，一个区辨刺激会向个体表明，做出什么反应才能得到强化，获得愉快的结果。

（3）区辨刺激（或指令）一定要适合学生所要完成的任务。要明确究竟让学生做出什么反应，然后选择适合这一反应的言语指令或其他线索。

例如，如果要学生数"1、2、3、4"，指令应该是"数数"；如果你要学生告诉你有多少个物体，指令应该是"有多少？"学生应该回答"4"。

（4）给学生大约3～5秒的反应时间，这样学生就有时间进行思考。

不过，教师要根据学生的实际情况掌握好教学进度。

①太快可能会引起混淆和混乱。

②太慢可能会使学生注意力涣散。

③进度应逐渐接近自然情况下的速度（工作人员通常用加快速度来吸引学生的注意，因此要逐渐放慢速度，这是关键）。

（5）学生注意力集中的时候学习效果最好。如果学生注意力涣散，就必须培养其注意力。这点会在后面进行讨论。

2. 学生的反应

（1）事先要明确学生要做出什么反应、反应的质量如何，然后再对学生进行强化，强化的标准要始终如一。例如，如果指令是"碰碰鼻子"，那么事先就要明确学生的手要靠鼻子多近才算是碰到了鼻子。所有相关人员（包括学生）都应清楚地知道强化的标准。明确强化标准的好处是：

①有助于所有工作人员保持一致。

②有助于学生做出正确反应。

③有助于教师保持客观的态度。

不过，强化的标准应该根据学生成绩的变化进行调整。

（2）要留意学生无关的、不可取的行为。如果不可取行为伴随正确反应，这时进行强化，就会强化不可取行为。

例1：学生回答问题正确，但看着别处，此时你夸奖他，将来他回答问题时更有可能看着别处。

例2：你要强化学生碰鼻子这一行为，如果你用玩具强化她时她已从椅子上跌了下来，她可能就会认为强化的是她从椅子上跌下来这一行为。

（3）一定要强化目光接触、坐得端正或自发性言语之类自发的可取行为。

（4）如果在规定时间内（3～5秒）学生没有做出反应，就算尝试失败。

（5）**塑造行为**：塑造行为的目的是提高学生反应的总体质量，塑造行为需要渐进调整强化标准（"后果"部分会对差别强化做进一步论述）。

①用差别性后果[①]同时塑造正确的反应和注意力的集中。

例子：在学生吵闹次数减少时让他休息片刻作为奖励。

②用差别性后果强化渐次接近目标行为的反应。

（6）不要让学生预知反应。如果学生在你发完指令之前就做出反应，就可能出现下列情况：

①学生事先已经知道了你要他做出什么反应。这时，要改变教学活动的次序，使学生看不出教学活动的模式。

②学生可能是在进行猜测。不要让学生进行猜测，如果在学生碰巧做出正确反应之后进行强化，就只会鼓励他进一步进行猜测。

③学生的注意力不集中。在学生注意力不集中的时候，不要让他做出反应。

（7）有时，学生自动纠正自己的反应是可以接受的，甚至是很有价值的。例如，如果学生注意力集中，并且在治疗师没有提供任何线索的情况下纠正了错误，就要进行强化。学生所表现的过程（例如，问题解决）实际上就是非常重要的技能。

不过，有时要进行反复尝试，以保证学生在做出反应时没有进行自我修正，这一点很重要。

3. 反馈/后果

（1）反馈应该在反应之后立即进行。强化这一反馈表示学生的反应是正确的，它会增加这一反应再次出现的可能性；消极的反馈和不进行强化表示学生的反应是错误的，它会减少这一反应再次出现的可能性。

①**学生做出正确反应**：要进行表扬，同时轮流采用不同的奖品加以奖励。

反应正确 + 注意力集中 = 最强的强化

反应正确 + 注意力分散 = 轻微的强化

②**学生做出错误反应**：要进行表示反应错误的反馈。

反应错误 + 注意力集中 = 具有鼓励作用的反馈（例如，"尝试得不错"）

[①] 译注：差别性后果，对较好的行为给予更多的奖赏。

反应错误＋注意力不集中＝较强的校正性反馈（例如，"不""注意""你要看着""更努力一点""你能做得更好"等）

③**学生没有做出反应**：如果学生在5秒钟后还没有做出反应，就应做出反馈并中止尝试。如果学生注意力集中、坐得端正，也没有出现偏离任务的行为，那么只要不进行强化就可以了。在每次尝试之间一定要有时间间隔（见下文）。要对材料稍作清理，以明确表示尝试已经结束。

④**学生出现偏离任务的行为**：如果学生出现不当行为（例如，离开座位、抢东西等），就要马上进行反馈，纠正这一行为，并终止这一尝试。不要等学生的不当反应结束之后再进行反馈。

（2）反馈的意义要明确，不要模棱两可。例如，在说"不"的时候不要笑，在说"好"的时候不要皱眉头。

（3）反馈或后果应事先计划好，要采用统一的标准。

不过，对出乎意料的优异表现或行为一定要立即进行强化。

（4）应该根据每个学生的喜好来选择用于强化的奖品（例如，并不是每一个学生都喜欢得到过度的表扬或过多的食物）。

必须不断评估强化的有效性，并在必要时进行调整。

（5）要尽快将强化的次数、延迟时间和强度减少到自然状态。开始时，要强化所有的正确反应（这就是连续强化），但随着孩子的学习取得进步，要逐渐采用间歇强化。逐渐采用间歇强化的目的在于：

①减少学生对强化的依赖。

②减少外部控制。

③使教学情境接近学生日常的生活环境，以促进泛化。

④避免出现混乱（滥用强化常常会加剧学生的破坏性行为）。

（6）运用差别后果让学生了解什么是可取的行为。

①最好的反应应得到最好的强化物。

②得到辅助较多或质量较低的反应得到中等强度的强化。

③反应虽然错误但能集中注意力，应得到"不对""再试一下"之类温和的告知性反馈。

④攻击行为或明显偏离任务的行为应得到强烈的消极反馈。

（7）运用告知性反馈。例如，"把手放下""你没有看""太慢""说好一点"等。告知性反馈：

①可提供更多的信息。

②较为自然。

③可作为示范语言使用。

4．尝试之间的短暂间隔

（1）每次尝试之间应相隔数秒。尝试之间的短暂间隔：

①使学生有时间进行思考（例如，反应是否正确、是否需要改变）。

②使工作人员有时间思考刚出现的情况（例如，考虑下一次尝试要采用什么强化，要采用哪一个层次的辅助，怎样发出下一个言语指令）。

③能教学生学会等待，在日常生活中经常需要等待。

④使工作人员有时间收集资料。

⑤使下一次尝试的起点更明显。

（2）为了使尝试分隔得更清楚，也许要拿掉上次尝试所用的材料或将它们放到别处。如果在尝试结束之后还把材料放在桌上，学生就有机会练习正确反应或不需留心指令就能变换反应。

虽然拿掉上次尝试所用的材料或稍微看一下别处可将不同尝试分隔开来，但也能提醒学生做好准备。训练了一段时间之后，就要适当模糊每次尝试之间的间隔，以确保学生不会依赖这些线索进行注意。

要调整尝试之间的间隔时间，以保持理想的教学进度

· 进度太快可能会引起混乱，从而使学生表现欠佳并感到更加不安

· 进度太慢可能会引起学生注意力涣散

· 要确保由教师掌握进度，而不是由学生掌握进度

5．辅助

（1）所谓辅助，就是教师提供的、促使学生做出正确反应的帮助。为了防止学生做出错误反应，应该在学生做出反应之前就进行辅助。一般来讲，辅助要在发出指令

的同时或稍后进行，但也可在发出指令之前进行。如果辅助太迟或无效，而学生又做出了错误反应，就必须终止尝试，在下一次尝试时要进行更有效的辅助。进行辅助：

①能加速学生的学习过程。

②能减少学生所遭受的挫折。

（2）要运用各种程度不同的辅助，包括视觉辅助、位置辅助、点指辅助、全面肢体辅助、部分肢体辅助、言语辅助、演示、通过接受性语言进行的配对、对表达性语言的接受性反应、隐含在指示物体中的辅助、立即辅助或延迟辅助等。这些辅助可以根据干预强度进行排列。辅助的强度要适当，不要过分，要保证学生能做出正确反应。辅助强度适当：

①使减少辅助更容易。

②使学生减少对辅助的依赖。

应该通过提供必要的帮助来运用辅助，避免学生长时间遭受失败。努力保持学生成功做出正确反应的概率（对大多数学生而言，80%左右的正确反应概率最理想）。

（3）如果第一个辅助不起作用，就要加大辅助的强度（即加大帮助的力度）。例如，把位置辅助改为点指辅助。

（4）常用的"法则"是，如果学生连续两次做出错误反应，那么在下一次尝试时就要进行辅助。这一法则适用于学生能对两个部分进行区辨，并能基本理解所教概念的情况。

①第一次错误反应使学生能根据老师的反馈进行调整。因此，进行第二次尝试为学生提供了做出正确反应的机会。

②错误反应超过两次，表明学生没有根据老师的消极反馈进行调整。这也许超出了学生对失败的忍受能力，缺乏强化可能加剧消极行为。

要灵活地决定是否进行辅助

· 如果学生不理解正确答案，那么可以在学生做出一次错误反应之后甚或在第一次尝试时就进行辅助。

· 如果在第二次错误尝试之后学生好像理解了任务，那么在做下一次尝试时就不要进行辅助。

> - 如果你遵循"错误－错误－辅助－测试"这一模式，而测试引起另一个错误，那么就应该提高干预的强度，采用"错误－辅助－辅助－测试"这一模式。如果测试仍引起错误，就要采用"辅助－辅助－辅助－测试"这一模式，依次类推。
> - 如果要帮助学生保持较高的成功率，就要进行辅助。

（5）如果有必要进行辅助，就要马上进行下一次尝试，重复指令，但不进行辅助（或减少辅助）。在辅助之后进行测试：

①可以减少学生对辅助的依赖。

②让学生有机会表明他从上一次尝试中学到了什么。

不过，如果学生刚学新的概念或很难理解这一概念，那么在进行下几次尝试时使用程度相同的辅助就是有益的。

（6）如果学生因注意力不集中或出现偏离任务的行为而出了差错，那么就让学生承担出错的后果，而不要进行辅助。此时如果进行辅助，只会强化学生偏离任务的行为，因为辅助会让学生更容易做出正确反应。对于学生偏离任务的行为，应该通过反馈进行纠正，并重复这一尝试，但仍不进行辅助。

（7）如果学生在没有得到辅助的情况下做出正确反应，就要给他最大的强化（例如，对他进行表扬并给予实际的强化物）。

（8）如果学生在得到辅助的情况下做出正确反应，就给他强度较低的强化（例如，"不错""正确""对"之类一般性的表扬）。不过，即使进行有辅助的尝试，也要进行一些强化，这是为了：

①表示学生的反应是正确的。

②巩固学生的正确反应。

③避免出现失败的模式。

不过，如果学生需要长期辅助，就应该偶尔对得到辅助的尝试进行实质性强化，这是为了：

①增强学生的学习动因。

②减少学生的退缩和挫折。

③让学生有机会得到更具吸引力的强化物。

（9）要防止进行不经意的辅助（inadvertent prompts）。这类辅助与学生的学习内容无关，它会使学生无法掌握概念，这是因为：

①辅助并没有逐渐减少。

②不经意的辅助引起学生的反应不一致（也就是说，如果训练师不经意进行了辅助，学生的表现似乎会好一些）。

③不经意的辅助会让学生更多地注意无关的线索。

不经意的辅助			
非言语的	模式	反馈	其他
瞥视	不间断地重复同一类指令	训练师的表情	做出苦相
姿势	交替发出指令	学生反应正确时反馈得快	提供答案
位置	提示没有问到的东西	学生反应错误时反馈得慢	提供新物品

（10）一定要逐渐减少辅助。逐渐使用干预程度较低的辅助，这能培养孩子的独立性，并能帮助其理解概念。

（11）有计划地延长指令和辅助之间的间隔时间，这是一种逐渐减少辅助的方法。这使学生有机会在得到辅助之前做出反应。不过，要知道，如果在指令发出两三秒之后还没有进行辅助，学生可能就会忘掉任何言语指令。

（12）要尽量采用隐含在指示物体中的辅助（例如，位置辅助）。这种辅助比较容易逐渐减少，并能使学生注意刺激本身而不是用手点指之类的无关线索。

三、引起注意

1. 在学生注意力集中的时候，一定要对他进行强化。在进行夸奖时，一定要向他说明强化的是什么行为（例如，"看得很好""我很高兴你能集中注意力"等）。

2. 对许多学生而言，教他集中注意力的最好方法是开始进行尝试，而不管其与注意相关的行为如何。让学生体验注意力不集中的自然后果。

这需要使用具有很强动因激发能力的强化物。

3. 如果要求学生完成的任务需要高度的视觉注意（例如，较为精细的非言语模仿反应、精细的细节配对、做出一连串反应等），学生就能较快地学会注意自然环境中的线索。

4. 还有一种教授注意技能的方法，那就是选择发出指令的时机，使其同学生自发的注视或偏离任务行为的暂时停止形成巧合。可以在尝试开始之前等待 5 秒钟，看学生是否会自发地注意。由于指令代表赢得强化的机会，指令本身就是一种次级强化物①。要使这种方法取得成效，任务本身必须具有很强的吸引力，否则学生会很高兴推迟进行尝试。此外，如果等待时间超过 5 秒，只会使学生有机会从事不可取行为。

5. 如果学生注意力很不集中，影响了学习，并且上述方法没有收到成效，也许有必要给孩子提供一个具体的线索（例如，"看着我"）。如果学生不理解你所说的话，就可以先为他上一节"看着我"的课。要记住，这一辅助必须尽快淡出。

为保证学生能集中注意力要避免进行过多辅助

"看着我""手放好""坐着别动"或叫学生名字之类的指令，可能容易变成难以打破的习惯。应该主要通过对良好表现和注意技能进行差别强化来培养学生的注意力。这会减少学生对外部辅助的依赖，并有助于培养学生的自我控制能力。

例如，如果学生自发地看着老师，老师就应该对他说："嗨，看得好！！！"

四、加快学生学习进步速度的指导方针

1. 要进行充分的尝试，以保证学生掌握所教的技能。

（1）要逐渐延长每节课的时间，增加学生学习的机会。

（2）对学生集中注意力的时间要求不要过高，要与其发展水平相称。

（3）尝试的次数不要过多，以防学生感到厌倦或产生挫败感。

由课时过短造成的问题

· 减少了学生学习的机会

· 削弱了学生学习的冲劲，使学生不能一鼓作气完成学习

· 与现实脱节，减少了学生泛化所学的知识技能和融入学校生活的机会

· 使短时间休息不能充分发挥强化作用

---

① 译注：强化物可分为初级强化物和次级强化物。初级强化物是能满足生理需要的事物，如食物、水、氧气、排泄和性行为等，这些事物天生就具有强化作用；次级强化物本身不能满足个体的生理需要，因此本来不具有强化作用，只是后来经常和初级强化物结合，因而获得了强化作用。例如，母亲经常给孩子喂奶、喂饭，因此她总是和食物之类满足孩子生理需要的初级强化物相联系，因此母亲逐渐获得强化作用，成为次级强化物。其他典型的次级强化物有金钱、夸奖、荣誉、微笑等。

2. 如果学生完成某些任务有困难，就要调整任务的次序，将困难的任务放在较容易的任务之间（也就是说，把较难的任务穿插在较容易的任务中间，像三明治中的"肉"一样）。

（1）完成较容易的任务可以增强学生的学习动因。

（2）完成较容易的任务可以使学生有动力去完成较困难的任务。

（3）积聚学习冲劲，使学生一鼓作气完成学习任务。

3. 在学生成功完成任务之后结束课时，会使学生更愿意回来继续学习。

不过，如果学生产生极强的挫败感，那么不管怎样结束课时都是明智的。

☆不必赢得每一场战斗！！！☆

4. 积聚学习冲劲。在一系列尝试过程中所形成的反应模式，有助于学生在此后的尝试中做出可取的反应。要积聚学习冲劲，就要缩短尝试间的休息时间，进行有效的辅助，并迅速进行强化和反馈。然后，在一系列尝试结束之后对学生进行更强的强化。

还有一种方法可用来积聚学习冲劲，那就是运用"三明治"式的训练模式，把较难完成的任务穿插在较易完成的任务中间。

（1）为了使学生更愿意服从，可进行几个学生很有可能做出反应的尝试。学生很有可能做出的反应包括较容易完成的任务、已经完全掌握的材料、本身就具有强化作用的材料或任务。

（2）如果学生存在鹦鹉学舌或闭口不言的问题，可把目标反应穿插进一系列不存在这一问题的言语尝试中。[①]

如果学生将要做出你无法控制的反应，就插入适当的指令，造成学生服从指令的既成事实。（例如，学生要将积木摔到地上，你就对他说："把积木放在地板上。"）

5. 在教授区辨时，不要助长学生不动脑筋就做出反应，也不要助长学生重复同一反应。如果学生没有听指令就做出下一个正确反应，就说明你实际上没有教他什么新的东西。集中进行尝试（反复要求学生完成同一个项目）会引起这样的问题。

扩展尝试的范围，迫使学生注意听你说的话。在一系列教授区辨概念的尝试之间，

---

① 译注：也就是说，要把有可能引起学生鹦鹉学舌的语言技能（如回答问题）穿插在不会引起这一问题的语言技能（如请求）中来教。

插入一系列与这一概念无关的干扰性尝试，干扰性尝试要越来越长。

6. 将整个课程同游戏完美地结合起来。为了让学生的闲暇时间过得有意义（也就是不进行自我刺激），就要引导其做游戏。游戏对培养社交技能也是必不可少的。更为重要的是，游戏还能促进语言的发展。

7. **既要有灵活性，又要有耐心。**不可能一天就解决所有问题！！！学习是一个过程。语言、社交和游戏通常需要长年累月的治疗才能得到发展。

不过，不要让学生自作主张做出反应，应该为学生确定反应的范围，执行既定的计划。

8. 积极的反馈和校正性反馈（corrective feedback）应有明显的区别。

9. 不要混淆应答式行为（如挫败感）和操作式行为①（如操纵他人）。如果行为是应答式的，就要用支持和包容的方法处理；如果行为是操作式的，就要坚定立场，决不让步。

10. 要根据学生的行为和成绩来调整训练！！！要根据学生对尝试的反应确定教学进度。通过观察治疗师（例如，指令的复杂程度、辅助的程度、强化程式等）应该能推测出学生当前的成绩和水平。

11. 目标要长远。你所做的一切都是为了学生能实现长远的目标，治疗课程本身并不是目的，而是达到目的的手段。

12. **教学要自然而有趣**！！！虽然教学必须要有计划、有步骤，有些学生也需要进行结构化水平较高的教学，但没有必要过于刻板、拘泥。教学要尽量自然，以增强学生的学习动因，促进学生的参与，并增强其泛化能力。

---

① 译注：美国行为主义心理学家 B. F. 斯金纳将行为分为应答式行为（respondent behavior）和操作式行为（operant behavior），前者是由某种已知的刺激引起的，后者似乎是自发的。挫败感往往是由失败（如某种需要没有得到满足，目标没有实现）引起的，失败是刺激，挫败感是反应，因此说挫败感是反应式行为；操作式行为不是由明确的刺激引发的，其以后出现的概率取决于行为的后果，即是否受到强化，如果受到强化，则出现的概率会提高，否则就会下降。操纵往往是自发的行为，因此是操作式的。为了减少孩子对家长或训练师的操纵，家长或训练师不能屈服于这种操纵，否则会构成对孩子操纵行为的强化，使其以后更有可能用各种方式操纵家长或训练师。例如，我们因孩子哭闹而满足其某种要求，那么以后他更有可能以哭闹的方式来达到目的，这就构成了对家长的操纵。因此，在孩子哭闹时，决不能满足其相关要求。

> **治疗要自然、有趣、可泛化**
>
> · 语调要热情
>
> · 环境要多样
>
> · 指令要多样化（例如，"这是什么？""你看到什么？""告诉我这是什么？"）
>
> · 采用有趣的、学生喜欢的、对学生有用的材料
>
> · 不要重复学生已经掌握的课程，否则学生会感到无聊
>
> · 在学生合作的时候，不要拖课，拖课是对学生集中注意力的惩罚。与此相似，在学生吵闹的时候，不要轻易缩短上课时间
>
> · 帮助学生保持较高的成功率
>
> · 采用学生比较喜欢的东西（学生用于自我刺激的事物也可以当作强化物）
>
> · 将困难的任务穿插在容易的任务之间
>
> · 强化物要多样、自然
>
> · 语言要自然
>
> · 课程内容要丰富、广泛（例如，语言、游戏、社交和自理）
>
> · 尽量降低教学的结构化程度（例如，能坐在地板上进行教学就不要坐在座位上进行教学）

13. 只要不分散学生的注意力，就要尽量采用日常语言。

（1）更像学生在日常生活中听到的语言。

（2）能使学生模仿更恰当的语言。

（3）能使学生更清楚地发音。

（4）能使学生学到新东西。

14. 培养学生自发和主动的行为。

（1）对学生自发的变化进行强化。

（2）逐渐减少辅助。

（3）训练学生的表达和沟通能力。

（4）将以前自然发生的事情作为行为的前因。

（5）在教授命名的课程中，要着重让学生自发地说出物体的名称，而不是被动地

回答老师的问题。

（6）诱导学生进行沟通：示范适当的语言，而不是问"你要什么"。

15. 只要有可能，就运用观察学习、模仿和团体指令。

应该逐渐减少使用"**一对一**"的指令进行辅助！！！

16. 不要经常在学生身边徘徊，以免导致其过度依赖。

17. 要测试学生是否已经理解了所学的内容。如果学生已经理解了所学的内容，就很快地复习一遍，再教授新的内容。

18. 在重复指令时，要抑扬顿挫，以免学生感到厌倦，并向学生表明老师知道自己在重复这个问题。

19. 尽量采用间接的方法。设置情境，诱发可取的行为，然后强化这些行为。B. F. 斯金纳称之为"强化控制"（reinforcement control），与使用"指令控制"（instructional control）相对。他认为，强化控制优于指令控制，因为它能促进泛化和内化。

减少外部控制，采用间接的方法能促使学生表现出可取的行为，能使学生更愿意表现出这一行为，并因此减少阻抗。此外，间接的方法更容易淡出。

间接干预的例子

· 不要提醒学生注意，而要在其注意时进行强化，更重要的是，要安排一些能吸引学生注意力的任务

· 如果学生注意桌子的某一边，就把材料放在桌子的另一边

· 如果学生鹦鹉学舌，就教他说"我不知道"

· 为了减少自我刺激，可以教学生一些有趣的、与自我刺激完全不相容的替代行为

泛化核查表

如果学生学会了回合尝试教学所教的项目，就应该马上着手进行泛化，使之能运用于日常生活。如果学生以前在日常生活中试过所学的技能，就能很快进行泛化。在训练的最初阶段，如果没有出现泛化，就要完成下文所列的两个项目，完成的次序可随机决定。没有必要特别训练每一个小项目，应该灵活选择切入点，灵活选择需要进行正式训练的小项目。只要学生完成了以下两个项目，就可认为其技能已经得到了泛化。

1. 能用多套不同的物体和图片学完课程　　　　　　　　　　　　完成日期

　　　_____

　　　_____用物体（如果适用的话）学完课程
　　　_____在自然的环境中用物体学完课程
　　　_____用照片（如果适用的话）学完课程
　　　_____用书中的图片（如果适用的话）学完课程
　　　_____用录像（如果适用的话）学完课程

2. 在日常生活中，与家人、同伴及其他人在一起的时候，能根据自然的线索或提示运用所学的技能

　　　_____

　　　_____在不同老师的指导下学完课程
　　　_____不坐在座位上学完课程
　　　_____在不同的房间里学完课程
　　　_____在学校或户外其他环境中学完课程
　　　_____在结构化的环境中同家人一起学完课程
　　　_____和同伴一起学完课程
　　　_____教师用日常语言教学生学完课程

服 从

目标： 1. 训练学生服从简单的指令，指令可辅以手势，帮助学生理解。训练的目的是，使学生愿意服从用简单的、他能理解的语言表达的要求。

2. 要教的项目：

　　过来

　　坐在座位上

　　把手放好

　　把……给我

　　（其他有用的指令）

程序： 通过逐渐提高要求，帮助学生成功地服从指令，这是服从训练的基础。开始时，只要求学生完成他很喜欢的任务。例如，要求学生吃点心、玩喜爱的玩具，甚至进行自我刺激。对这样的指令，学生很愿意服从，这就为强化其服从指令创造了机会。在对其服从指令大加强化的同时，应该逐渐训练其服从他不怎么喜欢的指令。

第一阶段： 列出家中常用的指令，然后根据学生服从的可能性从高到低进行排列。例如，从服从可能性高的"吃饼干"到服从可能性低的"把玩具还给哥哥"。

第二阶段： 教师向学生发出服从可能性高的指令，如果学生能服从，就对他加以奖励。在学生连续3节课都能服从指令时，就开始进行第三阶段的训练。

第三阶段： 除了发出第二阶段训练过的学生服从可能性高的指令之外，教师还要向学生发出少量服从可能性低的指令。如果学生能服从这些指令，就要对他加以奖励。如果学生连续3节课都能服从这些新的、可能性低的指令，就开始进行第四阶段的训练。

第四阶段： 一方面，要逐渐增加一些学生不喜欢的指令；另一方面，要逐渐减少学生喜欢的指令。

非言语模仿

目标： 1. 学生学会模仿他人的动作。

2. 模仿是其他重要技能（例如，语言表达、游戏、社交和自理）的基础。

3. 示范是一种非常重要的辅助方法，而模仿是通过示范进行学习的基础。

4. 模仿有助于形成良好的师生关系（也就是说，和老师相像也具有强化作用）。

5. 模仿有助于学生注意周围的人和事。

6. 模仿有助于培养学生的注意力。

7. 模仿比较简单，可以用来使学生学会服从或重新学会服从指令，同时可培养学生的注意力，使学生容易获得强化。

程序： 教师演示一个动作，并说"这样做"。学生学教师的动作，如同对着镜子做动作（也就是，如果教师用右手，他就应该用左手）。先让学生模仿明显的粗大动作，再让学生模仿较为精细的动作。实物操作（如把积木放在桶里）的模仿或带有明显感觉反应的模仿（如摇铃）通常比较容易学会。伸展肢体（如两手侧平举）、不能直接看到的部位（如鼻子和头）的动作较难模仿。

随着学生的进步，应逐渐采用"像我这样做""跟我做"之类的指令，这些指令的含义和"这样做"是一样的。最后，应该把动作的名称（例如，"拍手"）告诉学生，这可为训练学生服从言语指令奠定知识基础。"这样做"首先用于使学生理解模仿这一概念，模仿是用非言语的方法教授其他各种技能的基础。

辅助： 运用肢体引导帮助学生完成动作，将辅助逐渐减弱至轻微的接触，再减弱至少量的手势。

入门标准： 学习这一技能不需要任何先决条件，这是最容易教的技能。在教授这一技能的同时，坐在座位上这一行为和目光接触通常也会得到改善。

掌握标准：在没有得到辅助的情况下，学生 10 次中能有 8 次进行正确的模仿，并至少在另一位老师那里也能做到这一点。

第一阶段：从操作物体的动作教起。单独教授每一个动作，只就 1 个动作反复进行尝试，不要让学生看到任何其他物体。如果学生没有得到辅助就能成功完成 1 个动作，就在进行尝试的时候用 1 个或 1 个以上的事物作为干扰物。此外，为了培养学生的注意力和区辨能力，要训练学生用 1 种以上的方法使用物体。例如，有时可以教学生将榔头放进桶里，有时可以教学生用榔头敲桩子。一旦 2 个动作随机轮换学生也能完成，就要开始教他新的动作。在学生掌握了所有动作之后，随机轮换前面教过的动作让学生来完成。

操作物体的动作

把积木放进容器	摇铃	弹出式玩具[①]
在碗里搅动汤匙	敲鼓	抛豆袋
转滚筒	梳头	戴帽子
挥动飘带	摇手鼓	用积木敲桌子
往下压	叠积木	揿喇叭
假装用杯子喝水	拉杠杆	滚雪球
用棍子轻轻敲击	开动玩具汽车	撞击玩具汽车
戴上太阳镜	用积木拍击	装车或卸车
抛球	弹钢琴	摇洋娃娃
接听电话	吹口哨	

第二阶段：如果学生学会了模仿第一阶段中的 5 个动作，就可以开始进行第二阶段的教学。先选取 3 个粗大动作教学生进行模仿，在学生学会模仿这 3 个动作之后，再选 1 个粗大动作教学生进行模仿。不要总是把坐下这一动作放在起立这一动作之后

---

① 译注：弹出式玩具（pop up toy），一种木制玩具，上面有四个颜色不同的玩偶，玩偶下装有弹簧，按压其中任何一个玩偶，玩偶就会突然冒出来。这种游戏适合婴幼儿玩，有助于婴幼儿了解自己的动作和动作后果之间的因果关系，有助于婴幼儿认识颜色，也有助于其形成手眼协调。有兴趣的读者可以访问 http://www.beyondplay.com/ITEMS/C594.HTM，查看这种玩具的图片。

来教。例如，可以教学生站着拍手。

粗大动作

举起手臂	两手侧平举	拍手	跺脚
摸鼻子	挥手告别	拍肚子	摸嘴巴
拍头	拍膝盖	用手捂住耳朵	扯头发
触摸肘部	触摸眼睛	拍肩膀	触摸脚趾
用手拍桌子	起立		

第三阶段：离开座位进行模仿。如果学生学会了模仿第二阶段中的5个动作，就可以开始进行第三阶段的教学。教学生先离开座位到另外一个地方，模仿完一个动作之后再回到座位上。在教师做完动作演示并回到座位上之前，学生应该坐在座位上。

敲门	摸墙上的斑点	起步走
伸手把弹珠滚下滑道	向窗外看	在黑板上画记号
把东西放在架子上	把物品放在抽屉里	开/关抽屉
开/关灯	扔垃圾	沿斜坡开玩具汽车
把洋娃娃放在床上	把图形分类放入桶中	

第四阶段：模仿其他人的动作。教师让其他人做一个动作，然后对学生说："学他的动作。"

第五阶段：如果学生学会了模仿第二阶段中的5个粗大动作，就开始教学生模仿精细动作。

精细动作

捏橡皮泥	卷橡皮泥
摸下巴	摸嘴巴
摸眼睛	摸耳朵

捡起一分钱并把它放进罐子里　　按按钮

在板上钉小钉　　做"OK"的手势

做表示胜利的手势　　点头表示同意

拧衣夹　　捏吱吱响的玩具

点指

这一阶段适于开始教学生模仿口部动作，参阅"言语模仿"的第二阶段（口部动作的模仿）。

第六阶段：模仿一连串动作。如果学生学会了模仿第二阶段中的 10 个动作，就要将一系列动作连起来让学生进行模仿。要变换动作，让学生保持兴趣和集中注意力，并促进泛化。一开始，可将 2～3 个动作串连起来让学生进行模仿，然后逐渐增加串连动作的数量让学生进行模仿。这一阶段的目标是，只向学生发出一次口头指令，学生就能模仿一连串动作，并能在他完成这一连串动作之后才进行强化。

第七阶段：高级模仿。如果学生能模仿第二阶段的 10 个动作和第五阶段的 5 个动作，就可以开始训练学生进行较为细致的动作区辨。

动作区辨的例子

举起一只胳膊——举起两只胳膊

用一个手指摸鼻子——用整只手摸鼻子

用右手挥手告别——用左手挥手告别

高举双手鼓掌——手放在胸前鼓掌

第八阶段：模仿 2 个步骤的系列动作。这要求学生进行记忆。如果学生学会了模仿第一阶段至第七阶段的任何 20 个动作，就可以将 2 个动作串连起来让学生进行模仿（例如，戴上帽子，再去敲门）。先将第一阶段和第三阶段教过的动作串连起来让学生模仿。教师在进行演示的时候，要让学生注意观察。如有必要，可提醒学生要等到教师演示完第 2 个动作之后再开始进行模仿，然后让学生模仿这 2 个动作。如果学生能熟练地模仿由第一阶段和第三阶段的 2 个动作串连起来的 2 步动作，就可以把第二阶段和第五阶段教过的动作（例如，先拍手，再拍膝盖）串连成 2 步动作让学生进行模仿。

第九阶段：模仿交叉动作（例如，用左手摸右腿；用右手摸左肩）。

第十阶段：同时做 2 个动作（例如，同时用右手摸左肩、用左手摸膝盖；两臂交叉）。

第十一阶段：模仿 3 个步骤的系列动作。该方法和第八阶段一样，但要学生模仿的是由 3 个而不是 2 个动作串连起来的系列动作。

第十二阶段：模仿录像中的动作。让学生观看录像，并对他说："做这个动作。"

1. 模仿单一的分解动作。
2. 模仿 2 个步骤的动作（同步模仿）。
3. 模仿 3 个步骤的动作（同步模仿）。
4. 模仿一连串动作。
5. 延迟模仿[①] 2 步动作。
6. 延迟模仿 3 步动作。
7. 模仿静止的录像画面。
8. 模仿照片中的动作。

第十三阶段：模仿图片上的动作。给学生看动作图片，并对学生说："做这个动作。"

参阅：积木仿搭（block imitation）、游戏（play）和言语模仿（verbal imitation）等课程都包含模仿。模仿也是学习接受性指令（receptive directions）这一课程的基础。否定（negation）也包含"不要这样做"之类的指令。要了解详情，请参照相关课程。

[①] 译注：延迟模仿，在别人的动作完成了一段时间之后再进行模仿。

积木仿搭

目标： 1. 学会正确使用游戏用具。
2. 增强视觉和动作的协调能力。
3. 增强注意力和记忆力。
4. 学会控制自己的行为（例如，不抢别人的积木、不扔东西等）。
5. 增强精细的动作技能。
6. 教学生注意看搭积木所用的材料和教师的动作。
7. 教学生学会轮流等待。

程序： 在教授这一课程时，可以采用任何构筑材料，如积木、乐高组合玩具、林肯积木（Lincoln logs）或用彩纸剪成的各种形状等。教师要坐在学生的对面，师生各有一套相同的构筑材料放在桌子的一侧。教师用自己的积木在桌子中间搭一个东西，学生仿照着搭。学生仿搭要准确，就像复制图纸那样。可采用各种形状和各种颜色的积木。开始只用两三块积木来搭，然后逐渐增加积木的数量。

这个东西搭成之后，就要利用它来做游戏（例如，假装在积木搭成的桥下开汽车）。应该采用各种各样的积木来教学生搭，叫将手臂及腿部可以移动的玩偶（人或动物）和所搭的事物放在一起。

辅助： 运用肢体引导、演示、言语辅助、点指等方法进行辅助，或将这些辅助方法结合起来使用。应逐渐减少辅助，以使学生能独立完成。开始时，只给学生用得着的材料，以此作为辅助，以后再加上一些用不着的材料。

年龄	玩具/设备	游戏	社会交往
2～3	看看说说 邮票 标签 简单拼图 洋娃娃 人物 形状分类器 秋千 汽车 书 音乐光盘 烹调 音乐	藏猫猫 对唱 涂色 弹珠迷宫	单独游戏 舞会 茶话会 追逐
4～5	乐高组合玩具 弹珠迷宫 积木 玩具汽车 拼图 洋娃娃 迪士尼人物 图画 厨房玩具	糖果乐园 射击和梯子 儿童简易棒球 足球	捉人游戏 捉迷藏 游戏聚会
6～7	电脑游戏 航空器	棒球 足球 芭蕾 溜冰 曲棍球	在朋友家过夜的晚会 接球 打扮 过家家 建城堡 童子军/幼童军
8～10	体育卡片 汽车模型和飞机模型	街道曲棍球 棒球 篮球 绳球 抓子游戏 吊环 体操	在朋友家过夜的晚会 体育比赛 女童子军 男童子军
11～15	轮滑 音乐 书籍 美国在线 化妆品 珠宝	棒球 足球 网球 水上运动 排球	睡衣晚会* 打电话 约会 购物 和朋友看电影

*译注：少女穿着睡衣通宵闲聊的晚会。

入门标准：学生已经学会"非言语模仿"中第一阶段的 3 个动作。

掌握标准：在没有得到辅助的情况下，学生 10 次中能有 8 次成功仿搭。

第一阶段：搭一座塔。为学生提供要用的积木，并对他说"搭一座塔"。一开始，只要求学生将两块积木叠起来，逐渐增加塔的高度和大小。

第二阶段：区辨不同颜色的形状。拿两块不同的积木（例如，一块红色的正方形和一块绿色的长方形），相隔约 20 厘米摆放。给学生一块积木，要和其中一块一样，并对他说："把它和一样的放在一起。"这是为了看学生能否区辨这两块积木。

第三阶段：逐步仿搭。在师生两人前面各放一张纸，作为各自搭积木的区域。教师搭一步，学生仿搭一步，就这样教学生依次仿搭。记下学生能成功仿搭的步骤和教师对学生进行辅助的次数。从易到难，教学生正确仿搭尽可能多的事物。

1．把一块积木放在另一块积木上面。

2．把一块积木放在另一块积木左边/右边。

3．把一块积木放在另一块积木前面/后面。

4．调整积木的位置。

每次尝试所用积木的形状和颜色要进行随机轮换，所搭的事物也要多样化。这一训练的目的是促使学生泛化所学的搭积木技能[①]，而不是教他学会搭某样事物。

第四阶段：仿搭预先搭好的事物。教师先搭好一种事物，以此作为范本让学生仿搭。如有必要，教师搭的时候可用东西挡住学生的视线，这样可以保证学生能等教师搭完。要逐渐增加所搭事物的复杂性。

第五阶段：仿搭边长约 2.5 厘米的彩色立方体所构成的式样。

1．水平摆放。

2．垂直摆放。

3．水平摆放和垂直摆放相结合。

4．在上述三种式样的前后摆放积木。

第六阶段：仿搭用颜色相同的积木搭成的事物（例如，未上色的木质积木；硬纸板做成的大砖块）。

---

① 译注：也就是会搭其他老师没有教他搭过的东西。

第七阶段：仿搭照片或图画上的事物。

第八阶段：创造特定的结构。桌子、椅子、桥、车库、汽车、飞机、火车、房子、床、帆船等。首先，让学生仿搭看起来像某种事物的积木组合；然后，让学生仿搭照片上的事物，辅之以言语指令；最后，逐渐去掉照片，让学生只根据言语指令搭建某种事物，可以引导学生把人物放进所搭的事物中，以表明学生究竟搭了什么事物（例如，把一个"人"放在床上）。引导学生利用所搭的事物玩游戏（例如，假装开搭好的"汽车"，将动物放进搭好的"围栏"里等）。

第九阶段：根据记忆设计要搭的事物。呈现事先搭好的积木5秒钟，然后把它藏起来，再让学生根据记忆把它搭出来。

动作技能[①]

目标：1. 增强学生控制粗大动作的能力：平衡、力量、协调。

2. 增强学生对身体空间定位的意识。

3. 增强学生对精细动作的控制能力和手眼协调能力。

4. 增强学生对周围人和事的意识。

5. 增强动作的计划性。

6. 学会逐步完成动作。

7. 增加参与社会交往的机会。

8. 形成新的强化物[②]。

9. 扩展游戏的范围。

10. 为学前技能的发展做准备。

11. 为培养自理技能做准备。

程序：可以用轻松愉快的方式来教授这些技能。每次应教 3~5 个动作技能。有些动作技能可以结合"非言语模仿"这一课程来教，而其他动作技能更适合在游戏时教。

辅助：运用肢体引导、演示、言语辅助等方法进行辅助，或将这些辅助方法结合起来使用。应逐渐减少辅助，以使学生能独立完成动作技能。

入门标准：学生能坐在座位上，能站着不动，能抓住物体并能注意老师。

掌握标准：在没有得到辅助的情况下，学生 10 次中能有 8 次正确完成所学的动作技

---

① 译注：技能是指通过练习形成的合乎一定法则的活动方式，可分为动作技能和智力技能两大类。所谓动作技能，就是通过练习形成的借助骨骼和肌肉完成的合乎一定法则的动作方式，如跳舞、骑车、开车、跑步、写字、用筷子吃饭等。

② 译注：学生喜欢的技能可以作为强化物来使用。

能，并至少在另一位老师那里也能做到这一点。

粗大动作

站和坐	侧身行走	拍球	单脚跳
双脚跳	踢	转圈	跑
打节拍	跳舞	跳跃	转动玩具
翻筋斗	单脚站立	骑小三轮车	走平衡木
爬梯子	骑自行车	向后退	传球游戏
跳绳	溜冰	冲浪游戏	打保龄球
游泳	玩儿童简易棒球	投篮	飞奔
滑雪	用气球当排球打	扔豆袋	

精细动作

转门把手	用剪刀剪东西	穿珠
玩贴纸书	折纸	捏橡皮泥
拼图	捏衣夹	在纸上打孔
用尺画直线	倒茶水	把东西扔进桶里
粘贴	（玩游戏用的）小钉板	将物品放进容器
将物品取出容器	用粉笔在人行道上画画	

配 对

目标： 1. 学生学会将相关的东西放在一起。
2. 增强对细节的注意力（例如，将穿绿色衬衫的男孩编为一组，穿红色衬衫的男孩编为另一组）。
3. 培养用符号代表事物（例如，用图片表示物体）的能力。
4. 学会怎样使用材料。
5. 给学生多种东西进行分类，以培养其独立性。
6. 培养在游戏活动中经常用到的技能。
7. 为学习接受性命名和表达性命名奠定基础。
8. 培养能用于更高级概念（例如，相同／不同）学习的技能。

程序： 学生坐在桌子旁，教师坐在学生的旁边或对面。把两个物体放在桌子上，分开摆放，把能同其中一个进行配对的物体交给学生，并对他说："把和它一样的物体放在一起。"如果物体不好放在桌子上，就可以把它们分别放在盘子里或托盘上。必须把要配对的物体放对了盘子才算正确。每次尝试之后，都要改变物体的位置。最后，要逐渐增加桌上干扰物的数量。

为了促进学生语言的发展，使用更加自然的语言，如果学生理解了"一样"的意义，就要用意义和"一样"相同的短语进行言语辅助，例如，"进行配对""这个应放在哪里""找出和这个一样的"，等等。孩子很快就能掌握配对的方法，这样你就不必进行言语辅助了。不过，如果你准备教学生命名，那么在要求学生进行配对时要说出事物的名称（例如，不是说"和一样的放在一起"，而是说"和饼干放在一起"），这有助于学生熟悉命名。

为了增强学生的学习动因，应该采用学生感兴趣的物体和概念（例如，食品、玩具等)。

辅助：运用肢体引导、点指或位置辅助。

入门标准：学生能坐在座位上，并能抓住物体。如果学生目光接触不好，这倒是个培养目光接触这一技能的好课程，因为要正确配对就必须看着。

掌握标准：当有 2 个选择时，学生在没有得到辅助的情况下，10 次中能有 9 次配对正确；在有 3 个或 3 个以上选择时，学生 10 次中能有 8 次配对正确，并至少在另一位老师那里也能做到这一点。

第一阶段：实物与实物配对。用两个完全相同的物体组成对子，选用的物体要容易配在一起同时又是学生所熟悉的（例如，碗、杯子、调匙和积木等）。开始时，选两样东西，把其中的一样放在桌上（不要在桌上放其他任何物品作为干扰物），再把另一个同样的东西交给学生，并要求他说："把和它一样的放在一起。"在学生熟练地掌握这一配对之后，再把另一样学生还没发现的东西放在桌上作为干扰物。如果学生在有干扰物的情况下即使没有得到辅助也能连续 3 次正确配对，就教学生用第二样东西进行配对。在学生学会了用第二样东西进行配对之后，再复习用第一样东西进行配对，等完成之后再复习用第二样东西进行配对。最后，将两样东西同时放在桌上，随机进行两个相同物体的配对，这叫作随机轮流配对。在学生掌握了用这两样东西进行配对之后，再加一样东西进行配对训练。如果学生已经学会了用这种新东西进行配对，就要把它同先前已经学会配对的东西放在一起，随机进行配对。

可以叠在一起进行配对的物体

| 杯子 | 盘子 | 碗 |
| 篮子 | 倒置的锥形蛋卷筒 | 馅饼罐子 |

如果学生熟练地掌握了在桌子上进行的配对，就可以让他在房间里找相同的东西。开始可以让学生带着要找的东西的样品，使他更容易在房间里找到相同的物体；之后就不要让他再带着要找的东西的样品了（只让他看一下然后再去找）。

第二阶段：图片与图片（相同的物体、人、动物）配对。如果学生掌握了第一阶段中的 10 个项目，就开始进行第二阶段的训练。用完全相同的图片组成对子，图片上的事物必须是学生所熟悉的。开始，选两种图片让学生进行配对，采用第一阶段所用的区辨训练的方法。在学生掌握了用两种图片进行配对之后，再加一种图片进行训练。

如果学生从实物配对过渡到图片配对有困难，就选用较为扁平的物体，如坐垫、茶杯垫、衬垫或正方形的布料等，逐渐减少厚度和质地这两个特征。

第三阶段：图片与图片配对（相同的动作图片）。如果学生掌握了第二阶段中的10个项目，就开始进行第三阶段的训练。该方法和第二阶段一样，但用的是描绘动作的图片。

第四阶段：颜色配对。如果学生掌握了第一阶段中的10个项目，就开始进行颜色配对的训练。要用除了颜色不同而其他完全相同的物体或用建筑用纸剪成的图形组成对子。可以根据布里甘斯儿童发展调查表确定各年龄段儿童辨识颜色的能力。

1. 红色、蓝色（B：2岁）
2. 绿色、黄色、橙色、紫色（B：2岁6个月）
3. 棕色、黑色、粉红色、灰色（B：3岁）
4. 白色（B：4岁）

第五阶段：形状配对。如果学生掌握了第一阶段中的10个项目，就可以开始进行形状配对的训练。要用除了形状不同而其他完全相同的物体或用建筑用纸剪成的形状组成对子。

1. 圆形、正方形（B：3岁）
2. 三角形、长方形（B：4岁）
3. 菱形（B：5岁6个月）

第六阶段：大小配对。要用除了大小不同而其他完全相同的物体或用建筑用纸剪成的图形组成对子。

第七阶段：实物与图片配对（完全相同的实物与图片）。如果学生掌握了第三阶段中的10个项目，就可以开始进行实物与图片配对的训练。除了让学生将实物同相应的图片进行配对之外，此方法和第二阶段完全一样。

第八阶段：图片与实物配对（完全相同的图片与实物）。如果学生掌握了第三阶段中的10个项目，就可以开始进行图片与实物配对的训练。除了让学生将图片同相应的实物进行配对之外，此方法和第二阶段完全一样。

第九阶段：找相同的（点指）。教师拿着一个物体或一张图片给学生看，并对学生说："找出相同的。"学生必须用手指出与之相同的东西。如果学生能在桌子上完成这个练习，就要让他在房间里找出和老师手里的物体或图片相同的东西。

第十阶段：根据多种特征进行配对（颜色、形状、大小完全相同）。除了让学生根据多种特征（例如，红色的圆形与红色的正方形，绿色的圆形与绿色的正方形）进行配对之外，该方法和第二、四、五、六阶段完全相同。给学生一个红色的正方形，并对他说："把相同的放在一起。"只有把它和另一个红色的正方形放在一起才是正确的，而把它和其他红色的东西或其他颜色的正方形放在一起是错误的。

第十一阶段：分类。如果学生掌握了第一阶段和第二阶段中的 10 个项目，就可以开始进行分类训练。开始，只让学生对两样东西进行分类，然后逐渐增加东西的种类。所用的言语指令是"分类"，如果要进行辅助，你可以说："分类——把相同的放在一起。"分类可扩展到日常活动中。

可分类的内容

颜色	形状	大小	图片
类别	食品	洗好的衣服	银器
盘子	字母顺序	衣物	

第十二阶段：不完全相同的实物配对。如果学生掌握了第七阶段和第八阶段中的 10 个项目，就可以开始训练他对不完全相同的实物进行配对。准备一套看起来相似、实际不完全相同的物体，如各种饼干，让学生把物体分类放在一起（例如，把所有饼干放在一起，把所有鞋放在一起），言语指令是"把（饼干）放在一起"。

第十三阶段：不完全相同的图片配对。如果学生掌握了第十阶段中的 10 个项目，就开始训练他对不完全相同的图片进行配对。制作一套看起来相似、实际不完全相同的图片，如各种狗的图片，让学生把同一类图片放在一起（例如，把所有狗的图片放在一起，把所有汽车的图片放在一起），言语指令是"把（狗）放在一起"。

用不完全相同的实物进行配对

| 各种饼干 | 各种汽车 | 各种狗 | 各种球 | 各种鞋 |
| 各种衬衫 | 各种花 | 各种书籍 | 各种人物 |

第十四阶段：不完全相同的实物与图片配对和不完全相同的图片与实物配对。

第十五阶段：不完全相同的动作配对。将不同人做相同动作的图片进行配对。

第十六阶段：数量配对。将画有相同数量事物的卡片进行配对（例如，把画有 3 只鸭子的卡片同画有 3 颗星星的卡片进行配对）。

第十七阶段：把相关的事物进行配对。把实物或图片给学生，并问他"这和什么相配？"学生应该把它和相关事物的实物或图片放在一起。

相关事物

笔和纸	袜子和鞋	枕头和床	小毛巾和盘子
泳衣和毛巾	粉笔和黑板	花和花瓶	录像带和录像机
手套和手	球和球拍	涂料和刷子	篮球和篮球架
水壶和杯子	肥皂和毛巾	婴儿和奶瓶	割草机和草坪
铲子和提桶	匙和碗	牙刷和牙膏	大衣和帽子
便当和汉堡包	剪刀和纸	磁带和录音机	衬衫和裤子
袜子和脚	蜡烛和生日蛋糕	自行车和头盔	扫帚和垃圾箱
梳子和吹风机	火车和轨道	蜡笔和图画书	锤子和钉子
吸尘器和地毯

第十八阶段：情绪配对。将表示相同情绪的面部表情图片进行配对。

第十九阶段：介词配对。将表示不同事物在相同位置的图片进行配对。

第二十阶段：字母、数字和文字的配对。

参阅：请注意：分类要比不完全相同的物体或图片的配对更高级，请参阅"分类"这一课程。配对也是教授阅读和数量概念的早期阶段。

绘　画

目标：1. 提高与书写、绘画有关的动作技能。

2. 培养可用于休闲消遣的技能。

3. 培养模仿能力、社会交往能力和创造性。

4. 学会服从指令。

5. 增强逐步完成动作的技能。

6. 为入学做准备。

7. 为读故事做准备。

8. 为练习书写做准备。

程序：学生坐在座位上，教师坐在学生旁边。要用好拿的记号笔、白纸或白板。教师演示一个绘画动作，并说"像我这样画"，或者使用下面列出的其他言语指令。所有笔画都应从左向右、从上向下。教学生怎么握笔、用哪只手握，前后应该一致。不过，如果学生的生理发展还没有达到用大拇指、食指和中指握笔的水平，就不要强迫他这样握。教师在纸上演示的绘画动作要有条理，不要到处乱画。

要采用有趣、好玩的教学方法。除了教学生在座位上画以外，既可以教他用粉笔在人行道和墙上画，也可以教他画水彩画或油画；既可以教学生用圆圈画猫脸，也可以教他用直线画火车轨道等；除了让学生用记号笔画以外，还可以让他用蜡笔、铅笔之类的工具画，但大部分时间应让学生用他喜欢的工具来画；想方设法把绘画和其他活动结合起来（例如，为了玩"跳房子"的游戏而在人行道上画格子）。

辅助：运用肢体引导帮助孩子完成绘画动作，逐渐将辅助减至轻微的碰触。

入门标准：学生能坐在座位上，能看着画并能握笔。

掌握标准：在没有得到辅助的情况下，学生 10 次中能有 8 次正确完成绘画动作，并至少在另一位老师那里也能做到这一点。

第一阶段：控制笔／涂鸦。教师边演示动作，边说"这样做"，并把笔给学生。学生在纸上怎么画都行。

第二阶段：区辨运笔动作和笔画：画横线、画竖线、连续画圈圈。教师一边演示运笔动作，一边说"这样画"，并把笔给学生。

第三阶段：在画好的轮廓内涂颜色。如果学生成功地完成第一阶段和第二阶段的任务，就可以开始进行第三阶段的训练了。先用一种颜色画一个长方形之类的简单图形，然后教学生用另一种颜色给这个图形涂色。教师可先在图形内缘约 1 厘米的区域涂好颜色，以此作为辅助。如果学生能够较好地在图形内部涂色，教师事先涂色的区域就可缩小。逐渐增加图形的复杂性，并逐渐教学生将所学的涂色技能用于涂色本上的图形。另一种辅助的方法是，在图形的外缘涂上胶水，并让胶水晾干，这就形成一个学生用记号笔就能感觉得到的边。

第四阶段：水彩。如果学生能成功地完成第一阶段和第二阶段的任务，就可以开始水彩训练。开始，采用用水就能着色的图画书，教师提供材料，并要求学生"上颜色"；之后，逐渐过渡到运用绘画工具来画。

第五阶段：描图。如果学生能成功完成第一阶段和第二阶段的任务，就可以进行描图训练。教师先画出模糊的线、圆圈和其他形状，然后指导学生沿着线描。

描图

竖／横线　　圆圈　　斜线　　＋　　X　　C（开口方向不同）

注意：如有必要，可以用印刷好的模板来辅助学生描图。

第六阶段：把点连接起来。如果学生能成功完成第一阶段和第二阶段的任务，就可以开始把点连接起来的训练。教师画两个大的点，并要求学生"把点连起来"。从画简单的线逐渐过渡到画房子之类复杂的图形。

第七阶段：临摹图形。如果学生能成功完成第五阶段的任务，就可以开始临摹图形的训练。教师画图形，并吩咐学生："画这个图形。"

第八阶段：临摹熟悉事物的图画。如果学生能成功完成第七阶段的任务，就可以开始这一训练。熟悉的事物如：脸、房子、太阳、树、花、雪人、汽车、猫、瓢虫、伞、旗、毛毛虫。

第九阶段：徒手画图形。如果学生能成功完成第七阶段的任务并且知道要画的图形的名称，就可以开始这一训练。教师给学生下指令，"画（形状）"，但不要提供图形作范本。

画图形

圆　　　　　正方形　　　　　三角形　　　　　菱形

第十阶段：用尺子画线。

第十一阶段：徒手画熟悉的事物。不提供任何事物作范本。

游 戏

目标：1. 形成替代自我刺激的行为。
2. 培养能增强独立性和建设性地利用空闲时间的技能。
3. 促进语言和认知技能的泛化。
4. 发展并运用想象力、创造性和抽象思维。
5. 增强注意力。
6. 改善身心状况，提高自尊。
7. 提供进行观察学习的机会。
8. 获得与同伴交往的方法。
9. 培养与年龄相称的兴趣。
10. 提高生活质量。

程序：不要用很正规的方式来教游戏。每次应选3～5个游戏来教，有些游戏可以和非言语模仿课程结合起来教，其他游戏更适合在玩的时候教。如果学生安静地坐在座位上学其他课程，游戏还可作为穿插在课程之中的有用活动。教师要为学生演示或解释怎样玩玩具，逐渐延长学生进行游戏活动的时间，增加玩玩具的方法。

开始时，要尽量在自然的情境中教学生必要的游戏技能。不过，也许有必要在较为结构化的教学环境中开始游戏教学。这样做除了减少可能的干扰之外，也可使学生在没有学会以适当的方式玩游戏之前免受指责。训练的方法包括演示、角色扮演和反复练习。一旦学生掌握了关键的游戏技能，他就会在自然的环境中继续练习并发展游戏技能。

游戏技能要同孩子的年龄相称，这是关键。因此，要了解孩子的同伴在玩什么游戏，并对他们进行观察。也许有必要选择包含自我刺激行为的游戏技能。

不要局限于你认为孩子会喜欢的游戏活动。这一课程的目的是拓展孩子的兴趣，而兴趣需要时间培养。开始时，即使孩子短时间参加某种活动，也要给予大量强化物，这一点很重要。最初，游戏的时间不要太长，以免引起孩子的反感。如果活动本身具有强化作用，就要及时延长活动时间，并逐渐减少强化。

辅助：运用肢体引导、演示、言语辅助等方法进行辅助，或将这些辅助方法结合起来使用。应逐渐减少辅助，以使学生能独立完成游戏活动。

入门标准：只要学生在非言语模仿中取得进步，就应该开始教授这些游戏技能。

掌握标准：在没有得到辅助的情况下，学生10次中能有8次正确完成所学的游戏技能，并至少在另一位老师那里也能做到这一点。

一般教学策略

1. 选择要教的游戏技能。
2. 将这一技能分解成便于教学的部分。
3. 每次只教一个步骤。
4. 一开始，要求学生玩游戏的时间要短，然后要求逐渐延长学生玩游戏的时间。
5. 要进行大量的强化，同时渲染愉快的情绪（"哇！真好玩呀！"）。
6. 在鼓励和强化学生玩恰当的游戏时，逐渐减少监督。
7. 如果自我刺激行为出现的次数很多，就要分析这种自我刺激行为的性质，然后去找具有这种性质的游戏。例如，让喜欢视觉刺激的孩子玩弹珠迷宫这一游戏，让喜欢触觉刺激的孩子玩切割、粘贴之类的游戏，让喜欢听觉刺激的孩子玩会发出声音的玩具，对妨碍游戏活动的自我刺激行为应加以引导。

游戏范围

学生的游戏课程应包括以下几类游戏：

1. 提供感觉刺激的游戏。
2. 玩具。

3. 拼图。

4. 美术和手工。

5. 媒体。

6. 棋类游戏。

游戏发展阶段

这些常模来自布里甘斯儿童发展调查表，括号里的年龄是指游戏通常出现的年龄。

1. 玩自身以外的游戏（例如，给洋娃娃梳头，转动玩具卡车）。（1岁）

2. 简单的假装游戏（例如，假装吃饭、假装睡觉）。（1岁6个月）

3. 模仿家务劳动（例如，扫地）。（1岁6个月）

4. 玩与物体相关的游戏（例如，牵着狗散步）。（1岁6个月）

5. 用玩具表现一个情境。（2岁6个月）

6. 从事与家庭有关的假装游戏，至少10分钟。（2岁6个月）

游戏内容

1. 做蛋糕。

2. 积木。

（1）捡起积木。

（2）把积木叠起来。

（3）把积木排成一行。

（4）用积木搭图案、塔、桥、房屋等。

3. 拼图。

4. 形状分类器。

5. 乐高组合玩具。

6. 洋娃娃：拍洋娃娃、抱洋娃娃、喂洋娃娃、摇洋娃娃、把洋娃娃放在床上等。

7. 木偶：用木偶假装做动作，让木偶来回走动，用木偶表演喜爱的故事。

8. 卡车：前后推卡车，给卡车装货，给卡车卸货。

9. 球：扔球、接球、拍球、踢球、滚球。

10. 玩具：溜溜球、玩偶盒、泡沫、奇乐多工厂。

11. 与节奏和音乐有关的活动。

12. 唱歌和跳舞。

13. 茶会、打扮。

14. 游戏组合：农场、加油站、机场、运动场、玩偶之家。

15. 玩具组合：土豆头先生、动感火车、装配工具、装配时钟。

16. 桌面游戏：优诺纸牌游戏、四连环[①]、打牌、配对游戏、钓鱼、陆战棋、骨牌游戏、宾戈游戏[②]、涂鸦、记忆游戏、集中游戏、智多星、拼字游戏、不要打破冰、裤子上的蚂蚁。

17. 动作游戏：红绿灯、捉迷藏、抛手巾、鸭子–鸭子–鹅、捉人游戏、烤洋芋、红色海盗船、模仿领头人、西蒙说。

18. 体育活动：网球、篮球、撞球、乒乓球、儿童简易棒球、足球。

---

① 译注：四连环，一种将四颗子连起来的游戏。

② 译注：宾戈游戏，一种赌博游戏。

唱　歌

目标： 1. 拓展学生的知识基础。

2. 开发潜在的强化物和能让学生平静的事物。

3. 促进学生的语言发展。

4. 使学生学会其他与人沟通的方法。

5. 使学生学会其他休闲活动。

6. 帮助学生成功融入课堂。

程序： 选择你认为会吸引学生的歌曲，一定要选择与学生年龄相称的歌曲。如果有他喜欢的录像，开始时就用录像中的歌曲教他唱，这样效果会很好。请记住，他现在之所以很喜欢那些歌曲，只是由于反反复复听过很多遍。包含动作的歌曲特别有利于促进学生的交流、参与及其语言的发展。

例子[①]

1.《划呀、划呀、划小船》（Row, Row Your Boat）。

2.《公共汽车上的轮子》（Wheels on the Bus）。

3.《老麦克唐纳》（Old McDonald）。

4.《一闪一闪小星星》（Twinkle, Twinkle Little Star）。

5.《头发、肩膀、膝盖、脚》（Head, Shoulders, Knees, Toes）。

6.《小蜘蛛》（Itsy, Bitsy Spider）。

7.《如果感到快乐你就拍拍手》（If You're Happy and You Know It...）。

---

① 译注：此处的英文儿歌，有些译出歌名，有些仍用英文歌名，大多可以通过 http://new.060s.com/news/mulu/276/ 找到。建议训练中国孩子时使用中文儿歌，参见 http://new.060s.com/news/mulu/272/。

8. Trigger Song.(选自《小熊维尼》[①])

9. Hokie Pokie.

10. 《玫瑰花环》(Ring around the Rosie)。

11. 《我们是这样(洗手等)的》[This is the Way We (wash our hands, etc.)]。

12. 《我的鞋里有东西》[Something in My Shoe (Raffi)]。

13. 《布朗姆妈起来》[Knees Up Mother Brown (Raffi)]。

14. 《抖掉你的傻气》[Shake You Sillies Out (Raffi)]。

15. 《摇篮曲》(Rock-a-bye Baby)。

16. 《做蛋糕》(Pat-a-cake)。

17. Where is Thumpkin?

18. 《坐在床上的四只小猴》(Four Little Monkeys Sitting on a Bed)。

19. 《打开它们,关上它们》(Open, Shut Them; Open, Shut Them)。

20. 《字母歌》(A-B-C Alphabet Song)。

---

① 译注:请登录 http://www.91f.org/SongList/6216.htm 查找《小熊维尼》里的歌曲。

独立活动和游戏

目标： 1. 延长学生专注于活动和游戏的时间。

2. 培养学生的独立性。

3. 促使学生进行适当的休闲活动。

4. 帮助学生成功融入课堂。

5. 减少自我刺激行为。

程序： 孩子首先要掌握所要进行的活动或游戏。这一课程的目标是，在不进行指导或反馈的情况下，延长孩子进行某种活动或游戏的时间。成人必须逐步远离孩子。

第一阶段： 完成1项活动。布置一种学生在短时间内能完成的活动。开始时，应选择学生比较喜欢的活动（例如，拼图、看书、游戏等），最后，应加上家务活（例如，挂好衣服、倒垃圾、整理床铺、收拾玩具）。**在学生进行活动或游戏的时候，不要进行任何辅助**，同时要逐渐减少你出现的次数。如果学生在规定的时间内完成了布置给他的任务，就让他从事他所喜欢的活动；如果学生没有完成，就让他重复布置给他的活动。要逐渐延长活动的时间。

游戏的例子

形状分类器	拼图	积木
乐高组合玩具	弹珠游戏和弹珠迷宫	土豆头先生
洋娃娃/木偶/动物玩具	单人玩的牌戏/魔术方块游戏	
画画/涂色/根据数字涂色	切割与粘贴	

手工制作：用纸袋做面具、沙艺、纺织艺术、首饰、编织

折纸：折纸飞机、折纸帽子、折纸船

制作模型：汽车、飞机等

插小木板	读书	看相册
（儿童用）橡皮泥、粘泥	雕塑	做形状或模子
匍匐爬行者	篮球、手球、网球、跳绳、呼啦圈	
滑板、骑自行车、蹦蹦床	活动火车	连点画图
呼吸描记器	拼图书籍：隐藏图画、迷津、图案结构练习	
建城堡	打扮	遛狗
挖虫子；寻找虫子	便携式游戏机	

日常起居和生活技能

分类（例如，袜子、衣物、银器、食品杂货）

自我照料的技能（例如，穿衣服、刷牙）

涂指甲油

园艺

准备午餐 / 准备简单的食物 / 用微波炉做爆米花

家务活：收拾衣物、收拾玩具、擦桌子、安放桌子、倒垃圾、叠衣服、整理床铺、打扫卫生、用真空吸尘器吸尘、掸灰尘

第二阶段：连续完成 2 项活动。

第三阶段：连续完成 3 项活动。

游戏脚本

目标：1. 教授更多游戏技能。

   2. 提高语言的复杂性。

   3. 增强想象力和创造性。

   4. 拓展兴趣、增加话题。

   5. 为学生提供进行观察学习的机会。

   6. 学会遵守规则，扮演社会角色，了解社区和社会行为规范。

   7. 增加进行社会交往的机会。

程序：教师在指导学生玩游戏的时候，应该根据游戏脚本进行辅助。每当学生想出自己的游戏方式，教师就不要拘泥于游戏脚本，直到学生自己玩不下去为止。开始时，可以用"非言语模仿"或"接受性指令"来教学生根据游戏脚本玩游戏。教学的最终目标是学生能够创造出自己的游戏方式。自发性游戏的发展顺序是：

1. 根据游戏脚本玩游戏。

2. 把不同游戏脚本的成分进行创造性地综合。

3. 学生为游戏脚本增加新的内容。

4. 学生根据特定的主题创作游戏脚本。

5. 学生选择一个新的主题并创作游戏脚本。

辅助：运用肢体引导、演示、言语沟通、点指或位置辅助等方法进行辅助。应逐渐减少辅助，直到学生能独立做完游戏。

入门标准：学生在"非言语模仿"课程中学会模仿一连串动作。

掌握标准：当有2个选择时，学生在没有得到辅助的情况下，10次中能有9次正确做完游戏；在有3个或更多选择时，学生10次中能有8次正确做完游戏，并至少在另一位老师那里也能做到这一点。

第一个脚本：用积木或其他东西搭建一些场景，并假装外出。这是"积木仿搭"的扩展。

去麦当劳吃汉堡牛肉饼

搭一座麦当劳餐厅

驾车来到餐牌前

订购食物

决定在里面吃还是带出去吃

付钱给收银员

如果在里面吃：找地方坐下，吃东西，清理盘子，离开

如果带出去吃：决定去哪里，吃东西，清理

其他可以搭建的场景：玩具商店、宠物商店、赛车道、服装店、食品店、码头

第二个脚本：开车。

用积木搭建一条街道

搭建一个加油站

开车去加油站

停车，加油，付钱

擦车窗，检查油量，给轮胎充气

开车

第三个脚本：寻宝。

将一个"宝物"（强化物）藏在家里的某个地方。可以用"任天堂"的游戏配件或其他学生喜爱的活动用品作为"宝物"。

绘制标有宝物位置的地图，或把有关宝物位置的线索写在卡片上。这是运用介词的大好机会。

学生每找到一件宝物，都会得到关于下一个宝物位置的线索。宝物要一个比一个诱人，最后一个宝物要最诱人。

第四个脚本：3只小猪。

搭好草房子、木房子、砖房子各一座

扮演小猪和狼："我发怒了，我要吹气了，我要吹倒你的房子。"

拆毁房子

重建房子

第五个脚本：海盗。

大家一起唱："唷——呵——呵"

上船

开炮：装弹药，准备，瞄准，开火，发出轰隆隆的炮声！

驶向海岛

寻找藏宝地图

寻找财宝

第六个脚本：太空船。

穿上宇航服、戴上头盔等

系好安全带

发射

探索火星、月球等

进行太空行走

遇到流星雨

溅落到海洋

受到列队欢迎

第七个脚本：根据故事书进行表演。

用学生喜欢的、每页都有插图的故事书。收集表现书中场景所需的人物和道具。例如：只有我和外祖母（Just Grandma & Me）；米基和明妮去海滩（Mickey & Minnie Go To The Beach）。

第八个脚本：假装在餐馆吃饭。

道具：桌子、盘子、假想的菜单、假想的食物、假想的钱

开车去餐馆，停车，走进餐馆

服务员招呼大家坐下

看菜单，点菜

服务员上菜

假装吃，假装喝

付账并离开

第九个脚本：去海滩郊游。

整理行李，装上汽车

开车，停车

拿出行李，在沙滩上找地方

铺开毯子，撑起遮阳伞

涂上防晒油，戴上太阳镜

建造沙堡

找贝壳

野餐

第十个脚本：畜牧场。

建造畜栏

将动物放进去

将干草放在拖拉机上

喂动物吃草料

去骑马

喝水

其他假想游戏：猎取食腐动物

用枕头、毯子和椅子建一座城堡

魔术表演

扮演名人

杂技表演（假装的）

城堡

表演"玩具总动员"

彼得·潘和霍克船长

阿拉丁

西部牛仔

假装开杂货店、冰淇淋店、面包店等

假装野营、钓鱼、驾驶独木船等

假装堆雪人和堆雪城堡

假装去迪士尼乐园玩

假装去看马戏

建一座动物园

假装去游泳（用小人）

参阅：独立活动和游戏；动作技能；假装游戏。

接受性指令

目标： 1. 增进学生对语言的理解。

2. 使学生能服从指令。

3. 能运用指令控制并减少学生的破坏性行为。

4. 把训练从课堂扩展到日常生活之中。

5. 培养学生的注意力和观察力（例如，当老师要求学生把远处的物体拿给自己时，学生必须集中注意力）。

6. 延长学生从事相关任务的时间。

7. 增强学生的记忆力。

8. 培养学生的独立性。

程序： 开始时，要利用在"非言语模仿"中已经教过的动作来训练学生的接受性指令。教师直接要求学生做某个动作，而不是说"这样做"。首先，要利用学生能在座位上完成的动作训练学生的接受性指令；然后，让学生在房间和家里的不同位置根据老师的指令做动作，要逐渐加大师生之间的距离，以此帮助学生学习接受性指令。

逐渐减少用演示进行的辅助，使学生只根据言语指令完成动作。随着学生的进步，应该提高指令的复杂性，加大师生间的距离。教师在监控学生完成动作时不要太显眼。

随着学生注意力的增强，教师可以向他发出有多个步骤的指令。开始时，任务要简单，并让学生有充足的时间来执行指令。逐渐提高动作的复杂性，同时提高完成动作的时间要求。

辅助： 运用肢体引导或演示帮助学生完成动作。应逐渐减少辅助，让学生独立完成动作。

入门标准：学生能模仿几个动作。

掌握标准：在没有得到辅助的情况下，学生10次中能有8次根据教师的指令正确完成动作，并至少在另一位老师那里也能做到这一点。

第一阶段：有背景线索的指令。把球放在桌上，对学生说："把球给我。"把椅子放到门口，对学生说："请开门（或请关门）。"把物体放在地板上，对学生说："拿（物体）。"拿出积木，对学生说："请搭积木。"在学生根据指令完成两个动作之后，老师拿出与这两个指令有关的物体，让学生进行区辨，并完成相应的任务。

第二阶段：操纵物体。向学生发出用特定物体做特定动作的两个指令。要求学生根据这些指令完成动作，这样，有助于学生在不同情况下辨识同一物体。例如，在"接受性物体辨识"课程中，指令为"**摸**（物体）"。

要求学生操纵物体的言语指令

开车	摇铃	抛球	吃饼干
梳头	戴帽子	用调匙	亲洋娃娃
抱玩具熊	摇响葫芦	接电话	开飞机
拍狗	吹泡泡	吹哨子	

第三阶段：完成照片或图片上的动作。这适用于第二阶段中在接受性语言上有困难的学生。如果学生能够完成第二阶段的任务，就可跳过这一阶段，或者以后再进行这一阶段的训练。给学生看图片或照片，并对他说："做这个动作。"也可以让学生看挂图，然后要求他完成挂图所示的一系列动作。

1. 完成1个动作
2. 依次完成2个动作
3. 依次完成3个动作
4. 依次完成一连串动作

第四阶段：学生坐在座位上进行训练。如果学生能根据指令完成第二阶段中的5个动作，就可以开始这一阶段的训练。这一阶段主要训练学生坐在座位上并根据指令完成一些简单动作。

要求学生坐在座位上根据言语指令完成的简单动作

拍手	伸出手臂	微笑	起立
坐下	摸鼻子	挠痒痒	挥手告别
跳	给我_____	敲桌子	吃_____
拿_____	举手	喝_____	指_____
拥抱我	跺脚	飞吻	在纸上画线
开车	停止在纸上画线	停止开车	

请注意：孩子站起来时，喜欢别人拥抱他。不过，不要在学生站起来后马上拥抱他，否则他会混淆"站起来"的含义。

第五阶段：假装动作。

睡觉	开车	开飞机
喝水	吃冰淇淋	打电话

第六阶段：言语指令——在同一房间内、离开座位进行训练。如果学生能根据指令完成第四阶段中的 5 个动作，就可以开始进行这一阶段的训练。

开灯	扔垃圾	敲门	关门
跑	起步走	开始/停止	开门
拿面纸	走路	给我_____	
把物品放在架子上			

第七阶段：去另一个房间再回到原地。如果学生能根据指令完成第六阶段中的 5 个动作，就可以开始进行这一阶段的训练，但他必须首先学会家里各个场所的名称。例如，去厨房后再回来。

第八阶段：去另一个房间完成一个动作后再回到原地。如果学生能根据指令完成第七阶段的 5 个动作，就可以开始进行这一阶段的训练。例如，到厨房去拿一个杯子后再回来。

第九阶段：说和做。训练学生区辨要求他"说"的指令和要求他"做"的指令。

区辨刺激1（指令）："说'起立'。"

反应1：学生跟着说："起立。"

区辨刺激2（指令）："起立。"

反应2：学生起立。

区辨刺激3（指令）：随机轮换前两个指令。

第十阶段：两步指令。如果学生能根据指令完成第二、四、六阶段中的任何20个动作，就可以把相关指令结合起来，向学生发出包含两个步骤的指令，并要求学生根据这一指令完成相应的动作。一开始，要训练学生根据有背景线索的两步指令完成操纵物体的动作，因为这最简单。要逐步减少指令中的背景线索。然后，再训练学生根据两步指令完成肢体动作。两步指令要以学生已经理解的一步指令为基础，要求学生先完成第一个动作，在学生完成第一个动作之后，再要求学生完成第二个动作。要逐步缩短两个动作之间的时间间隔，最后使学生能根据整个两步指令正确完成这两个动作。如果学生必须得到辅助才会做第二个动作，就可以用"接着做"之类的非特异性辅助。

第十一阶段：三步指令。如果学生在第十阶段的反应正确率达90%，就可以训练他包含三个步骤的接受性指令。该方法和第十阶段一样。

第十二阶段：附有条件的指令。这是一种高级技能。教学生听指令并判断是否适用于他。首先，要确认学生能理解相关的概念，并能回答与这些概念有关的"是与否"的问题（例如，"你是男孩吗？"）。

附有条件的指令

如果你叫约翰，就请举手。

所有男孩都到座位上去。

如果你穿了鞋，就请跺跺脚。

如果你穿的是蓝色的裤子，就请起立。

如果你有书，就请举手。

参阅：这一课程一开始所教的许多动作都应是学生在"非言语模仿"课程中已经学会了的。接受性指令是学生根据指令"完成任务"和进行"观察学习"的基础。培养想象力的课程也有一部分与理解并服从言语指令有关。在"否定"这一课程中，已经教过"不要（做某事）"这一指令。

接受性命名

目标：1. 掌握物体、动作和概念的名称。
2. 接受性命名是表达性命名的基础。
3. 发展抽象推理能力（例如，演绎推理）。
4. 促进注意力的发展。

程序：学生坐在座位上，教师坐在他旁边或对面。教师把两个或更多物品放在桌子上，分开摆放，然后对学生说："摸……（物品名称）。"每做完一次尝试，就要调换桌上物品的位置。如果是要求学生把物品递给老师，学生会更加积极地参与。在这种情况下，就可用"把……（物品名称）给我"这一指令。应尽快变换指令的形式（例如，"摸……""把……给我""指指……""把……给我看""……在哪里？"等）。通常，在发出指令时，也可以省略表示命令的字眼，只说出物品的名称就可以了，这样可以使学生更容易注意到关键的字词。通过变换材料呈现的方式，可以提起学生的兴趣。例如，可以让学生在房间里寻找所要的物品，或从维可牢①板上选取物品。

☆要选择能激发学生动因并对学生有用的物品来进行学习。☆

辅助：运用肢体引导、点指或位置辅助等方法进行辅助。应逐渐减少辅助，最终使学生能独立完成任务。

入门标准：学生能把训练使用的物品正确地进行配对（见"配对"课程）或模仿动作。学生掌握一些简单的言语指令有助于他学习接受性命名，但这并不是必要条件。

掌握标准：在没有得到辅助的情况下，学生10次中能有8次做出正确反应，并至少在

---

① 译注：维可牢（Velcro），一种尼龙刺粘扣，两面一碰即黏合，一扯即可分开。

另一位老师那里也能做到这一点。

第一阶段：提要求。给学生看代表他所喜欢的物品或活动（例如，食物、饮料、游戏、电视、收音机、秋千等）的实物或图片，问他："你想要什么？"无论他指什么实物或图片，都要满足他的要求。

学生用于进行自我刺激的物品也可以作为选择的对象，其价值会因学生选择其他物品（例如，饼干）而下降。

第二阶段：身体部位。（请注意：这一阶段可以和第三阶段同时进行，也可以在第三阶段之后进行。）从教学生认识身体的某个部位开始进行训练。对学生说："摸……（身体部位）。"如果学生在没有得到辅助的情况下连续三次完成第一个项目，就可以对他进行第二个项目的训练。如果学生在没有得到辅助的情况下连续三次正确完成第二个项目，就让他复习第一个项目。不断复习这两个项目，直到在项目随机呈现时学生也能正确完成为止。每次只增加一个项目，并与先前学过的项目进行轮换。在学生掌握了那个新增加的项目之后，再增加一个新项目进行训练。

发展阶段

1. 嘴巴、眼睛、鼻子、脚（B：1岁6个月）
2. 头发、舌头、头、耳朵、手、腿、胳膊、手指、肚子、背、牙齿、脚趾（B：2岁）
3. 下巴、拇指、膝盖、脖子、手指甲（B：3岁）
4. 脚跟、足踝、颚、胸膛（B：4岁）
5. 手腕、肩膀、屁股、肘部（B：5岁）
6. 腰（B：6岁）

第三阶段：物品（实物）。这一阶段可以和第二阶段同时进行。要用学生熟悉的物品和先前在"配对"课程的第八阶段训练过的物品。开始时，选择两种物品。把第一种物品放在桌子上（不要放其他物品作为干扰物），并对学生说："给我……（物品名称）。"如果学生在有其他物品干扰并且没有得到辅助的情况下5次中能有4次做出正确反应，就可以用第二种物品进行这一训练。在完成第二种物品的训练时，再就第一种物品进行复习。最后，同时拿出这两种物品，再以随机的方式轮流就这两种物品进行尝试。在学生掌握了这两种物品之后,再增加一种物品进行训练。

要求学生命名的事物

衣服、玩具、动物、食品、家居用品、家具

第四阶段: 物品图片。教师要求学生指出图片中的物品。

第五阶段: 动作图片。教师出示各种动作图片,并要求学生根据指令指出相关的动作图片。

第六阶段: 人物图片或照片。(对孩子而言,掌握图片或照片上人物的名称要比掌握真人的名称更容易。)教师出示人物的图片或照片,要求学生根据指令指出相关人物的图片或照片,包括自己、家人、工作人员和同伴。

第七阶段: 人物。教师要求学生根据指令指出教师、学生自己或其他在场的人。

第八阶段: 取两样东西(例如,"把杯子和鞋给我")。

第九阶段: 大小(大和小)。(B:2岁)

第十阶段: 颜色。尽量使这一接受性命名的训练有趣、好玩。要采用除了颜色不同而其他都相同的物品(例如,用不同颜色的杯子,要求学生取某种颜色的杯子,在这个杯子底下藏一个小礼物)。用不同颜色的灯泡,要求学生指出某种颜色的灯泡,如果他指对了,就让他打开这盏灯。

发展阶段

1. 红色、蓝色(B:3岁)

2. 绿色、黄色、橙色、紫色(B:3岁6个月)

3. 棕色、黑色、粉红色、灰色(B:4岁)

4. 白色(B:5岁)

第十一阶段: 形状。

发展阶段

1. 圆形、正方形（B：3岁6个月）
2. 三角形、长方形（B：4岁6个月）
3. 菱形（B：6岁）

第十二阶段：颜色与物品相结合。

第十三阶段：把2个抽象的特征结合起来（例如，大小和形状）。

第十四阶段：把3个抽象的特征结合起来（例如，颜色/大小/物体、颜色/形状/大小）。

第十五阶段：家中各场所或房间的图片、社区各场所的图片。教师把图片放在桌上，要求学生根据指令指认相关的场所或房间。

第十六阶段：情绪。

第十七阶段：数量概念。

发展阶段

1. 许多/一；小/大（B：2岁）
2. 空的/满的；轻的/重的（B：3岁）
3. 矮的/高的；瘦的/胖的；少的/多的；短的/长的（B：3岁6个月）
4. 慢的/快的；少些/许多；薄的/厚的（B：4岁）
5. 窄的/宽的（B：5岁）

后续课程：特征、分类、事物的用途或功能、社区工作人员、介词。

实用的非言语沟通技能

目标： 1. 培养学生用非言语手段进行沟通的能力。

2. 教不会说话的学生学会表达需要的方法。

3. 减少学生因不能沟通而产生的挫败感及由此引起的破坏性行为。

4. 为学生语言的发展奠定基础。

程序： 这一课程适用于还没有能力用语言提出要求的学生，教他们用非言语的手段同他人进行沟通，也就是教他们用实物或图片来表达愿望或需要。

辅助： 运用言语辅助、点指或肢体引导进行辅助，应逐渐减少辅助。

入门标准： 学生能用相同的物品进行配对。

掌握标准： 在没有得到辅助的情况下，学生10次中能有8次做出正确反应，并至少在另一位老师那里也能做到这一点。

第一阶段： 选择。给学生看两种或更多物品，并问他："你要什么？"学生要什么物品，就给他什么物品，再把其他物品拿掉。要过一会儿再让学生进行选择，这样可以让他意识到选错物品的后果。如果学生因没有得到想要的东西而产生挫败感，就对他进行辅助（点指或手把手教他拿），让他拿到自己想要的物品。

第二阶段：

1. 图片与实物配对。如果学生完成了第一阶段的训练，就可以开始进行这一训练。把两种或更多物品放在学生面前，再给他一张图片，并对他说："和相同的放在一起。"如有必要，可对他进行辅助。如果学生配对正确，可用少量图片上的物品对他进行强化。

2. 实物与图片配对。如果学生完成了第一阶段的训练，就可以开始进行这一训练。把两张或更多图片放在学生面前，再给他一种物品，并对他说："和相同的放在一起。"如有必要，可对他进行辅助。如果学生配对正确，可用少量这种物品对他进行强化。

第三阶段：

1. 指出某种物品的图片。把两张或更多图片放在学生面前，再给他看一样物品（不要让学生拿到物品），并对他说："指指和它一样的图片。"

2. 指出与图片相同的物品。把两种或更多物品放在学生面前，再给他看一张图片（不要让学生拿到图片），并对他说："指指和它一样的物品。"

第四阶段： 根据图片进行选择。如果学生掌握了第二阶段和第三阶段的5个或更多项目，就可以开始进行这一阶段的训练。在学生够得到的地方放一张学生喜爱的物品的图片，用肢体引导的方法教他捡起那张图片再递给你。教师要马上说出这一物品的名称，并用相应的实物和他进行交换。无论他拿到哪张图片，教师都要用相应的实物和他进行交换。也可用图片表示户内、户外的活动，并到活动的地点进行这一训练，让他马上进行图片所示的活动（例如，吃东西、喝水、洗澡、荡秋千等）。一开始，要让学生靠近物品或活动场所，再让他把图片交给教师，然后让他马上进行这一活动。

如果学生能连续用一张图片同教师交换自己喜爱的物品或活动，就可以增加图片的数量。首先，用一张学生不喜欢的物品或活动的图片作为干扰物，以保证学生真正学会选择他所喜爱的物品或活动。要逐渐增加图片的数量，逐渐加大图片与学生的距离。要让学生随手就能拿到图片，随时都能用图片来表达愿望和需要。

用图片进行沟通（物品或活动的例子）

| 洗澡 | 录像带 | 户外散步 | 音乐 | 饮料 |
| 电脑 | 干杯 | 开汽车 | 荡秋千 | |

第五阶段： 服从用图片表示的指令。拍一些学生完成各种动作的照片，可以拍"接受性指令"这一课程教过的动作。给学生看照片，并对他说："做这个动作。"

参阅： 邦迪（Bondy）和弗罗斯特（Frost）编制的图片交换沟通系统（Picture Exchange Communication System, PECS）。

诱发沟通

目标：1. 增强学生进行沟通的愿望。
2. 使沟通过程快乐、有趣。
3. 培养学生的沟通能力。
4. 引导学生自发使用语言。
5. 使学生的语言受适当环境刺激的控制。

程序：这一课程是专为那些能用简单词汇表达愿望的孩子而设计的。孩子的发音并不一定要准确,但一定要让听的人能辨清他在说什么。对语言能力还没有发展到这一步的孩子,可参照教孩子进行选择和实用的非言语沟通技能的课程内容进行训练。

创设情境,促使学生提出要求。对此,韦瑟比和普立赞(Wetherby & Prizant, 1989)进行过阐述。下面列举的例子,马格丽·拉波波特(Margery Rappoport)在莫里斯等人(Maurice, et al., 1996)的著作中阐述过。如果必须对学生进行辅助,就要用非言语行为进行辅助(例如,夸张地睨视或看着他,耸肩表示不明白);只有在非言语行为辅助无效时,才进行少量的言语辅助,例如说"我想要……"。不要问直接的问题,如"你要什么"要逐渐过渡到用暂时停顿之类的、较为自然的反应引导学生接着往下说。

辅助：开始时,要用完整的句子进行辅助,逐渐过渡到用句子的一部分进行辅助,再过渡到用身体语言进行辅助。

例子

1. 在学生面前吃他喜爱的食品或玩他喜爱的玩具,但不给他吃或不给他玩(如橡皮泥、手臂及腿部可以移动的玩偶、火车、饼干）。

如果学生提出要求，就给他吃一点或玩一小会儿，以促使他再次提出要求。

2. 给学生吃不爱吃的食品，或把他的手伸进布丁盒里粘上布丁（以迫使学生提出言语抗议）。

3. 上紧玩具的发条，让其启动，再让其停下来，最后把它给学生。

4. 打开泡泡罐吹泡泡，再把盖子盖紧，并把盖紧的罐子给学生。

5. 告诉学生他已经完成了所有任务，但不让他起来，直到他说："我要走了。"

6. 和学生做社交游戏（例如，挠痒痒、将他抛向空中等），当学生感到快乐时就停下来等待。

7. 和学生做游戏，但遗漏一个重要部分（例如，骰子、旋转器、游戏片段等），并对学生说："我们一起玩吧。"

8. 吹鼓一只气球，再让它慢慢瘪掉。把瘪气球给学生或把瘪气球放到嘴边等待。

9. 让学生进行拼图，在他拼了几块之后，给他一块不合适的。

10. 找一种学生很喜欢的或能发出声响的物品，并将其放在容器里，拿着容器等待。

11. 给学生准备水彩画工具（例如，给他纸、颜料和画笔等），但只给他一只没有水的空杯子。

12. 告诉学生可以到外面去玩了，但把门锁着。

13. 在学生要喝水时，只给他一只空杯子。

14. 吃饭的时候不给他叉子。

15. 把他放在没有水的浴缸里让他洗澡。

16. 和学生一起看书，但倒着拿书。

17. 用错误的方法组装学生熟悉的玩具（例如，把胳膊装在土豆头先生的头上）。

18. 唱学生特别喜欢的歌，但故意漏掉一个词，只有在学生填上这个词之后才接着唱下去。

19. 如果学生想要你抱，就伸出手臂，但不要抱他，只有在他说了"要抱"或其他相近的词之后才抱他。

20. 把学生放在秋千上，先推着他荡几下，再让秋千停下来，等他说"荡""推"或相似的话之后再推他。

言语模仿

目标：1. 为学生学说话奠定基础。

2. 增加发声。

3. 纠正发音。

4. 减少鹦鹉学舌（例如，使学生的语言受适当环境刺激的控制）。

5. 减少单调、机械的语言。

程序：用轻松、愉快的方式进行教学效果更好。根据各个阶段的需要，可以不向学生发出明确的指令。通常，不要用"说"这个词来发出指令，只要给学生示范一下要其模仿的音节或词汇就可以了，这样效果会更好。教学要生动、有趣，不要搞得像正式的课堂。对有些孩子来说，坐在座位上学习效果更好，他们确实喜欢以较正规的方式进行口语模仿练习，但大多数孩子更喜欢通过游戏进行口语模仿练习，这样他们的反应会更活跃。在给学生做口语示范时，教师要先尝试一下，看呈现与不呈现视觉材料哪种效果更好。呈现视觉材料（如图片）为语言提供有意义的背景，但对有些孩子来说，呈现视觉材料反而会干扰学习。对那些不能得益于同步呈现的视觉材料的孩子，可以把发音和理解语言意义的训练分开进行，以后再将两者结合起来。

教师要善于激励学生，如果要矫正学生的语言，那么必须用鼓励的方式进行。教学方法要生动、有趣、令人愉快（例如，一边逗乐，一边说："快，你能说的！"）。要不时地给学生一些非依联强化，使学生感到轻松、愉快。如果学生开口说话，就给予他效果最好的强化物；如果学生只是坐在座位上注意听讲，就给予他效果稍差的强化物。

为了促进学生语言的发展：

1. 选择学生经常发出的音和词汇。

2. 选择与学生发展水平相当的音（例如，要先教"m"，而不要先教"z"，因为前者比后者容易发音）。

3. 选择学生感兴趣的、有用的音（例如，牛叫声"哞"、羊叫声"咩"、老鼠叫"吱吱"）。

4. 选择学生感兴趣的、有用的词（例如，饼干、果汁、电视、开、帮助、不、都没了、嘻嘻、起来、去、更多、出去、挠痒痒等）。

5. 在学生模仿口语时，给他看图片或实物（除非它分散学生的注意力）。

6. 可以用词强调特定的音（例如，"饼"干）。

7. 在快乐、有趣的环境中进行口语模仿训练（例如，在麦当劳里，在荡秋千时，在沙箱里，在游泳池里）。

8. 模仿学生所发的音。

9. 使用一些与发声有关的姿势或符号对学生进行视觉辅助。

辅助：运用肢体引导或演示进行辅助。应逐渐减少辅助，直到学生能独立完成训练项目。

入门标准：学生有一些自发的发音，有适当的目光接触，并至少能模仿三个动作。

掌握标准：在没有得到辅助的情况下，学生10次中能有8次正确地进行言语模仿，并至少在另一位老师那里也能做到这一点。

第一阶段：增加发声。无论何时，只要学生发出类似语言的声音，就要表扬他。要在学生心情愉快、进行他所喜爱的活动（例如，荡秋千、跳跃、游泳、被呵痒痒、吃东西等）时进行这一训练。教师重复学生类似语言的声音是增加学生这类发声的好方法。要利用学生可能自发发音的很多活动，也要利用学生用口部才能发声的活动（例如，吹喇叭、吹哨子、吹泡泡、唱歌等）。

可以让学生边唱歌边做动作，以此引导他发音，教师可以先起个头，再让学生接着唱下去，例如，唱"一闪一闪小星星""头发、肩膀、膝盖、脚""可爱的小蜘蛛"，等等。

第二阶段：口部动作模仿。如果学生掌握了"非言语模仿"的第二、四阶段的训练项目，就可以开始这一阶段的训练。开始时，只选三个口部动作教学生模仿，在学生掌握了这三个口部动作之后，再增加一个口部动作教学生进行模仿。教师演示口部动作，并对学生说："这样做。"

口部动作模仿

摸舌头	摸牙齿	飞吻
对着管子唱歌	嘟起嘴唇	眨眼睛
伸舌头	张开嘴	皱眉
咂嘴	噘嘴	微笑
点头（表示同意）	摇头（表示不同意）	咬嘴唇
鼓起腮帮子	吹（火柴或手）	舌头伸到脸颊上
舌头伸向嘴角	耸动鼻子	耸动耳朵
上下开合嘴唇（咂舌头）	发出咔嗒声响	咳嗽
像印第安人那样发出声音	用鼻子深呼吸	吸气至双颊凹陷
学鱼嘴的动作	打哈欠	

第三阶段：操纵物体并配上声音。教师说"做这个动作"，演示物体运动并配上声音。

开汽车——"呜呜"	滑动橡胶蛇——"咝咝咝"
玩狮子玩具——"嗷"	逗小猫玩——"喵喵"
洋娃娃掉下来——"呜哇"	开火车——"咔咔"
装作蜜蜂来呵痒痒——"嗡嗡嗡"	接电话——"喂"
让塑胶小人滑滑梯——"啊"	挠痒痒——"挠痒痒"
假装榔头打在手上——"哎哟"	按玩具汽车的喇叭——"哗哗"
用玩具兔作跳跃状——"跳、跳、跳"	

第四阶段：区辨发声时间。如果学生经常发出各种类似语言的声音，就可以开始

进行这一阶段的训练。要为学生创设有趣且还有点结构化的情境，使学生能集中注意力。要求学生发他发过的声音，对他说"讲"，并示范学生发过的声音来进行辅助，然后再等5秒钟。如果学生能在5秒之内发出声音，那么不管发出什么声音，都要马上对他进行强化。在这一阶段，只要学生能在指令发出之后的2秒之内发出声音就可以了，至于发出的声音是否符合要求，并不重要。

第五阶段：模仿声音和词语的发音。如果学生在第四阶段的成功率达80%以上，就可以开始进行这一阶段的训练。一开始，先教学生模仿5个发音容易的声音或词语，在学生掌握以后，再增加5个让学生进行模仿。如果学生鹦鹉学舌或自发地说出一些字词，就可以要求他说会说的词语。此外，要选取实用的词语来教学生发音，这些实用的词语包括学生爱吃的食品、爱玩的玩具和熟悉的日常用品（例如，鞋）。对学生说："说（声音或某一个词语）。"

在进行教学时，要突出词语中最容易发音的部分或音节。教师在说词语的时候出示相关物品，可能有助于某些学生的学习，而对某些学生来说，可能是一种干扰。下面的音是以发展的年龄顺序列出来的[①]。

易发的元音

ah; oh; oo(boot); ee; ay

易发的辅音

m; b; p; d

---

① 译注：汉语发音与英语发音的难易程度有所不同，但它们有一个共同规律，就是发音动作模式越复杂的音越难发。在汉语中，韵母"a""o""e"的发音从易到难，因为涉及的动作模式从简单到复杂；声母"b""p""m""f"的发音也是如此。但"b""p""m""f"的发音要比"a""o""e"难得多，因为它们的发音动作模式更复杂。因此，汉语拼音发音的难度可以根据发音动作模式的复杂性来确定。但也不能一概而论，由于受各地方言的影响，汉语拼音的发音对不同地域的人来说难度有所不同。例如，南京地区的人容易混淆"n"和"l"，而操吴方言的人则容易混淆平舌音和翘舌音。此外，每一名孤独症儿童可能都有自己独特的发音困难，例如，有的孩子难以区分"d"和"t"，而有的孩子难以区分"j"和"q"。汉语不同于英语发音的另一个特点是每个发音都有声调。因此，训练师既要根据汉语拼音发音难度的一般规律来确定教学顺序，同时又要根据每一个孩子的特殊情况确定汉语拼音发音的难度。

较难发的音

w, h, t, n

aw, uh, oo(book), er, ar

a(cat), e(get), I(hit), eye, you, ow, oy

g, k, f, v, ng, y

r, l, ch, sh, th(that), zh

s, z, j, th(thin), wh

第六阶段：辅音和元音结合构成音节。如果学生在第五阶段至少已掌握了5个音的发音，就可以开始进行这一阶段的训练。选用学生已经会发的元音和辅音所组成的音节，要求学生发音节的第一部分，等他发出音节的第一部分之后，再要求他发出音节的第二部分。逐渐缩短第一个音节和第二个音节之间的停顿时间，直到教师一下子说出整个音节而学生也能跟着一下子说出整个音节为止。

辅音和元音结合构成音节

M + ah, oh, oo, ee, ay

B + _____

D + _____

uh, ay, oo, + P

uh, ay, eye, + S

第七阶段：没有视觉线索的声音。如果学生在第五阶段至少已掌握了十个音节，就可以开始进行这一阶段的训练。教师在要求学生发出某种声音或词语时，要遮住嘴部，不要让学生看到发音的方法。

第八阶段：模仿语调。要求学生说一个词语或音节，只有在他模仿教师的发音语调时才对他进行强化。

语调

高声、轻声；转调；高音、低音；长音、短音。

第九阶段：串连。让学生把单个音节连起来构成双音节词。

相同音节的串连：妈妈、爸爸、拜拜、哥哥等。
一个音节和两个音节的区辨：爸——爸爸、妈——妈妈、姐——姐姐等。
不同音节的串连：妈咪、饼干、宝贝等。

第十阶段：模仿字词的发音/清楚地发音。教学生模仿字词的发音，并运用行为塑造技术使学生的发音越来越清楚、越来越准确。让学生发音的字词应与学生的年龄相称，学生有时能正确地说出来，但还没有完全掌握。准确、清楚的发音特别重要，发音错误会导致他人理解的困难。只要学生的发音有进步，就要对他大加赞赏、大加奖励。将他发音较好的字词穿插在训练之中，以保持其信心。不要过多纠正学生的发音，75%～90%的音发得较好就行了。如果学生的发音质量中等，教师可以表扬他，并示范准确发音，但不要叫他重复。只要纠正发得最差的10%～25%的音就可以了。在纠正学生发音时，可以这样说："像这样说，'饼——干——'。"

把言语模仿练习同其他活动结合起来会使训练更加有趣。例如，如果孩子喜欢拼图或搭积木，就让他说一个词，然后给他一块拼图或积木来拼搭。如果学生喜欢看图画卡片，就以此作为强化物；如果学生说了一个词，就让他拿这张图片看。在和学生一起看图画书的时候，在做玩球、跳蹦蹦床、游泳和滑滑梯等游戏时，也可以对学生进行言语模仿训练。

第十一阶段：模仿短句。让学生模仿2～5个词构成的短句，发音要清楚、准确。一般来说，句子越长，发音质量越低。要学生模仿的短句，要略长于他容易模仿的。如果学生会模仿3个词左右的短句，就要把长句分解成2～3个词一组，然后再把它们连成自然的短句，使学生说起来更连贯。

发音困难

接受训练的孤独症幼儿大多刚开始学说话。一定要牢记孩子的身心发展水平。在与神经发育水平在 12 个月左右的幼儿交往时,我们根本不会去纠正他的发音错误,其言语沟通的任何尝试都会让我们感到欣喜。因此,对言语能力只有 12 个月的 3~4 岁的孤独症孩子,我们的做法也一样:清楚地说出一个词,给他做示范。除了学习之外,语言的发展也是个需要时间渐次展开的过程。如果学生没有进步,采用下列方法会有所帮助。

1. 在进行言语模仿训练时,要尽量使学生产生积极的体验,这一点至关重要。
2. 如果要纠正学生的发音,应采用鼓励的方式。
3. 起初,即使学生发音含糊不清,教师也要接受,并对他进行奖励。
4. 在学生学说话时,要采用行为塑造技术逐步改进其发音。
5. 起初,即使学生发音不好,教师也要接受,并要为其示范清楚、准确的发音(例如,"好,饼——干——")。
6. 最后,如果学生发音不好,就不要接受,但要尽量用轻松愉快的方式表示。(例如,如果学生想要的其实是汽水,你可以说"噢,你要的是汽__?")
7. 利用"区辨发音清晰或不清晰"这一课程,教学生辨识发音是否清晰。在这一过程中,可以通过模仿学生发音中常见的问题来进行。
8. 确定学生发起来有困难的音,将其作为言语模仿课程的重点进行练习。

参阅: 表达性命名;交谈;诱发沟通。

表达性命名

目标：1. 为学生的语言发展奠定基础。
　　　　2. 为学生提供表达愿望的方法。
　　　　3. 为学生提供与人交往的手段。
　　　　4. 增进学生对周围事物的理解和意识。

程序：教师给学生看一样东西，并问他："这是什么？"一开始，教师可以像在"接受性命名"这一课程中一样，先让学生指这样东西或进行言语辅助引导学生说出这样东西的名称。要尽快减少辅助。

　　　　选择能激发学习热情的词语（例如，吃、开、帮助、不、电视等）很重要。

　　要尽快变换指令（例如，"告诉我你看到了什么""这里发生了什么事？"等）。

辅助：采用"接受性命名"这一课程或言语辅助。将辅助逐渐过渡到轻声说或只说第一个字，最后完全不做辅助。

入门标准：学生已经掌握"配对"课程第一阶段或第二阶段的项目，并已开始接受"接受性命名"的训练。如果学生还没有掌握接受性命名，就尝试用言语辅助引导学生学习表达性命名。"表达性命名"这一课程并不一定要在"接受性命名"这一课程结束之后进行。

掌握标准：在没有得到辅助的情况下，学生10次中能有8次正确说出事物的名称，并至少在另一位老师那里也能做到这一点。

　　第一阶段：提要求。用代表学生喜欢的东西或活动（例如，食物、饮料、游戏、电视、收音机、荡秋千等）的实物或图片。如果学生想要什么，就必须说出来。

　　学生用于进行自我刺激的物品也可以作为选择的对象，其价值会因学生选择其他物品（例如，饼干）而下降。

第二阶段：身体部位。

发展阶段

1. 嘴巴、眼睛、鼻子、脚（B：2岁）
2. 头发、舌头、头、耳朵、手、腿、胳膊、手指、肚子、背、牙齿、脚趾（B：2岁6个月）
3. 下巴、拇指、膝盖、脖子、指甲（B：3岁6个月）
4. 脚跟、足踝、下颚、胸口（B：4岁6个月）
5. 手腕、肩膀、臀部、肘部（B：5岁6个月）
6. 腰（B：6岁6个月）

第三阶段：物品。玩具、动物、衣物、食品、家庭用品、家具。这一阶段可以和第二阶段同时进行。有些孩子会觉得这一阶段比"身体部位"容易。

第四阶段：物品图片。教师给学生看一张物品的图片，并问学生："这是什么？"

第五阶段：动作图片。教师给学生看一张动作的图片，并问学生："他/他们在做什么？"

第六阶段：实际动作。教师演示某一动作，并问学生："我在做什么？"

第七阶段：人物图片或照片。教师给学生看一张人物图片或照片，并问学生："这是谁？"

第八阶段：人物。教师指着自己、学生或其他的人，并问学生："这是谁？"

第九阶段：大小（大/小）（B：2岁6个月）。

第十阶段：颜色（"这是什么颜色？"）。

发展阶段

1. 红色、蓝色（B：3岁6个月）
2. 绿色、黄色、橙色、紫色（B：4岁）
3. 棕色、黑色、粉红色、灰色（B：4岁6个月）
4. 白色（B：5岁6个月）

第十一阶段：形状（"这是什么形状？"）。

发展阶段

1. 圆形、正方形（B：4 岁）
2. 三角形、长方形（B：5 岁）
3. 菱形（B：6 岁 6 个月）

第十二阶段：家里各场所或各房间的图片或照片。教师给学生看家里各场所或各房间的图片或照片，并问学生："这是什么地方？"或"这是什么房间？"

第十三阶段：社区的各个场所或地点（真实地点）。

第十四阶段：情绪。

第十五阶段：数量概念。

发展阶段

1. 许多 / 一个（B：2 岁 6 个月）
2. 空的 / 满的、轻的 / 重的（B：3 岁 6 个月）
3. 矮的 / 高的、瘦的 / 胖的、多的 / 少的、短的 / 长的（B：4 岁）
4. 慢的 / 快的、有些 / 许多、薄的 / 厚的（B：4 岁 6 个月）
5. 窄的 / 宽的（B：5 岁 6 个月）

后续课程：特征、分类、事物的用途或功能、社区工作人员、介词。

参阅：掌握"言语模仿"课程是学习本课程的必要条件；从"表达性命名"可以逐渐过渡到"扩展语言"和"交谈——初级"这两个课程。

交谈——初级

目标： 1. 扩大学生语言表达的范围。
   2. 帮助学生获得社会交往的手段。
   3. 使学生的社交行为更加恰当。
   4. 培养孩子用语言支配他人、满足愿望的能力。

程序： 这一课程的目的是让学生在日常生活中能运用简单的句子进行对话。一开始，要教学生记住在特定情况下怎样应答他人。要逐渐减少辅助，这样孩子才有可能在日常生活中使用语言。

  这一课程只教学生进行机械的对答，但机械的对答教得再多也不会使人善于交谈。最重要的是，要提高学生的观察能力和社交能力，增强社交的愿望！！！

第一阶段： 问候。当别人说"你好"时，学生应做出回应。再进一步，当作出回应时，要说出他人的名字。

第二阶段： 命令（指挥别人的行动）。

1. 当寻求他人帮助时，说："（名字），来。"
2. "请让一下！"
3. "把（物体）给我。"
4. "放手！"
5. 当玩追逐游戏时，说："来抓我。"
6. "走开！"
7. 如果有人在吵闹，就说："请安静！"

第三阶段： 句子主干。

1. "我要……"

2. "这是……"

3. "那是……"

4. "我看见……"

5. "我有……"

第四阶段：议论。下面这些句子是学生在不同情况下表达兴趣或引起他人兴趣时用得到的。这一阶段的教学目标是在没有得到辅助的情况下，学生也能说出这些句子。

1. 当把物品递给别人时，说："（名字），给。"
2. 说"看那个！"并指着有趣的事物。
3. "（名字），看！"或"看我在做什么"。
4. 当玩具开始移动时，说："它要往那儿开。"
5. "我成功啦！"
6. "真好玩！"
7. 当孩子受伤时，说："你没事吧？"
8. "我／我们／正在（做某事）。"例如："我们正在建一座大沙堡！"

第五阶段：回应。

1. 当有人问东西在哪里时，用手指并回答："在那儿。"
2. 当有人在远处喊学生的名字时，会问："干吗？"
3. 当有人要求他做某些事情时，说："行。"
4. 当有人告诉你一些事情时，说"噢""真的？""哇"或"酷"。
5. "我准备好了。"
6. 当有人问"你在哪里"时，说："我在这儿。"
7. 当有人问"你要哪个"时，说："我要这个。"
8. 当应门时，说："请进。"

勇于表达自己的观点和立场

目标： 1. 帮助学生确认并满足要求。

2. 教学生进行独立思考，而不是被动地接受他人的观点。

3. 提高独立能力，不依赖成人（或其他人）的不断指导。

4. 防止学生成为受害者。

5. 增强学生的认识能力。

6. 增加学生的自发性语言。

7. 鼓励学生参与活动。

8. 让学生知道即使出错也没什么，自己也可以当老师。

9. 帮助学生成功地融入班级。

程序： 描述错误的事件，要求学生说出错在哪里。

辅助： 运用肢体引导、演示、言语辅助、手势辅助、声调变化或面部表情进行辅助。应逐渐减少辅助，直到学生能独立完成训练项目。

入门标准： "进行选择"（这一课程的第一阶段）应该最先教。

掌握标准： 在没有得到辅助的情况下，学生10次中能有8次做出正确反应，并至少在另一位老师那里也能做到这一点。

第一阶段： 进行选择。无论在治疗过程中，还是在治疗过程之外，学生都可以进行选择。在治疗过程中，学生可以选择坐在什么地方，在哪个房间活动，玩什么玩具等。在治疗过程之外，学生可以选择穿什么衣服，读什么书，吃什么食品，听什么音乐，看什么录像等。

第二阶段： 扮演治疗师或老师。

第三阶段： 表达不满。惹他生气，并教他表达不满（例如，"别管我""停止""不要这样""这是我的"等）。

第四阶段：看好自己的位置、保管好自己的物品。策划一个侵犯学生利益的事件，教学生采取行动维护自己的利益。突然拿走他的东西，或者在他排队等候时在他前面插队。教学生做出反应，表达自己的立场（例如，拿紧东西，保留自己在队伍中的位置等）。

第五阶段：坚持正确的观点。就学生知道的事说一句错话，引导学生拒绝错误的说法，坚持自己的正确说法。例如，故意说错事物、动作的名称或事物的特征等。

第六阶段：故意犯错误，让学生发现并（或）纠正错误（例如，把玩具扔进垃圾桶）。

第七阶段：要求学生做不恰当或不可能的事，并教他表示反对（例如，把装有积木的盘子放在他面前，说："请吃面条！"）。开始时，要用语调辅助学生，提示他这句话不恰当，然后逐渐减少辅助。从明显不恰当或明显不可能的事情开始，逐渐过渡到不当之处或不可能之处及不太明显的事情。

第八阶段：适度竞争，并理解什么叫"赢"。赛跑时尽量跑得快；"捉迷藏"时尽量不被找到；下棋时尽量吃掉对手的棋子。

参阅：诱发沟通。

是 / 不是

目标： 1. 教学生表达意愿的方法。

2. 教学生进行选择。

3. 增强自信，勇于表达自己的观点和立场。

4. 加深学生对基本概念的理解，扩大其使用范围。

5. 使学生掌握回答简单问题的方法。

程序： 教师出示一样东西并向学生提问。

辅助： 运用言语辅助、演示、手势、语调变化和表情来引导，让学生表明是或不是。应逐渐减少辅助，直到学生能在没有辅助的情况下做出正确反应为止。

入门标准： 学生能注意相关事物。学生应有明确的喜好，并有表达"是"与"不是"的方法（例如，口头说、点头、手势或点指）。

掌握标准： 在没有得到辅助的情况下，学生 10 次中能有 8 次做出正确反应，并至少在另一位老师那里也能做到这一点。

第一阶段： 渴望得到或不想得到的东西。找一组学生渴望得到的东西和一组学生不想得到的东西。给学生看他渴望得到的东西，并问他："你要这个吗？"马上辅助学生回答"是"，并把东西给他。成功练习几次之后，开始练习回答"不是"。给学生看他不想得到的东西，并问他："你要这个吗？"马上辅助学生回答"不是"。学生一说"不是"，就马上把东西从他面前拿走。成功练习几次之后，再练习回答"是"的问题，以使学生能正确回答随机出现的"是"和"不是"的问题。

第二阶段： 回答用"是或不是"进行辅助的问题（例如，"你想喝果汁吗？——是或不是"）。

第三阶段： 事物的名称（例如，"这是一辆卡车吗？"）。

第四阶段：人物的身份（例如，"这是妈妈吗？"）。

第五阶段：动作（例如，"爸爸是站着的吗？"）。

第六阶段：特征（例如，"这是红色的吗？"）。

第七阶段：概念（例如，"这是街角吗？"）。

第八阶段：就不在眼前的事物回答"是与不是"或"对与错"的问题（例如，"鸟有翅膀吗？"）。

第九阶段：回答部分正确的"是与不是"的问题（例如，给学生看一个绿色的圆，并问他这是不是一个绿色的正方形）。

否 定

目标： 1. 使学生学会服从一类指令。
2. 提高学生对听觉信息的注意力。
3. 提高学生的区辨能力。

第一阶段： 不。给学生看一样他不喜欢的东西，并问他："你要吗？"

第二阶段： 不要这样做。演示一个动作，并对学生说："不要这样做。"如果学生不模仿这个动作，就对他进行强化。

第三阶段： 不要_____。教学生在听到"不要"这个词时（例如，"不要站着"），不做相关动作。要在学生有机会做相关动作之前，马上强化他对这一言语指令的服从。如有必要，压住他的手阻止他做相关动作。要把强化逐渐延迟到指令发出几秒之后，并逐渐减少辅助。

第四阶段： 说/不说。

区辨刺激1（指令）："说'飞机'。"

反应1：学生照着说"飞机"。

区辨刺激2（指令）："不要说'飞机'。"

反应2：学生什么都不说。

区辨刺激3（指令）：随机轮换前两个指令。

在学生理解了这些之后，就可把区辨刺激变成"跟我说"或"不要跟我说"，这样你就可以用"不要跟我说"这句话来控制其无用的学舌。

第五阶段： 不是_____。给学生看两样东西，如甲和乙。要求学生"摸不是甲的东西"，学生应该摸乙。如果学生理解了"不是"这一概念，就要用更加自然的语言发出指令，例如，"给我看哪个不是狗？"或"哪个没有羽毛？"

1. 不是（物品名称）："给我看不是球的东西。"
2. 不是（特征）："找出不是红色的东西。"
3. 不是（动作）："哪个不是在睡觉？"
4. 不是（类别）："找出不是动物的东西。"

共同注意

目标：1. 让学生多留心周围的环境及他人的活动。

   2. 教学生如何引起他人的注意。

   3. 增强学生引导他人注意、赢得他人注意的愿望。

辅助：运用肢体引导、演示、言语辅助、点指或位置辅助等方法进行辅助。应逐渐减少辅助，直到学生能独立完成为止。

入门标准：学生掌握"非言语模仿"之后，马上可以开始第一阶段的训练。

掌握标准：在没有得到辅助的情况下，学生对2个选择10次中能有9次做出正确反应；在没有得到辅助的情况下，学生对3个或更多选择10次中能有8次做出正确反应，并至少在另一位老师那里也能做到这一点。

程序：教学生留心他人是否在注意，还要教他如何让他人也进行注意。

  第一阶段：问学生："（物品名称）在哪里？"他回答"在那儿"，并指物品所在的方向。

  第二阶段：要求学生把物品交给某人。那人应该不注意学生，也不接受物品，直到学生说"（名字），给你"为止。也可以在传球的时候进行这一训练，只有在学生说了"（名字），接球"，别人才去接他传过来的球。

  第三阶段：引起他人注意。要求学生告诉或问某人某件事。一开始，某人不要对学生的话做出反应，教师要辅助学生喊某人的名字，并去拉某人的胳膊来引起他的注意。

  第四阶段：给他人看自己做的东西。要确保他人能看到这件东西。

  第五阶段：确定别人指哪里。

  教师指着某个东西说："（学生的名字），到那儿去。"

教师问助手："饼干在哪里？"助手指着饼干说："在那儿。"教师要求学生去拿饼干。

助手指着某个东西，教师问学生："他在指什么？"

第六阶段：确定他人在看什么。助手看着某样东西，教师问学生："他在看什么？"

第七阶段：确定物体移动的方向。把动物玩具排成一排，让它们面朝某个方向，再问学生它们要去哪里，学生应指出正确的方向。

第八阶段：确定他人能否听到自己说的话。助手在学生身边，或在室内其他地方，让学生对助手说一件事，再问学生助手能否听到。学生不但要根据自己与助手的距离，而且要根据助手是否有反应来进行判断。

第九阶段：确定他人能否看见自己能看见的东西。就学生能看见的东西进行提问。让助手在学生身边或室内其他地方，教师问学生助手能否看见这样东西。学生要根据助手是否在自己身边和是否朝正确的方向看来做出判断。

第十阶段：确定他人是否知道某件事情。让助手在学生身边或在室内其他地方，然后上演某个事件，再问学生助手是否知道这件事。学生要根据助手是否看到这个事件进行判断，或者根据助手是否听说此事进行判断。

第十一阶段：做奇异的事引发学生议论。马格丽·拉波波特在莫里斯等人的著作中列举过一些方法。

1. 戴假发。
2. 倒着戴眼镜。
3. "意外地"把颜色弄在桌上。示范说："哎呀！糟了！"
4. 把东西从桌上弄掉下来。示范说："掉了。"
5. 试图把鞋穿在手上。
6. 把锤子放在银器抽屉里。
7. 把一捆芹菜放在洗衣篮里。
8. 重新摆放家具或拿走一些显眼的东西。
9. 在进行轮流做某事时，先按惯例进行轮流，然后做出乎意料的事。

参阅：交谈——初级；诱发沟通；扩展语言；描述；勇于表达自己的观点和立场。

情　绪

目标：1. 教学生辨识各种情绪状态。
2. 培养学生的共情能力。
3. 促进学生的社会交往。
4. 让学生了解可以改变情绪的方法。
5. 增进学生对因果关系的理解。

程序：通过角色扮演或图片，向学生呈现各种情绪状态，教其辨识情绪感受、引起情绪的原因以及如何改变情绪状态。

收集各种清楚显示基本情绪的图片。

基本情绪
快乐、悲哀、愤怒

中级情绪
惊恐、惊奇、疲倦、无聊、饥饿与口渴*、恶心

*注意：饥饿和口渴要根据情境或行为进行判断，而不是根据面部表情进行判断。

高级情绪
沮丧、紧张、激动、迷惑、厌倦、担心、嫉妒、自豪、骄傲、尴尬

要学生理解的情绪，一定要与学生的年龄相称（例如，4岁的孩子不可能理解"厌倦"这种情绪）。

第一阶段：用不同模特演示相同情绪的图片进行配对。把2张或更多表现不同情绪的模特图片放在桌上，给学生看另一张情绪图片，这张图片上的模特和摆在桌上的

图片不同，但所表现的情绪和其中的一张相同，然后对学生说："把和它相同的放在一起。"

第二阶段：用情绪图片训练学生情绪的接受性命名。选一种情绪开始这一训练，并用其他情绪作为干扰物。拿出第一种情绪图片和作为干扰物的情绪图片，要求学生"摸（情绪）"，并在需要时进行辅助。如果学生理解了第一种情绪的名称，就开始教他理解第二种情绪的名称，然后随机轮换这两种情绪图片，让学生进行理解。在学生理解了这两种情绪的名称之后，再增加其他情绪进行这一训练。

第三阶段：用情绪图片训练学生情绪的表达性命名。给学生看一张情绪图片，并问他："你觉得怎么样？"

第四阶段：演示情绪。用模仿来教学生演示各种情绪。

第五阶段：识别他人现场表演的情绪。教师演示一种面部表情，并问学生："你觉得怎么样？"

第六阶段：给自己的情绪命名。创设能让学生产生某种情绪体验的情境，并问他："你觉得怎么样？"可以通过角色扮演或非言语模仿来创设情境。

第七阶段：辨识各种情绪产生的原因。给学生看与情绪有关的因果关系图片或现场表演的小品，并问学生其中的人物为什么会产生某种情绪感受。

教学生辨识日常生活中引起各种情绪的原因，利用日常生活的各种机会教学生复习引起各种情绪的原因。

教师：你姐姐觉得怎么样？
学生：她觉得很伤心。
教师：她为什么伤心？
学生：因为她没有得到玩具。

教师：你现在觉得怎么样？
学生：高兴！
教师：为什么？
学生：因为你挠我痒痒！

第八阶段：使他人产生某种情绪。创设情境，使人产生某种情绪。指导学生说："让他（情绪）。"（例如，通过拥抱让人高兴。）

第九阶段：泛化到日常生活中。要求学生描述自己或他人的情绪感受。

第十阶段：共情。要求学生说明或演示在他人处于某种情绪状态时应该怎样做出适当的反应。

例如：当有人说感到或表现出：

寒冷

害怕

饥饿

悲伤

受伤害

愤怒

学生要说明怎样做才是适当的，或者演示适当的反应。

参阅：配对；接受性命名；表达性命名。

手势及肢体语言

目标：1. 增进学生对常用的非言语沟通方法的理解。
　　　　2. 增强学生对周围人和事的意识。
　　　　3. 提高学生理解社会线索的能力。
　　　　4. 改善学生在班级和团体中的活动。
　　　　5. 发展语言以外的沟通手段。

辅助：运用肢体引导、演示、言语辅助、点指或位置辅助等方法进行辅助。应逐渐减少辅助，直到学生能独立完成。

掌握标准：学生10次中能有9次做出正确反应，并至少在另一位老师那里也能做到这一点。

第一阶段：学生模仿手势。

手势	含义
伸出手臂，掌心向上抬	起立
招手	过来
伸出手臂，掌心向前	停
竖起食指	等一会儿
前后挥动胳膊	移动
摆动手指	不要这么做
耸肩	我不知道
手指放在嘴唇上	请安静
鼓掌或竖起大拇指	干得好

手势	含义
竖起两个大拇指	干得很好！
OK（可以）的手势	可以
拍肚子	很好吃
呸；吐舌头	不好吃
捏鼻子	不好闻
手握下巴	感到厌倦
移动脚；看表	我想走
身体前倾；点头	感兴趣
转动眼珠	这很荒唐
打哈欠	累了
交叉手臂	受到挫折
摩擦下巴；以手撑额	思考
用手腕拍打前额	我忘了；糟了

第二阶段：学生根据要求做手势。教师说："用手势告诉我……"

第三阶段：教师做一个手势，并问学生："这是什么意思？"

第四阶段：学生根据各种不同情况做恰当的手势。

1. 用手指出人或物品的位置，与此同时可以用语言加以说明，例如，"在那儿""在架子上"。

2. 摸摸肚子表示东西很好吃。

3. 用手势表示自己知道答案、想要某种东西或该轮到自己了。例如，在有人问"谁要冰淇淋"时，学生举手说"我要"或只举手而不说话。

4. 在适当的时候摇头表示"不"，点头表示"是"。

5. 用手握下巴表示厌倦。

6. 表达情绪。例如，学生交叉手臂表示受到挫折。

7. 在蠕动的、令人恶心的东西出现时，身体往后退并做鬼脸。例如，"呸，臭虫"。

第五阶段：学生理解手势并据此调整行为。

1. 在教师招手或指的时候，学生向前走或做轮到自己做的事。

2. 在教师做出后退的手势时，学生向后退。

3. 准确理解点头和摇头。创设一个情境，让某人品尝某种食品，然后让学生问那人是否喜欢这种食品。

4. 理解表示所要东西的位置或活动时该站（或坐）在哪里的手势。

5. 请两个人进行表演，一个人在倾听（身体前倾、看着别人、还点着头），另一个人注意力不集中（看着别处、看手指甲、看书）。也可以用图片表示这一场景。

参阅：共同注意；情绪。

特 征

目标： 1. 扩展学生的语言。

2. 增进学生对概念的理解。

3. 增进学生对环境的意识。

程序： 遵循基本的区辨训练程序（discrimination training procedure）[①]。要用具体事物体现每种特征。要尽量选择只有要教的特征不同而其他特征都相同的事物。每种特征都可以先用"配对"的方式来教，再依次教学生接受性区辨和表达性命名。先用实物教，再用图片教，学生可能会学得更好。不过，直接用图片教，学生学起来可能比较容易。不论用什么教，都要用大量的材料，促使学生将关于事物特征的知识泛化到日常生活中。

辅助： 运用言语辅助、手势或位置辅助。应逐渐减少辅助，直到学生能独立完成为止。

入门标准： 从具体的特征开始教起，逐渐过渡到抽象的特征。请参照与年龄相称的语言发展常模。

掌握标准： 当有2个选择时，在没有得到辅助的情况下，学生10次中能有9次做出正确反应；当有3个或更多选择时，学生10次中能有8次做出正确反应，并至少在另一位老师那里也能做到这一点。

第一阶段： 颜色。

第二阶段： 大小。

第三阶段： 物理特征。例如，"摸（热的）"对"摸（冷的）"。

1. 热的/冷的。

2. 湿的/干的。

[①] 译注：请参照"配对"第一阶段"实物与实物配对"中所采用的区辨训练方法。

3. 粗糙的 / 光滑的。

4. 硬的 / 软的。

5. 尖的 / 钝的。

6. 轻的 / 重的。

7. 甜的 / 酸的。

8. 黑的 / 亮的。

9. 干净的 / 肮脏的。

10. 旧的 / 新的。

11. 直的 / 弯的。

第四阶段：性别。用男孩和女孩的图片。

1. 配对："把男孩和男孩放在一起""把女孩和女孩放在一起"。

2. 接受性语言："指指男孩""指指女孩"。

第五阶段：质地（composition）。接受性语言："摸一下（塑料的）。"表达性语言："这是用什么做的？"

1. 塑料。

2. 木头。

3. 纸。

4. 布。

5. 金属。

6. 皮革。

7. 玻璃。

第六阶段：时间。

1. 首先（第一）/ 最后。

2. 之前 / 之后。

第七阶段：空间。例如，"指给我看（近的）"与"指给我看（远的）"。

1. 上 / 下。

2. 周围。

3. 近 / 远。

4. 中间。

第八阶段：数量。例如，"球要滚得快"与"球要滚得慢"。

1. 快 / 慢。

2. 长 / 短。

3. 高 / 矮。

4. 薄的 / 厚的。

5. 部分 / 一半 / 全部。

6. 所有 / 一些 / 没有。

7. 少量 / 许多。

8. 轻的 / 重的。

9. 空的 / 满的。

第九阶段：其他反义词。

1. 晚上 / 白天。

2. 开 / 关。

3. 年轻的 / 年老的。

4. （鞋的）穿 / 脱、（灯的）开 / 关。

第十阶段：逻辑连词。

1. 或："给我一个蓝色的或一个红色的。"

2. 和："给我一个蓝色的和一个红色的。"

3. 不是："给我一个不是蓝色的。"

事物的用途或作用

目标： 1. 增进学生对日常生活的理解。

2. 扩展学生的语言。

3. 改善学生的记忆和推理技能。

程序： 把东西给学生看，要求他说明用途；把用途告诉学生，要求他说出是什么东西。

辅助： 运用肢体引导、演示、言语辅助、点指或位置辅助等方法进行辅助。应逐渐减少辅助，直到学生能独立地说出事物的用途或作用为止。

入门标准： 学会表达性命名和表达性动作。

掌握标准： 在没有得到辅助的情况下，学生10次中能有9次做出正确反应，并至少在另一位老师那里也能做到这一点。

第一阶段： 非言语的（实际动作）。

1. 给学生看一样物品，并问他："你用它做什么？"学生应用恰当的动作表示这一物品的用途。

2. 把几种物品放在桌上，教师用手势做一个动作，并问他："你用什么做这个？"学生应选择恰当的物品。

第二阶段： 把几件物品放在桌上。

1. （用图片作区辨刺激）教师给学生看一张动作图片，并问他："做这个要用什么？"学生从桌上选择一件恰当的物品。（也可以用配对的方式进行这一训练，教师可以问学生："应该把这张图片和什么放在一起？"并让学生把这张动作图片和相应的物品放在一起。）

2. （用语言作区辨刺激）教师问学生："你刷牙（洗脸、喝果汁等）会用什么东西？"学生从桌上选择一件恰当的物品。

第三阶段：教师给学生看一件物品，并问他："这是用来做什么的？"

1.（非言语反应，即学生用动作来回答）学生从放在桌上的图片中选出表示物品用途的动作图片。

2.（言语反应，即学生用语言来回答）学生说出这种物品的用途。

第四阶段：把物品图片放在桌上。

1.（用图片作区辨刺激）教师先给学生看一张动作图片，并问他："做这个要用什么？"学生从桌上选择一张恰当的物品图片。（也可以用配对的方式进行这一训练，教师可以问学生："应该把这张图片和桌上哪一张图片放在一起？"并让学生把这张动作图片和相应的物品图片放在一起。）

2.（用语言作区辨刺激）教师问学生："你刷牙（洗脸、喝果汁等）会用什么东西？"学生从桌上选择一张恰当的物品图片。

第五阶段：教师给学生看一张图片，并问他："这个用来做什么？"

1. 非言语的动作反应（即学生用动作来回答）：学生模拟表示图片上物品用途的动作。

2. 非言语的多项选择：学生从桌上选取一张恰当的动作图片。

3. 言语反应（即学生用语言来回答）：学生用语言回答说出图片上物品的用途。

第六阶段：只提问，不给学生看任何物品和图片（之一）。教师问学生："你刷牙（洗脸、喝果汁等）会用什么东西？"学生用语言回答。

第七阶段：只提问，不给学生看任何物品和图片（之二）。教师问学生："牙刷（肥皂、杯子等）有什么用？"学生用语言回答。

1. 椅子、汽车、床（B：2岁）

2. 房子、铅笔、盘子（B：2岁6个月）

3. 书、电话、剪刀（B：3岁）

第八阶段：身体各部位的功能。

1."眼睛用来做什么？"

2."用什么来看东西？"

第九阶段：房间的用途。

1."你在（房间名称）做什么？"

2."你在哪里（动作）？"

参阅：常识与推理；分类。

分　类

目标：1. 使学生能把相关事物联系起来。
　　　　2. 扩大学生的交流范围。
　　　　3. 培养学生的逻辑推理能力。
程序：选择数组相关的事物，从动物、食品、衣服等简单的类别开始。通常，可以用图片教学生进行分类，但有些学生可能要看到实物才能进行分类。

例子

动物	食品	衣服
家具	交通工具/车辆	玩具
房间	工具	形状
字母	数字	水果
天空中的物体	植物	海洋中的物体
身体部位	人物	工具
碗柜里的东西	厨房里的东西	车库里的东西等

辅助：运用肢体引导、演示、言语辅助、点指或将这几种辅助方法结合起来使用。应逐渐减少辅助，以使学生能独立完成任务。

入门标准：学生已经掌握"不完全相同的配对"及"物体和图片的配对"[①]。

掌握标准：在没有得到辅助的情况下，学生10次中能有8次做出正确反应，并至少在

---

① 译注：请参照"配对"课程。"不完全相同的配对"包括"不完全相同的实物配对"和"不完全相同的图片配对"。

另一位老师那里也能做到这一点。

第一阶段：配对。学生将东西分类摆放。每个类别都拿出一张图片，并标出图片的类别。然后，每次都给他一张不同的图片，并要求他"和（动物）放在一起"。如果学生能顺利完成这一任务，就可以给他一堆把各类混在一起的图片，并要求他对图片进行分类，这样就从"配对"过渡到"分类"了。

第二阶段：接受性语言。拿出两张或更多图片，每张都代表一个类别，然后对学生说："把（动物）给我。"

第三阶段：表达性语言。给学生看一张图片，并问他："这是什么？"学生应该说出这种事物的名称（例如，奶牛）；然后再问学生："奶牛是什么？"学生应该回答："奶牛是动物。"

第四阶段：列举。要求学生根据类别列举一些事物（例如，列举一种动物）。学生列举一个事物之后，就要表扬他，并要求他再列举一个（例如，再列举一个动物）。如果要进行辅助，就把各种类别的图片放在桌上，包括要求他列举的类别。

第五阶段：复杂类别。要求学生列举能满足两个或更多要求的事物。例如，"列举一种生活在海洋里的动物""列举一种你当早饭吃的食物""列举一种不在路上行驶的交通工具"。

常识和推理（一）

目标： 1. 教给学生有用的、与年龄相称的常识。

2. 培养学生的逻辑推理能力。

3. 增强学生对周围人和事的意识。

4. 为学生提供扩展语言的手段。

5. 提高学生回答问题的能力。

程序： 就常识向学生提问，如果学生答不上来，就告诉他答案。

请注意，零乱的知识即使教得再多也不能提高学生的理解能力。要通过举例帮助学生理解概念，直到学生能举出其他与概念相关的例子为止。

1. 相互关联的事物（A）。

（1）实物配对（同类事物配对）。给学生看一种物品，并问学生："把它和什么放在一起？"学生从放在桌上的几种物品或图片中选取恰当的物品或图片。

（2）图片配对。

相互关联的事物

铅笔——纸	铲子——桶	袜子——鞋
汤匙——碗	枕头——床	牙刷——牙膏
餐巾——盘子	大衣——帽子	泳衣——毛巾
饭盒——三明治	粉笔——黑板	剪刀——纸
花束——花瓶	磁带——录音机	录像带——录像机
衬衫——裤子	手套——手	袜子——脚

球——球拍　　　　蜡烛——生日蛋糕　　　油漆——刷子

自行车——头盔　　篮球——篮圈　　　　扫帚——簸箕

水壶——杯子　　　梳子——吹风机　　　肥皂——面巾

火车——轨道　　　婴儿——奶瓶　　　　蜡笔——涂色本

螺母——螺栓　　　锤子——钉子　　　　割草机——草地

真空吸尘器——地毯

2．听觉区辨——真实的声音。把能发声的物品放在桌上，例如，挤压玩具、响葫芦、铃、能发出警笛声的玩具警车。给学生听一种声音，并对他说："找出相同的。"如果要进行辅助，就当着学生的面用那种物品发出声音，让学生模仿动作并发出相同的声音。逐渐过渡到不当着学生的面用那种物品发声音，以此逐渐减少辅助。

（1）从物品中选择。

（2）从图片中选择。

（3）在看不到物品或图片的情况下回答。

3．听觉区辨——录音。

（1）从物品中选择。

（2）从图片中选择。

（3）在看不到物品或图片的情况下回答。

4．把动作和人、（影视或动画中的）人物或动物相联系。

（1）某人（人物、动物）怎么说（叫）？（奶牛叫"哞哞"）

（2）某人（人物、动物）吃什么？（小熊维尼吃蜂蜜）

（3）某人（人物、动物）做什么？（海盗寻找埋藏的宝藏）

（4）谁/什么发出（声音）？

（5）谁吃（东西）？

（6）谁会这样（做动作）？

5．辨识场所。

（1）家里的房间。

①接受性照片中房间辨识①。

②表达性照片中房间命名。

③到指定的房间或场所。

④说出所在房间或场所的名称。

（2）常见的房间（书刊上的房间图片）。

（3）社区中的场所（公园、邮局、麦当劳等）。

6．职业、社区工作人员、(文艺作品中的)人物。

（1）人的接受性辨识。

（2）谁（担当角色）？——指出相应图片。

（3）人的表达性命名。

（4）谁（担当角色）？——口头回答。

（5）（某人）做什么？

（6）你会在哪里看到（人）？——指出相应图片。

（7）你会在哪里看到（人）？——口头回答。

（8）（人）用什么？——指出相应图片。

（9）（人）用什么？——口头回答。

7．相反的事物。

（1）把相反的事物放在一起。

（2）接受性语言：教师把两张或更多图片放在桌上，问学生："与……相反的是什么？"学生应指出正确的图片。

（3）表达性语言：教师问学生："与……相反的是什么？"学生不看物品或图片回答。

8．质地："这是用什么做的？"（木头、纸、玻璃、金属等）

（1）配对。把用相同材料做的东西放在一起。

（2）接受性地辨识某种东西是用什么材料做的。

区辨刺激（指令）："指出用木头做的东西。"

---

① 译注：可采用"接受性命名"这一课程所采用的方法进行训练。

反应：指出某种用木头做的东西。

（3）说出某种东西是用什么材料做的。

区辨刺激（指令）：给学生看衬衫，并问他："这是用什么做的？"

反应（回答）："用布做的。"

常识和推理（二）

目标： 1. 教给学生有用的、与年龄相称的常识。
　　　 2. 发展学生的抽象推理能力。
程序： 就常识向学生提问，如果学生答不上来，就告诉他答案。
　　　请注意，零乱的知识即使教得再多也不能提高学生的理解能力。要通过举例帮助学生理解概念，直到学生能举出其他与概念相关的例子为止。

1. 辨识／描述。教师应为这一课程的每一道题目都准备 5 个或更多例子作为答案。对学生的回答有一定的数量要求，最初只要求每道题举 2 个例子，然后逐渐提高要求，但要求不能超越学生的心理发展水平。在对学生进行辅助时，应随机安排题目的次序，防止学生的回答机械、僵化。如果学生的回答有创意，能举出新的例子，就要特别强化他。
（1）描述人或物品（所描述的人或物品不出现）。
（2）根据几种特征辨识人或物品（要辨识的人或物品不出现）。
（3）你用什么_____（做饭、驾驶等）？
（4）到哪里能找到_____（床、炉灶、方向盘、云等）？
（5）你在_____（厨房、图书馆、诊所等）会看到什么？
2. 相互关联的事物（B）。
（1）教师口头提问，学生口头回答。
区辨刺激（提问）："什么能和鞋放在一起？"
反应（回答）："袜子。"
（2）为什么要把它们放在一起？
区辨刺激（提问）："为什么要把袜子和鞋放在一起？"

反应（回答）："我把袜子穿在脚上。"

3. 推理：能解释采取某种行动的原因。

（1）我们为什么要洗澡？

（2）我们为什么要看病？

4. 知道在不同情况下要做什么（当你_____时要做什么？）。

（1）瞌睡、感到冷、感到累、感到饿、切破手指、生病。（B：3岁）

（2）看到鞋带没有系上、感到口渴、想外出而又下雨。（B：4岁）

5. 知道做不同的事要去不同的地方。

我们去哪里寄信？

6. 难以完成的任务。

（1）你能摸到天花板吗？

（2）为什么不能？

7. 不合常规或荒谬的事。给学生看有问题的实物或图片。

（1）辨识：学生指出出错的事物。

（2）解释：学生说出问题之所在。例如，这辆汽车有三个轮子。

（3）纠正：学生纠正错误或说明该怎么做。例如，学生组装好土豆头先生。

8. 确定图片上少了什么东西。

9. 猜谜语。

10. 类比推理（大象大；老鼠_____）。

11. 扩展模式：ABCABCA……接着是什么？

12. 译码[①]：先给学生看图例（例如，心脏=A；星星=B；圆圈=C等），然后给他一张表格，上面有一部分是代码，有一部分是有待填写的空格。

---

① 译注：韦克斯勒智力量表分为言语量表和操作量表，其中言语量表包括常识、相似性、算术、词汇、理解、数字广度6个分测验；操作量表包括图画填充、图片排列、木块图案、物体拼凑、译码、迷津6个分测验。

相同与不同

目标：1. 提高学生的抽象推理能力。
2. 增强学生观察和注意事物细节的能力。

程序：出示几个某一特征相同的物品，再出示一个这一特征与其不同的物品。先教学生比较物品在明显的物理特征方面的异同，再逐渐过渡到比较物品在抽象特征方面的异同以及相互之间的细微差异。

辅助：运用演示、言语辅助、点指或位置辅助。应逐渐减少辅助，直到学生能独立完成为止。

入门标准：学生掌握"配对"是学习这一课程的前提条件。

掌握标准：学生能连续两课时在没有得到辅助的情况下10次中能有8次做出正确反应，并至少在另一位老师那里也能做到这一点。

第一阶段：拿一组完全相同（如颜色相同）的物品，再把一个与之不同的物品和它们放在一起。要求学生把那个不同的物品交给老师。如果学生理解了哪个是不同的物品，就逐渐减少物品的数量，直到只剩两个相同的物品和一个与之不同的物品。然后，在要求学生把不同的物品交给老师之后（桌上只剩下两个相同的物品），立即要求他把"相同的"交给老师。如有必要，就辅助学生把这两个物品都拿起来交给老师。可逐渐随机要求学生拿相同的物品和不同的物品。

第二阶段：找出相同的和不同的。把两种物品放在桌上（例如，一个苹果和一只鞋）。先给学生看鞋，再要求他找出与之相同的（不同的）物品。

第三阶段：表达性语言。拿出两件物品，再问学生："这是相同的还是不同的？"引导学生在日常生活中（例如，在做游戏、做家务、玩橡皮泥时）区辨各种事物的异同。例如，"给我几只相同的盘子""把不同的挑出来""涂上和我相同的颜色""涂上和我不同的颜色"。

第四阶段：拿出两件物品，再问学生："为什么它们是不同的？"或"为什么它们是相同的？"学生回答："因为它们都是鞋"（相同的）或"因为这一只是鞋，这一个是苹果"（不同的）。

第五阶段：用一个方面相同、另一个方面不同的物品。学生既要回答"它们在什么地方相同？"又要回答"它们在什么地方不同？"例如，一块红色的积木和一块绿色的积木、两种动物、一支蜡笔和一支铅笔。

参阅：配对；特征；分类；事物的用途或作用。

介　词

目标： 1. 教学生理解物品与环境之间的关系。
2. 教学生学会使用介词。
3. 教学生在环境中寻找或放置物品的方法。
4. 教学生掌握"哪里"这一概念。

程序： 学生通常觉得这一课程有难度，因此相当不喜欢。如果不能很快取得成功，干脆就等以后再进行这一训练。

教学要生动、有趣，物品的使用和呈现的方法要有创意。例如，可以设计一个与动物园有关的游戏，把动物放在笼子的里面、上面、旁边，以此教学生相关的接受性介词。又如，可以设计：有牲口和拖拉机的农家小院；有各种（动画、影视）人物住的城堡；海景；玩具商店；校车。

可以选用箱子、杯子或水桶之类静止的物品，选用的物品至少要能用来教两个不同的介词。例如，如果杯口朝上，就可以用杯子教"里面"和"旁边"这两个介词；如果杯口朝下，就可以用杯子教"上面""下面"和"旁边"这三个介词；积木或小玩具之类的可移动物品可以放在其他物品的不同位置，用来教"上面""下面"之类的介词。在进行这一训练时，要经常变换所使用的物品；也可以让学生以椅子或桌子为参照物把可移动的物品放在不同的位置，以此教学生相关的接受性介词（例如，把玩具放在桌子下面）。

如果学生在座位上掌握了相关介词，就要引导他将所学的介词运用于图画书、房屋周边的场所和户外。

第一阶段： 图片配对。用一些表示不同位置概念的图片（例如，一张图片上画着一个孩子在桌上，另一张图片上画着这个孩子在桌下）。给学生看表现同一个人在不同位置的两张图片，再给学生一张其他人在其中某一位置的图片，并对学生说："放在一样的（上面）。"

第二阶段：

1.（可以选用）作为训练的第一步，用一个物品教"上面"和"旁边"这两个概念也许是有益的。把静止的物品放在学生面前，要求他摸"上面"和"旁边"。要采用基本的区辨训练方法① 进行训练。用非常快的手势作示范，以此辅助学生；要鼓励学生，让他学得开心。

2. 教学生把可移动的物品放在不动物品的上面或旁边。用有趣的影视和动画中人物的玩偶作为可移动物品，每做几次"尝试"就更换一个可移动物品。如果学生掌握了"上面"和"旁边"这两个介词，就要教他其他的接受性介词。

接受性介词——初级水平
上面、旁边、里面、下面
表达性介词——高级水平
后面、前面、旁边、中间

用学生喜爱的（影视、动画人物的）玩偶可以激发学生的兴趣。教师可以用玩偶的口吻向学生发问，问他怎样到以静止物品为参照的某个位置（例如，"打扰一下，你能告诉我到椅子后面怎样走吗？"），学生可以假装让玩偶"走"到那个位置，或者看着玩偶"走"到那个位置。

也可用彩色胶贴纸教学生理解介词的含义，叫要求学生把胶贴纸贴在图片的某个位置（例如，把勤务兵放在战车里；把米老鼠放在桌子下）。

介词游戏：使用一把椅子或其他可以用来做参照以明确方位（例如，上面、下面、后面等）的物品，然后将一些杯子倒置，放在这些方位上，并在其中一只杯子下面藏一样小礼品，放在要让学生寻找的方位。让学生到椅子上面、下面或后面寻找，如果他找的方位正确，就能得到藏在杯子里的小礼品。

一定要用能明确区分前后的物品来教"前面"和"后面"。椅子可以用来教"前

---
① 译注：请参照"配对"第一阶段"实物与实物配对"中所采用的区辨训练方法。

面"和"后面",而盒子就不行;也可以让两只动物排成一队,要求学生指出哪只在前、哪只在后。

为了使学生能将这些方位概念和介词泛化到日常生活中,可以让学生玩寻宝的游戏,把小礼品藏在其他物品的上面、下面、里面等不同位置,让学生去寻找。

第三阶段:让学生参照静止的物品到不同位置上。例如,"到桌子下面去""站在椅子上""到洗衣篮里去""到妈妈后面去"。

第四阶段:用图片教学生介词的接受性区辨。

第五阶段:用实物进行演示,教学生介词的表达性区辨。以一个静止物品为参照,把可移动的物品放在不同位置,再问学生"……(可移动的物品)在哪里?"

第六阶段:用图片教学生介词的表达性区辨。用图片表示不同介词的含义,可用《好奇的乔治》(*Curious George*)之类的书籍来进行这一阶段的训练。

代 词

目标： 1. 教学生理解自己和周围的人和事物的关系。
2. 教学生学会使用代词。
3. 使学生的语言更得当（也就是要解决其代词颠倒的问题）。
4. 教学生理解"谁"这一概念。

程序： 一开始，要教学生接受代词的含义。教师要引导学生触摸他自己的或教师的身体部位（例如，"摸你的鼻子"），所发的指令可以包含学生的名字，以此辅助学生，并逐渐减少学生的名字在指令中出现的次数，直到只用代词向学生发出指令为止。例如，"摸我的——（老师的）鼻子"或"摸你的——（学生的）手"。在训练之初，应少变换身体的部位；在学生较好地掌握了代词后，就可以更多地变换身体的部位。如果学生掌握了代词的含义，就要开始教他代词的表达性运用。

利用填充动物玩具或（影视、动画）人物的玩偶，也许有利于学生掌握代词（例如，"米老鼠的鼻子"对"老师的鼻子"）。同伴或玩具可以用来教第三人称代词，如"他的""她的"之类。

在学生分别掌握第一人称和第二人称（例如，"你""我"）之前，不要将教学生接受和表达第一人称的课程同教学生接受和表达第二人称的课程混在一起。这样可以减少学生代词颠倒的问题。

入门标准： 学生已经掌握身体各部位的名称和"扩展语言"这一课程（请参阅下一节"扩展语言"），并至少会使用双词句。还不会说话的学生要能掌握物品的接受性区辨，能根据各种特征区辨不同的物品。

掌握标准： 学生10次中能有9次做出正确反应，并至少在另一位老师那里也能做到这一点。

第一阶段：接受性代词——物主代词（"指_____的鼻子"）。

1．"约翰的（老师的）"与"学生的"。

2．"我的——**约翰的**（老师的）"与"你的——**学生的**"。

3．"**我的**——约翰的（老师的）"与"**你的**——学生的"。

4．"我的"与"你的"。

5．"他的"与"她的"——人。

6．"他的"与"她的"——图片。

7．"他们的"/"我们的"/"你们的"（复数）——人。

8．"他们的"/"我们的"/"你们的"（复数）——图片。

9．"这个"/"那个"/"这些"/"那些"。

除了用身体部位以外，也可以用其他事物来教学生理解物主代词。例如，把糖放在桌上，一颗是"我的糖"，一颗是"你的糖"。教师对学生说："吃**我**的糖。"如果学生做得对，就能吃到糖。

第二阶段：接受性代词——物品。

1．"我"对"你"（"指着我！"）。

2．"他"对"她"［"把（物品）给她"］。

第三阶段：表达性代词。教师要接触学生或工作人员身体的某个部位或衣服，并问学生："这是谁的（身体部位）？"

1．物主代词："我的"对"你的"。

教师：谁的鼻子？

学生：我的鼻子。

2．物主代词："他的"对"她的"。

教师：谁的鞋？

学生：她的鞋。

3．物主代词："他们的"对"我们的"（一组人）。

教师：谁的球？

学生：他们的球。

4. 主格:"他"对"她"。

教师:发生了什么事?

学生:他在_____。

5. 主格:"我"对"你"。

教师:谁有球?

学生:我有。

6. 主格:"他们"对"我们"。

7. 主格与所有格结合("你在摸我的鼻子")。

8. 这个/那个/这些/那些。

扩展语言

目标： 1. 促使学生在没有得到老师指导的情况下说话——开始自发地说话。
2. 提高学生的交谈技巧。
3. 提高学生口语的流畅性、灵活性，增加其长度。
4. 增强学生对周围人和事物的意识和注意。

程序： 开始时，分别给学生看各种实物或实际的动作，可以给学生看"表达性命名"这一课程中用过的实物或动作。教师给学生看一种物品或实际动作，并引导学生对它进行描述。开始时，可以问学生"你看到了什么"之类的问题，但最好能够引导学生在没有人提问的情况下就进行描述。一开始，只要求学生给物品或动作命名。然后，给学生看两个或更多的物品或动作，并逐渐过渡到给学生看相关物品或动作的图片。学生最好能描述图片上的人在干什么或发生了什么事。接下来，要训练学生描述包含多个人物、物品或动作的图书或复杂图片。最后，要训练学生描述周围环境中的各种事物。为了有计划地提高学生描述复杂场景的能力，你可以拍摄一系列复杂程度不同的照片给学生看，一开始只给学生看只有一个物品或一个动作的照片，然后逐渐增加照片上的场景所包含的物品或动作的数量。也可以用录像机拍摄复杂程度不同的场景让学生进行描述。

    这一课程的最终目标是，学生在教师尽量不辅助的情况下进行详细的描述（也就是从多方面进行描述）。要逐渐减少辅助，从言语辅助逐渐过渡到非言语辅助（例如，用手势来辅助学生做进一步描述），这有助于学生将语言泛化到日常生活中，提高其注意他人的能力。

入门标准： 学生掌握"表达性命名"这一课程中第三阶段的项目。

掌握标准： 在没有得到辅助的情况下，学生10次中能有8次做出正确反应，并至少在另一位老师那里也能做到这一点。

第一阶段："这是什么？"

1. 学生用一个词进行回答。给学生看一样东西并向他提问。

区辨刺激（提问）："这是什么？"

反应（回答）："（物品名称）。"

2. 学生用一个句子进行回答。

区辨刺激（提问）："这是什么？"

反应（回答）："这是（物品名称）。"

第二阶段："你看到什么？"

1. 桌上只有一个物品。

区辨刺激（提问）："你看到什么？"

反应（回答）："我看到（物品名称）。"

2. 桌上有多个物品。

区辨刺激（提问）："你看到什么？"

反应（回答）："我看到（物品名称）和（物品名称）。"

3. 房屋周围的单个物品，向窗外看或站在外面看。

区辨刺激（提问）："你看到什么？"（教师可以指着那个物品来辅助学生，要适时减少辅助。）

反应（回答）："我看到（物品名称）。"

4. 房屋周围的多个物品，向窗外看或站在外面看。

区辨刺激（提问）："你看到什么？"

反应（回答）："我看到（物品名称）和（物品名称）。"

5. 绒板上放一张图片。["我看到（物品名称）。"]

6. 绒板上放多张图片。["我看到（物品名称）和（物品名称）。"]

7. 给复杂图片（如书中插图）中的一种物品命名。["我看到（物品名称）。"]

8. 给复杂图片（如书中插图）中的多种物品命名。["我看到（物品名称）和（物品名称）。"]

第三阶段：动词——（学生用一个词进行回答）。

区辨刺激（提问）："（人）在做什么？"

反应（回答）："在睡觉""在吃饭""在奔跑"等。

第四阶段：动词＋物品名称——"（人）在做什么？"例如，在骑自行车、踢球。

第五阶段：主语＋动词。

1. 名词作主语。

区辨刺激（提问）："妈妈在干什么？"

反应（回答）："妈妈站着。"

2. 代词作主语。

区辨刺激（提问）："他在做什么？"

反应（回答）："他在睡觉。"

3. 学生提供代词。

区辨刺激（提问）：（图片上）"发生了什么事？"

反应（回答）："他在睡觉。"

第六阶段：形容词＋物品名称——用短语回答。

区辨刺激（提问）："这是什么？"

反应（回答）："黄色的卡车。"

第七阶段：形容词＋形容词＋物品名称——用短语回答。

区辨刺激（提问）："这是什么？"

反应（回答）："大红球。"

第八阶段：主语＋动词＋物品名称。

1. 名词作主语。

区辨刺激（提问）："（这个）女孩在做什么？"

反应（回答）："（这个）女孩在亲（这个）洋娃娃。"

2. 学生提供名词。

区辨刺激（提问）：（图片上）"发生了什么事？"

反应（回答）："（这个）女孩在亲（这个）洋娃娃。"

3．代词作主语。

区辨刺激（提问）："她在做什么？"

反应（回答）："她在踢球。"

4．学生提供代词。

区辨刺激（提问）：（图片上）"发生了什么事？"

反应（回答）："她在踢球。"

第九阶段：形容词＋物品名称——学生用一个句子进行回答。

1．"这是什么？"（"这是一辆黄色的卡车。"）

2．"你看见什么？"（"我看见一只大球。"）

3．"你有什么？"（"我有一匹棕色的马。"）

第十阶段：形容词＋形容词＋物品名称——学生用一个句子进行回答。

1．"这是什么？"（"这是一辆黄色的小卡车。"）

2．"你看见什么？"（"我看见一只大红球。"）

3．"你有什么？"（"我有一匹棕色的大马。"）

第十一阶段：形容词＋物品名称＋介词＋物品名称。

例如，蓝色的卡车在桌子上。

第十二阶段：主语＋动词＋物品名称＋形容词。

第十三阶段：将语言泛化到日常生活中。

参阅：诱发沟通；交谈——初级；表达性命名；"我发现"的游戏。

"我不知道"

目标： 1. 教学生在不知道问题的答案时回答"我不知道"。

2. 教学生在回答"我不知道"之后寻求答案（例如，问"这是什么？"）。

3. 防止学生鹦鹉学舌（当不知道问题的答案时，孤独症儿童经常会鹦鹉学舌）。

4. 帮助教师了解学生缺乏哪些知识。

5. 防止学生在不知道答案时胡乱猜测。

程序： 本课程的教学目标是，让学生学会在有人问及未知物品的名称或作用时回答"我不知道"。要求学生辨识其已知或未知的各种物品，辅助学生在被问及其未知的物品时回答"我不知道"；最后，还要教他询问物品的名称（例如，"这是什么？"）。

第一阶段： 要求学生辨识其已知和未知的各种物品。要辅助学生在被问及未知物品的名称时回答"我不知道"；如果学生命名未知物品，就要求他"不要猜测"。

在学生学会回答"我不知道"之后，就应随机轮换学生已知和未知的物品，要求他给各种物品命名。对于**给已知物品命名**，应和面对未知物品时回答"我不知道"一样，也要**进行强化**。否则，学生给已知物品命名时，可能也会说："我不知道。"

1. 区辨刺激（提问）："这是什么？"

   反应（回答）：我不知道。

2. 区辨刺激（提问）："这是谁？"

   反应（回答）：我不知道。

3. 区辨刺激（提问）："这是什么地方？"

   反应（回答）："我不知道。"

第二阶段： 教学生向他人询问物品的名称。给学生看一系列物品或图片，让他给已知物品命名；对其未知的物品，应引导他进行恰当的提问：

1. 这是什么？
2. 这是谁？
3. 这是什么地方？

第三阶段：要求学生就自己不知道答案的问题进行提问。

（例如，"你晚饭要吃什么？"）一开始，教师所提的问题应与学生的生活密切相关；最后，应提更为一般性的问题。**所提的问题一定要有用，要能激发学生的兴趣，并与其年龄相称。**

第四阶段：教学生变换所用的语言。问学生一个毫无意义的问题，并教他回答"我不明白""你说什么？""你能再说一遍吗？"或其他常用短语。

参阅：勇于表达自己的观点和立场；表达性命名；观察学习。

交谈——中级

目标： 1. 教给学生进行社会交往的手段。

2. 增加学生口语表达的长度。

3. 教给学生与人对话的方法。

4. 使学生更容易被同伴接受。

5. 教学生注意他人讲的话，并做出回应。

程序： 本课程的教学目标是让学生掌握交谈技巧。一开始，学生要学习回答简单的问题；然后要逐渐过渡到学习回答用复杂句子和复杂交谈技巧才能回答的问题。

问题应与学生的年龄相称，应该是同伴经常会问的。此外，学生的回答也应与其年龄相称。例如，对"你好吗？"这个问题，一般儿童不会回答"很好，谢谢"，而是会回答"不错""还可以"。因此，有必要观察学生的同伴是怎样进行交谈的。

第一阶段： 回答不提供选项的问题（需要记住答案）。

1. 你叫什么名字呀？（B：2岁）

2. 你多大啦？（B：3岁）

3. 你喜欢谁？/谁喜欢你？/有多喜欢？

4. 你在哪里上学？

5. 谁是你的老师？

6. 你班上有哪些小朋友？

7. 你住在哪里？（B：4岁）

8. 你家的电话号码是多少？

9. 你家的房子是什么颜色的？

10. 你家的猫叫什么名字?

11. 你奶奶住在哪里?

12. 你的头发是什么颜色的?

第二阶段: 回答主观问题。

1. 你喜欢吃什么?

2. 你喜欢喝什么?

3. 你喜欢什么颜色?

4. 你喜欢什么电视节目?

5. 你在学校喜欢做什么?

6. 你在放学后喜欢做什么?

第三阶段: 回答"是"与"否"的问题。

1. 你有兄弟吗?

2. 你有姐妹吗?

3. 你有宠物吗?

4. 你喜欢动力突击队吗?

5. 你喜欢踢足球吗?

6. 你是男孩吗?你是女孩吗?

7. 你戴眼镜吗?

8. 你妈妈的汽车是蓝色的(白色的)吗?

9. 你喜欢吃比萨饼吗?

10. 你有自行车吗?

第四阶段: 交谈中常用的问题(答案有可能会改变)。

1. (人名)在哪里?

2. 天气怎么样?

3. 你早饭吃了什么?

4. 你在做什么?

第五阶段: 回答多项选择题。

1. 你要草莓冰淇淋还是巧克力冰淇淋?

2. 那是条大狗还是条小狗？

第六阶段：回答完别人的问题之后问对方相应的问题。

1. 你好吗？（很好，你呢？）

2. 你叫什么名字？［我叫（学生名），你叫什么名字呢？］

3. 你几岁啦？（5岁，你呢？）

4. 昨天你晚饭吃了什么？（沙拉和意大利面，你晚饭吃了什么？）

第七阶段：在别人陈述之后有相应陈述。

1. 我穿蓝色的衬衫。（我穿红色的衬衫。）

2. 我拿着一支铅笔。（我拿着一块橡皮。）

3. 我叫兰兰。（我叫小小。）

4. 我喜欢打棒球。（我喜欢打篮球。）

第八阶段：在别人陈述之后提出相应的问题。

1. 我去看电影了。（你看了什么电影？）

2. 我有一条狗。（它叫什么名字？）

3. 我周末玩得很开心。（你玩什么了？）

4. 篮球是我最喜欢的运动。（你最喜欢哪一支球队？）

第九阶段：在别人陈述之后有相应的否定陈述。

1. 我喜欢吃汉堡包。（我不喜欢吃汉堡包，我喜欢吃热狗。）

2. 我喜欢在大海里游泳。（我不喜欢在大海里游泳，波浪太大了。）

第十阶段：在别人陈述之后有相应陈述并提问。

1. 我喜欢吃冰淇淋。（我喜欢吃蛋糕和冰淇淋，你也喜欢吃蛋糕吗？）

2. 我不喜欢洗衣服。（我不喜欢倒垃圾，你呢？）

3. 我喜欢看《朋友》。（我喜欢看《辛普森》，你看过这个节目吗？）

4. 我要去看电影了。（我也要去看电影了，你去看什么电影？）

5. 就熟悉的故事、电影等提问："你喜欢……部分吗？"

提　问

目标： 1. 促使学生注意周围的人和事以及他人的动作。

2. 使学生能通过提问获取信息。

程序： 创设情境引导学生提问，如果学生提问，就要给以奖励。本课程的目标是学生能就日常生活中的各种事件提出问题。

辅助： 运用言语辅助或手势辅助。应逐渐减少辅助，直到学生能独立提问为止。

掌握标准： 在没有得到辅助的情况下，学生5次中能有4次问恰当的问题，并至少在另一位老师那里也能做到这一点。

第一阶段：

1. 这是什么？那是什么？把一些学生不认识的物品放在显眼的地方。一开始，要把物品放在某个特定的位置，每次训练都要带学生经过此地，并辅助学生问恰当的问题。如有必要，可反复进行练习。在学生掌握之后，就要变换物品的位置，要逐渐延长每次训练之间的时间间隔。

2. 拿出一些物品（有些是学生认识的，有些是学生不认识的），并问学生："你看见什么？"学生看到认识的物品，就给它命名；看到不认识的物品，就问："这是什么？"

第二阶段： 这是谁？给学生看一些人物的照片，有些是学生认识的，有些是学生不认识的。一开始，可以问学生"这是谁？"但要逐渐减少这一问题，并逐渐过渡到引导学生发表看法。例如，你给学生看一张照片，并说："嗨，看这张照片！"如果学生不认识照片上的人，就应该问："这是谁？"

第三阶段：

1. 在哪里？把某种学生喜爱的物品藏在房间里，然后告诉学生"房间里有（物品名称)"。如果学生问"在哪里？"，就带他去找或告诉他怎样去找；也可以在学生提问时告诉他"妈妈知道"，让他去问妈妈（或其他人）。

2. 让学生参加某种活动（例如，画画），但遗漏某种重要用品（如画笔）。学生应该问："（画笔）在哪里？"

3. 把一些物品放在桌上，要求学生把某种物品拿给你。如果桌子上有你要的物品，学生就该拿给你；如果桌子上没有，学生就该问："（物品名称）在哪里？"

第四阶段：你在做什么？教师突然离开学生，同时回望身后，其他人辅助学生问："你在做什么？"

吹气球。
画画。
给玩具上发条。
拼图。
准备挠你痒痒。

第五阶段：里面有什么？教师把物品放在盒子里，然后在学生面前摇动盒子以吸引他提问。也可以把一个显眼的容器放在某个地方，提示学生里面有物品，以此引导学生泛化这一提问。

第六阶段：你要去哪里？教师突然起身并离开房间，要能吸引学生的注意。辅助学生问："你要去哪里？"教师要给学生一个有趣的回答，并邀请他一起去，如：

到厨房（喝水）。
吹泡泡。
吃点心。
到外面散步、跳蹦蹦床等。

第七阶段：谁有这个？告诉学生："某人有（物品名称）。"

第八阶段：出了什么事？教师坐在学生身边大哭或深深地叹息。

我弄断了铅笔。

没有人和我逗乐或没有人和我玩。(然后拉着他的手和他一起玩。)

我需要帮助。(让学生帮着完成他所喜欢的简单任务。)

我想念你。(用力拥抱我。)

我的木偶睡着了。(让他叫醒木偶。)

其他问题:

盒子在哪里?

妈妈在哪里?

现在几点了?

我可以这样做吗?我可以玩吗?可以让我一起玩吗?

是谁呀?(有人敲门、走上台阶等。)

你是怎样做的?

我该做什么?

我该怎么做?

参阅: 我不知道;扩展语言;交谈。

排　序

目标： 1. 使学生熟悉各种日常生活事件的顺序。
2. 培养学生的抽象推理能力和问题解决能力。
3. 帮助学生理解因果关系。
4. 增强学生的社会意识、促使学生注意周围的人和事。
5. 扩展学生的语言表达范围。
6. 培养学生讲故事的能力。

程序： 可利用有图画、数字或字母的卡片进行教学。要从由3张卡片构成的系列教起，所选的图片要能清楚地表明活动的进程。卡片的背面可写上一句描述这一场景的话，以供教师参考。每张卡片上的话都应有所不同，应该体现每个场景的特点。本课程的目的是让学生能根据次序摆放卡片。将卡片从左到右依次在学生面前放好，然后引导学生在卡片的辅助下讲述简单的故事。

　　有趣、好玩的系列卡片有助于维持学生的动因。可以从故事书中抽取现成的图片或拍摄学生或熟人的照片来制作系列卡片，这有助于学生泛化其排序能力，从而使其排序能力更强。

入门标准： 学生掌握"分类"是学会排序的必要条件。

掌握标准： 在没有得到辅助的情况下，学生5次中能有4次做出正确反应，并至少在另一位老师那里也能做到这一点。

第一阶段： 由3张卡片组成的序列。首先，给学生看第一张卡片，并辅助他描述上面的图。要告诉学生这是第一张卡片以及应把它放在桌上什么地方，并让他把卡片放在桌上。然后，给学生看第二张卡片，同样辅助他描述上面的图，并告诉他这是第二张，应该放在哪里，然后让学生自己摆放。最后，给学生看第三张卡片，辅助他描述上面的图，并告诉他这是最后一张，应该放在哪里，然后让学生自己摆放。如有必要，可反复进行上述练习，直到学生在没有得到辅助的情况下也能正确描述卡片上的图，并把卡片放到恰当的位置为止。

至此，就可以开始用逆向串链①的方法训练学生排序了。给学生看第一张卡片，让他描述上面的图，并要求他"按顺序放好"。让他把这张卡片放在桌子的左侧，把另外两张卡片随机叠在一起，与第一张卡片分开摆放，然后问学生："下一张卡片是什么？"如有需要，就引导学生选好第二张卡片，并将其放在第一张卡片的右侧。然后，要求学生把第三张卡片放在排尾。最后，对学生说："给我讲这个故事。"

如果学生能正确摆放第二张卡片和第三张卡片，就把这三张卡片随机叠放在一起给他，并要求他"按次序摆放这些卡片"。在学生放好卡片之后，就要求他讲整个故事。

注意：对某些学生来说，先学第二阶段和第三阶段可能更容易。

第二阶段：排列3张字母卡片（例如，A——B——C）。

第三阶段：排列3张数字卡片（例如，1——2——3）。

第四阶段：由4张卡片组成的序列。用前面的方法来教学生排列这4张卡片。

1. 先把第一、二张卡片放在桌上，然后要求学生排列第三、四张卡片。
2. 先把第一张卡片放在桌上，然后要求学生排列第二、三、四张卡片。
3. 要求学生排列全部4张卡片。

第五阶段：下面发生什么事？如果学生能熟练地按顺序讲述故事，就指着最后一张图片右边的空白处问学生："下面发生什么事？"可以用语言辅助学生，引导他做出合理的回答。

第六阶段：由5张和6张图画卡片组成的序列。

第七阶段：排列4～6张字母卡片。

第八阶段：排列4～6张数字卡片。

参阅：数量概念；原因与结果。

---

① 译注：逆向串链（backward chaining），建立行为链的一种主要方法，它是指先建立起一个行为链里的最终环节，然后加入之前的环节，直至初始环节被掌握为止。除逆向串链外，顺向串链（forward chaining）和全任务呈现法（total-task presentation）也是建立行为链的主要方法。如欲了解更多关于这一部分的内容，可参阅《行为原理（第7版）》，[美]理查德·W. 马洛特，约瑟夫·T. 沙恩著. 秋爸爸，陈墨译. 华夏出版社，2019.

第一／最后

目标：1. 使学生在使用语言时注意时间顺序。

2. 促使学生注意事件之间的时间关系。

3. 使学生能更好地进行回忆。

程序：先指导学生做出一系列反应，然后问学生首先发生了什么，最后发生了什么。

辅助：运用肢体引导、演示、言语辅助、点指或时间辅助等方法。应逐渐减少辅助，直到学生能独立完成任务为止。

入门标准：学生能进行简单的排序，并能掌握多步（至少两步）接受性指令。

掌握标准：如果有2个选择，在没有得到辅助的情况下，学生10次中能有9次做出正确反应；如果有3个或更多选择，学生10次中有8次做出正确反应，并至少在另一位老师那里也能做到这一点。

第一阶段：用学生已能正确排序的三张或更多卡片构成的序列让学生排序。

区辨刺激1（指令）："摸第一张。"

反应1：摸序列中的第一张卡片（通常放在最左边）。

区辨刺激2（指令）："摸最后一张。"

反应2：摸序列中的最后一张卡片。

区辨刺激3（指令）：随机轮换前两个指令。

也可以用数字卡片和字母卡片进行这一训练。

第二阶段：把动物、（影视、动画中的）人物玩偶、人排成一排，并让他（它）们面朝同一个方向。

例如：排队上公共汽车。

区辨刺激1（提问）："谁排在第一个？"

反应1：指出排在最前面的那位。

区辨刺激2（提问）："谁排在最后一个？"

反应2：指出排在最后面的那位。

区辨刺激3（提问）：随机轮换前两个问题。

区辨刺激4（提问）：变换队列的方向，使学生不依赖左右方位进行判断。

第三阶段1：拿出两样物品，要求学生"摸第一个"。在学生摸了第一个之后，再要求他"摸最后一个（第二个物品）"。每轮训练都要变换物品的位置。可在指令中用"第一"或"最后"进行辅助，要逐渐减少辅助。

请注意，在"接受性指令"课程中，已经教过学生按正确的次序完成两步或三步指令。在"接受性指令"课程中，即使指令含有"第一"和"最后"这样的词语，也不足以教授"第一"和"最后"这样的概念，因为在"接受性指令"课程中"第一"和"最后"从来没有以随机的方式出现。在"第一/最后"这一课程中，重点是让学生回忆他做过的各种动作的次序，因此可随机轮换询问"第一"和"最后"的提问。

区辨刺激1（提问）："你最后摸了什么？"

反应1：学生给最后摸的物品命名。

第三阶段2：

区辨刺激2a（提问）："你最后摸了什么？"

反应2a：学生给最后摸的物品命名。

区辨刺激2b（提问）："你第一个摸的是什么？"

反应2b：学生给第一个摸的物品命名。

第三阶段3：

区辨刺激3（提问）："你第一个摸的是什么？"

反应3：学生给第一个摸的物品命名。

第三阶段4：随机轮换询问"第一"和"最后"的提问。

第三阶段5：吩咐学生触摸相关物品，指令可省略"第一"和"最后"两词。如果学生能够根据指令正确触摸两个物品，就再加上第三件物品。一次只向学生发出一个指令，让他触摸其中一件物品。

第三阶段6：拿三个物品让学生触摸，随机轮换"你第一个摸的是什么？"和"你最后摸了什么？"这两个问题。

第四阶段 1：动作。要求学生做第一个动作，完成之后，再要求他做第二个动作。每次让学生做的两个动作都要有所不同。如有必要，发出的指令可包含"第一"和"最后"这样的字眼，以后逐渐减少。

区辨刺激 1（提问）："你最后做什么？"

反应 1：学生给最后所做的动作命名。

第四阶段 2：

区辨刺激 2a（提问）："你最后做什么？"

反应 2a：学生给最后所做的动作命名。

区辨刺激 2b（提问）："你首先做什么？"

反应 2b：学生给第一个所做的动作命名。

第四阶段 3：

区辨刺激 3（提问）："你首先做什么？"

反应 3：学生给第一个所做的动作命名。

第四阶段 4：随机轮换"你首先做什么？"和"你最后做什么？"这两个问题。

第四阶段 5：如果学生能就两个动作熟练地回答"你首先做什么？"和"你最后做什么？"这两个问题，就让他完成三个动作，然后再问他"你首先做什么？"和"你最后做什么？"这两个问题，一次只问一个问题；最后，就这三个动作，随机问学生"你首先做什么？"和"你最后做什么？"

参阅：排序；之前/之后；接受性指令；回忆。

之前／之后

目标： 1. 使学生在使用语言时注意时间顺序。
2. 促使学生注意事件之间的时间关系。
3. 使学生能更好地进行回忆。
4. 培养学生执行复杂指令的能力。

辅助： 运用肢体引导、演示、言语辅助、点指或手势辅助等方法。应逐渐减少辅助，直到学生能独立完成任务为止。

入门标准： 学生应掌握"第一／最后"和"排序"这两个课程。此外，准备学习这一课程的学生大多数应能正确使用时态。

掌握标准： 如果有2个选择，在没有得到辅助的情况下，学生10次中能有9次做出正确反应；如果有3个或更多选择，学生10次中能有8次做出正确反应，并至少在另一位老师那里也能做到这一点。

第一阶段： 在一个系列中确定某个参照点之前或之后的事物。

1. 数字。要求学生按从小到大的顺序把几个数字（例如，1～5）在桌上排成一行。要求学生指出某个数字（例如，3），并在上面放一个标志，以此作为参照数字。然后，要求学生说出这个数字之前是什么数，之后是什么数（例如，3之前是什么？）。

2. 英语字母。除了使用英语字母之外，此方法与1相同。

3. 星期一到星期日。按顺序列出星期一到星期日，此方法与1相同。

4. 有次序的图片。让学生在桌上按次序排列图片，然后问他某事之前或之后发生了什么事。（例如，问："这个男孩吃香蕉之前做了什么？"回答："他剥香蕉皮。"问："他吃香蕉之后做了什么？"答："他扔掉香蕉皮。"）

第二阶段： 学生根据指令完成一连串动作，然后回答在某个动作之前或之后是什么动作。教师至少要让学生完成 3 个动作，除了第一个和最后一个动作，其他动作都可以用来做参照。如果只有 3 个动作，就要提问在第二个动作之前或之后是什么动作。例如：

教师："关门。"
学生：关门。
教师："拍手。"
学生：拍手。
教师："踢球。"
学生：踢球。
教师："你在拍手之前做了什么？"
学生："我关门。"
教师："你在拍手之后做了什么？"
学生："我踢球。"

第三阶段：学生执行与"之前"或"之后"有关的指令。

参阅：回忆；第一 / 最后；排序。

故　事

目标：1．让学生接触书本，书本是学生未来学习的重要资源。

2．丰富学生的经验。

3．促进学生语言的发展。

4．使听故事成为对学生具有强化作用的活动。

5．使听故事成为学生的一种休闲活动。

程序：让学生听你讲故事。要采用学生喜欢的、故事有趣的、图文并茂的图书［例如，《臭虫》(*Bugs*)、《恐龙》(*Dinosaurs*) 和《芝麻街》(*Sesame Street*) 等］。一开始，可尝试采用有打开活门或发声按钮的书籍。要密切监控学生的行为，以保证他在听故事。为了能让学生积极投入，可以让他指指图片上的事物、回答问题或翻翻书页。在一页读完之前，不要让他翻页。每读一页或两到四句就提问他一下，提问内容是在其他课程中学过的（例如，事物名称、颜色、位置、因果关系、情绪、事物的用途或作用）。

第一阶段：延长学生听故事的时间。要对学生进行大量强化，以使其保持较高的兴趣。

第二阶段：让学生以动作等方式辨识在其他课程中学过的概念。

第三阶段：让学生表达性地命名在其他课程中学过的概念。

第四阶段：让学生根据故事情节猜测接下来会发生什么事。

第五阶段：让学生根据故事内容分析某件事情发生的原因。

第六阶段：鼓励学生独自看书。

第七阶段：让学生概述听过或读过的故事。包括列举人物、说出故事的要点和结局以及是否喜欢这个故事。

第八阶段：让学生编一个故事，画好插图并做成一本书。也许要用几天时间才能做一页。

第九阶段：编故事。以"从前……"作为故事的开头，师生轮流一句一句往下接。如有必要，可说出句子的一部分来辅助学生（例如，"有个男孩名叫……""他住在……""有一天……"）。

第十阶段：讲述一个完整的故事。让学生编一个完整的故事。首先，要辅助学生使故事包含开头、中间和结尾这三个部分；其次，指导学生逐渐丰富故事的情节和内容。为了让学生习惯这一过程，在开始时可以让学生复述他听过很多遍的故事。

原因与结果

目标： 1. 让学生学习事物之间的时间关系。
2. 让学生学习事件出现的先后次序。
3. 教学生预测事件的后果。
4. 让学生辨识行为产生的影响。
5. 让学生学习根据事件进行推理。
6. 培养学生的抽象推理能力。
7. 让学生知道在特定情况下要做什么（即培养学生解决问题的能力）。

程序： 首先，让学生观察事件的发生、发展，并要求他辨识原因和结果；然后，给学生看描述一系列事件的图片，教他指出事件发生的顺序；最后，要求学生根据事件进行推理。

第一阶段： 演示或角色扮演一个具有明显结果的动作。要求学生解释产生这一结果的原因。

简单的：	原因	结果
	关灯	房间黑了
	把玩具拿走	有人哭了
	物品掉下来	物品在地板上
	呵某人痒痒	某人笑了
	"我饿了"	吃东西
	"我渴了"	喝水
	（打呵欠）"我累了"	睡觉

自己弄伤了	哭
给别人东西	得到的人高兴了 / 笑了
擦伤了膝盖	流血了
毛巾在水里	毛巾现在湿了
鸡蛋掉了	鸡蛋破了
喝水	杯子空了
吃东西	食物没了
去游泳	全身湿了
用水枪喷水	水枪滴水
冲澡	头发湿了
上紧发条	玩具动了
打开收音机	播放音乐
打开录像机	播放录像带
用微波炉热食物	热！热！
冲马桶	大便 / 厕纸被冲走了
玩泥巴	手脏了
用肥皂洗手	手干净了
大便便在身上	裤子弄脏了
用刀切	水果分开了
敲门	狗叫
电话响了	有人接电话

复杂的：

原因	结果
侮辱别人	别人哭了
孩子打同学	罚站
孩子病了（例如，呕吐）	到医务室去
剩下冰淇淋	融化了
玩具火车的轨道松开了	玩具火车出轨了

裤子拉链松开了	受到小朋友的嘲笑
清洗盘子	得到甜点
不听妈妈的话	妈妈生气/受到责备
在家里扔球	把灯打破了

利用日常生活中常见的事件，引导学生辨识原因和结果，使之理解日常生活中的因果关系。

例子

教师：你的蜡笔为什么融化了？
学生：因为我把它们放在阳光下了。
教师：太阳为什么会使蜡笔融化呢？
学生：因为太阳热。

第二阶段：给学生看一组按顺序摆放的图片，漏掉其中一张，让学生叙述漏掉的事件。

第三阶段：给学生看一组按顺序摆放的图片，让学生说说（这组图片所示的事件）之前会发生什么事。

第四阶段：给学生看一组按顺序摆放的图片，让学生说说（最后一张图片所示的事件）之后会发生什么事。

第五阶段：给学生看一张图片，并问他一个需要进行推理才能回答的问题。（例如，"这个女孩为什么哭了？""这个男孩为什么吃东西？""这位女士为什么要收拾行李箱？"等。）

第六阶段：在给学生读故事的时候向学生提上述问题。逐渐减少学生对图片这一视觉线索的依赖。

第七阶段：只用语言就因果关系进行问答。利用学生的常识和已经掌握的知识，要他回答"为什么？"（例如，"我们为什么要吃东西？""鸟为什么会有翅膀？"）

参阅：排序；什么不见了？

理　解（一）

目标：1. 使学生能区辨用"谁""什么""哪个""哪里""怎样"提的问题。
　　　　2. 增加学生对视觉信息的注意。
　　　　3. 增进学生对听到的和读到的信息的理解。
程序：向学生提问，要求他根据刚获得的（读到的或听到的）信息、对周围事物的观察或图片进行回答。
辅助：运用肢体引导、演示、言语辅助、点指或手势辅助。应逐渐减少辅助，直到学生能独立回答问题为止。
掌握标准：学生10次中能有9次正确回答问题，并至少在另一位老师那里也能做到这一点。

第一阶段："这是什么？"

第二阶段："这是什么颜色？"

第三阶段："这是什么？"/"这是什么颜色？"

第四阶段："这是谁？"

第五阶段："这是谁"/"这是什么？"

第六阶段："……在做什么？"

第七阶段："这是谁？"/"这是什么？"/"……在做什么？"

第八阶段："……哪里？"

第九阶段："这是谁？"/"这是什么？"/"……在做什么？"/"……在哪里？"

第十阶段："哪个……？"

第十一阶段："这是谁？"/"这是什么？"/"……在做什么？"/"……在哪里？"/"哪个……？"

第十二阶段："怎样……？"

第十三阶段："这是谁？"/"这是什么？"/"……在做什么？"/"……在哪里？"/"哪个……"/"怎样……？"

理 解（二）

目标： 1. 使学生能根据已获得的信息回答问题。

2. 增强学生对听觉信息和视觉信息的注意。

3. 使学生能区辨用"谁""什么""哪个""哪里""怎样"提的问题。

程序： 向学生提问，要求他根据已获得的常识和信息进行回答。

辅助： 运用肢体引导、演示、言语辅助、点指或手势辅助。应逐渐减少辅助，直到学生能独立回答问题为止。

掌握标准： 学生10次中能有9次正确回答问题，并至少在另一位老师那里也能做到这一点。

第一阶段： "这是谁？"

第二阶段： "这是谁？"/"……在做什么？"

第三阶段： "这是谁？"/"……在做什么？"/"这是什么？"/"这是什么颜色？"

第四阶段： "这是谁？"/"……在做什么？"/"这是什么？"/"这是什么颜色？"/"……在哪里？"

第五阶段： "这是谁？"/"……在做什么？"/"这是什么？"/"这是什么颜色？"/"……在哪里？"/"什么时候……？"

第六阶段： "这是谁？"/"……在做什么？"/"这是什么？"/"这是什么颜色？"/"……在哪里？"/"什么时候……？"/"哪个……？"

第七阶段： "这是谁？"/"……在做什么？"/"这是什么？"/"这是什么颜色？"/"……在哪里？"/"什么时候……？"/"哪个……？"/"为什么……？"

第八阶段： "这是谁？"/"……在做什么？"/"这是什么？"/"这是什么颜色？"/"……在哪里？"/"什么时候……？"/"哪个……？"/"为什么……？"/"怎样……？"

同伴交往

目标：1. 使学生能够响应同伴发起的沟通、游戏和合作性活动。

   2. 使学生能够和同伴一道发起沟通、游戏和合作性活动。

   3. 促进学生语言能力的发展——观察同伴、与同伴交往能强化学生的语言。

   4. 培养学生的观察能力。

   5. 同伴的社交、语言和游戏技能可以作为训练学生的标准。

程序：沟通、游戏和合作性活动适合教授并促进学生与同伴的交往。

  要教学生与同伴交往，首先要选择恰当的游戏技能，然后运用一对一的回合尝试教学来教授这些技能。所选的游戏技能不但要与学生的年龄相称，而且必须是学生最喜欢的，更重要的是必须有助于学生融入同伴之中。

  在学生掌握了一些游戏技能之后，就可以开始教他与同伴交往。例如，安排同伴来访30分钟。刚开始的几个课时，应以让学生和同伴都感到交往活动令人愉快为主。要通过烘烤巧克力饼干、做冷饮、玩玩具、到游泳池游泳这样一些有趣的活动来吸引孩子，使其迷恋，不要急着进行正式的教学活动。尤其重要的是，要让同伴在离开的时候依依不舍，渴望下次再来。

  第二阶段的教学不超过3次尝试，每次尝试约3分钟。不能让学生的同伴觉察到这是在进行"治疗"。成人要尽量以不露痕迹的方式发挥作用。活动不要太正式，不要过度结构化，但是要牢记游戏的基本内容，不要使游戏偏离方向。如果必须进行辅助，就要根据游戏的基本内容进行辅助。

  要选择互动性强、学生和同伴都喜欢的活动，每次"尝试"的活动都要有所不同。所有活动都必须是学生通过以前的训练已经熟悉的，并且要为每种活动确定具体的行为目标，如所用的语言、目光接触、轮流、在哪里和做什么。当然，教师应当了解什么是与学生年龄相称的对话、行为和互动，以促进和学生年龄相称的交往。有时，教师会用成人的眼光看待游戏，因而会教授属于成人的游戏行为。

一定要强化同伴的合作行为。如有必要，可辅助同伴向学生发问、发出指令。要保证学生能回答同伴的提问，响应同伴的指令，不要让同伴代替学生做什么事。如果学生拿走了同伴的玩具，要督促他归还。如果同伴向成人而不是学生提问，就要让同伴问学生。成人不应成为学生与同伴交往的焦点。

在两次正式尝试间的休息时间，让学生做任何想做的事，包括各自玩耍。活动的时间安排要有灵活性，并要及时进行调整。自发的行为总是比事先规定的内容更重要。当学生自发地出现积极的行为时，决不要去打断他。不要过早地发出指令或进行辅助，以便学生有足够的机会出现自发性行为。

要逐步延长尝试的时间和整个游戏课时的长度。

为学生选择同伴要考虑的因素：首先，同伴必须具有良好的社交、游戏和沟通技能，这是关键；第二，同伴一方面要能坚持己见甚至有些霸道，另一方面又能服从成人的指令；第三，在刚开始训练时，可选择年龄稍大些的同伴，这样效果会更好。

辅助：运用肢体引导、演示、言语辅助或手势辅助。应逐渐减少辅助，直到学生能独立完成任务为止。

入门标准：学生的破坏性行为减少，不致疏远其与同伴的关系。

掌握标准：学生10次中能有8次正确完成任务，10次中能有8次对同伴发起的交往活动做出响应。

例子
在室内进行的高度结构化的活动
来回推玩具汽车
桌上游戏
传接球游戏
合作建造某种东西

拼图

盒子玩具车、玩具火车、玩具赛车

合作任务（命名、扩展语言、描述、提要求、轮流等候、互相帮助）

准备食物

建筑

创造性活动

用橡皮泥做一样东西（每人做一部分，再拼起来做成成品）：每人用橡皮泥做一样东西，完成以后相互展示（例如，手工艺品）。在此过程中，学生要向同伴借东西，也要把东西借给同伴（例如，借蜡笔）。

户外活动

玩跷跷板

轮流滑滑梯

把球从滑梯上滚下来给别人

轮流乘马车、轮流拉马车

玩沙子

语言活动

让同伴当老师给孩子教课（例如，教"非言语模仿"）

让孩子给同伴当老师

语言课程：在别人陈述之后作相应陈述、相互提问

对话

讲故事

动作游戏

模仿领头人

捉迷藏

抢椅子的游戏、保持舞蹈动作

捉人游戏

找臭虫

警察与强盗；西部牛仔与印第安人等

用道具进行想象性游戏

根据剧本表演：《托马斯火车》《阿拉丁》

建造"城堡"或"帐篷"

玩套装玩具：乐高组合玩具、城堡、娃娃家

扮"医生"

打扮

推椅子假装开车

假装开商店、到商店购物、开冷饮店等

交谈——高级

目标： 1. 为学生与他人交谈奠定基础、提供结构。

2. 使学生更多地了解同伴。

3. 为学生提供与他人交往、建立和维持友谊的手段。

4. 使学生在学习、工作和闲暇的时候能与他人和睦相处。

5. 使学生能了解同伴的兴趣。

6. 拓展学生的视野，使学生能享有更丰富的经验。

程序： 开始，教学生按一定的模式进行交谈；最后，使学生能更自然地进行交谈。

要了解学生对什么话题感兴趣，也许了解学生的同伴对什么话题感兴趣更为重要。

例子

1. 玩具

2. 兴趣

3. 学校

4. 上周末发生的事

5. 下周末将要发生的事

6. 描述当前正在发生的事

7. 重大事件

8. 电视节目

9. 喜爱的人物

10. 电影/录像

11. 音乐

12. 电脑游戏

13. 体育运动

14. 课外活动

15. 职业

16. 时事

17. 要去的地方

18. 买衣服

19. 名人

20. 朋友

21. 异性

☆要根据学生的年龄、心理发展水平、语言能力和兴趣来确定话题。☆

第一阶段："告诉"／"问"。遵循基本的区辨训练程序，教学生分别对两个指令做出正确反应。例如，"告诉妈妈午餐的情况"与"问妈妈午餐的情况"。

第二阶段：恰当的非言语交谈技能（例如，亲近、目光接触、微笑、点头等）。与学生进行交谈，对其恰当的非言语行为进行强化。如有必要，可进行辅助。

第三阶段：交谈的方式、方法（例如，倾听、等待插话时机、如何围绕话题、如何转移话题等）。与学生进行交谈，对其运用恰当的交谈方式和方法进行强化。如有必要，可进行辅助。

第四阶段：话题。列出适合学生交谈的话题，包括可与同伴和熟悉的成年人交谈的话题。让学生根据话题列出在交谈过程中会提到的事物。

第五阶段：教学生回答简单的、与选定的话题有关的问题（例如，"什么""哪里""什么时候"等）。

第六阶段：教学生就选定的话题进行交谈。参阅"交谈——中级"的第七阶段。

第七阶段：教学生提问。如果学生能够区辨用"谁""什么""哪个""哪里""怎样"提的问题，就可以开始进行这一阶段的训练。先要求学生向同伴提问，然后给他看写有疑问词（如"什么"）的卡片，以此进行辅助。例如，可先让学生问同伴"你昨天晚上做什么？"在同伴回答之后，可辅助学生问同伴下一个问题，例如，"你和谁一起去的？"

第八阶段：教学生以恰当的方式进行插话。如"你知道我今天做了什么？""猜猜是什么？"

第九阶段：教学生怎样了解他人的兴趣。首先，让学生问不同的人，并列出他们感兴趣和不感兴趣的事物。然后，给学生看各种话题，让他区辨某人会对哪些话题感兴趣、对哪些话题不感兴趣。

第十阶段：让学生把有趣的事告诉别人，以此发起交谈。学生应以"猜猜……是什么？""喂，哥们儿……"或"你知道……吗？"之类的话发起交谈，话题可以是时事或自己近来所做的事。

第十一阶段：教学生了解同伴何时对交谈不感兴趣。首先，可通过角色扮演和录像来训练学生这一技能。然后，举出现实生活中的例子。如果学生能察言观色，就对他进行强化。例如，微笑和目光接触表示其感兴趣；环顾左右、坐立不安或不时看表表示其不感兴趣。

第十二阶段：教学生在进行交谈时回忆以前交谈的内容。要求学生与同伴就一个回忆得起来的话题进行交谈，然后找时间进行测试，看学生究竟回忆起了哪些内容。开始，交谈与回忆之间的间隔时间要短。为了帮助学生进行回忆，可适当进行辅助，如提示他那次交谈的地点。

交谈核查表

打 1 ~ 5 分（5 分为最好）

_____ 适当的距离（不太近，也不太远）

_____ 保持适当的目光接触

_____ 没有不恰当的身体接触

_____ 对他人的话表示赞同（点头、微笑等）

_____ 不打断他人的话

_____ 能听他人说话

_____ 能围绕话题进行交谈

_____ 不突然改变话题或偏离话题

_____ 能恰当地提出新的话题

_____ 话题改变以后，不纠缠于原来的话题

_____ 能就他人感兴趣的话题进行交谈

_____ 不鲁莽地议论他人的外表或行为

_____ 给他人说话的机会

_____ 不抢话头

_____ 恰当地结束交谈

_____ 声音大小合适

社交意识

一、根据示范辅助进行学习

1. 言语的示范。

2. 视觉的示范。

二、问候

1. 回应他人的问候。

2. 主动问候他人。

三、分享与合作

1. 轮流。

2. 坦然面对失败。

四、辨识小组里的人

1. 拿着某种物品。

2. 具有某种特征（头发的颜色、穿蓝色毛衣等）。

3. 正在做某个动作。

4. 说过某句话。

5. 其他信息（例如，自己喜欢的人或不喜欢的）。

五、在小组里注意听别人讲话

1. 在小组活动时留在指定位置。

2. 和小组里的人一起做动作。

3. 和小组里的人一起唱歌。

4. 看着正在发言的人。

5. 回答小组的提问。

6. 服从小组的指令。

7. 有人说:"我看到 X、Y、Z。"教师问:"……(人名)看到什么?"

8. 有人把自己所做的事告诉大家;教师接着问:"……(人名)做了什么?"或"谁(做某个动作)?"

9. 有人说:"我喜欢 X、Y、Z。"教师接着问:"……(人名)喜欢做什么?"

六、向小组或圈内人发出信息

1. 讲讲自己:"我有一双大眼睛……"

2. 描述他人。

3. 在他人陈述之后进行相应的陈述。

4. 给属于某一类别的事物命名。

七、寻求信息

1. 促使学生向小组里的人提问,问自己所不了解的关于他人的情况。辅助学生说"我不知道",然后辅助他问相关的人。要逐渐减少辅助。

2. 如果他确实能提问,就把指令改成"问……(人名)一个问题"。这时,他得自己想出问题。

观察学习

目标：1. 使学生学会在没有得到直接指令时注意。

2. 使学生能通过倾听和对他人进行观察获得知识和信息。

3. 使学生能根据较为自然的指导进行学习，由此促使学生融入较为自然的教育环境。

4. 培养学生的社交技能。

5. 培养学生对周围人和事的意识，培养学生的注意力。

6. 培养学生的记忆力。

7. 让学生学习轮流等候。

8. 培养学生与其年龄相称的社会行为（例如，关注他人的发型、服饰、午餐食品和兴趣等）。

程序：首先向协助训练的人（最好是学生的同伴，但在开始时也可以是其他成人）提问，然后再向学生问同样的问题。如果学生回答正确，就对他进行强化。可以尝试在向协助者提问过一段时间后再向学生提问，以便培养其注意力。要增加问题的难度，可以在轮到学生回答之前，向两个或更多人提问答案各不相同的问题，这样学生必须归纳、整理大量信息才能做出正确回答。

要逐渐增加指令和问题的复杂程度。**慎勿过度辅助学生进行注意，应该尽快减少对学生注意的辅助！！！**

辅助：把示范作为最主要的辅助方法。如果要进行较为有力的辅助，就用言语辅助或肢体引导进行直接辅助。要逐渐降低辅助的力度，先改用轻微的身体接触，再改用轻微的手势。

第一阶段：通过模仿他人学习要学的行为。如果学生需要辅助才能学会某个行为

（如接受性指令），就让他看他人做示范。例如，教师对学生发出"摸一下鼻子"这一指令，如果学生没能正确执行这一指令，做出了错误反应，教师就要立即对学生做出反馈，并马上要求能够准确执行这一指令的人摸一下鼻子给学生做示范。开始，学生可能需要引导才会观察他人的行为，但最后一定要让学生学会不需特别提醒就能观察他人的行为。教师要通过他人演示正确的行为，让学生认识到观察他人行为的重要性。

1. 即时的：让学生有机会马上做出恰当的反应。

例子

教师（对约翰尼）："摸一下鼻子！"

约翰尼：做出错误的反应。

教师："嗯哼？"

教师（对苏济）："苏济，摸一下鼻子！"

苏济：做出正确的反应。

教师（对苏济）："做得很好！"

教师（对约翰尼）："摸一下鼻子！"

2. 延迟的：在学生有机会模仿他人的示范之前，给学生提供其他信息或用一个简短的活动分散他的注意力。

例子

教师（对约翰尼）："摸一下鼻子！"

约翰尼：做出错误的反应。

教师："嗯哼？"

教师（对苏济）："苏济，摸一下鼻子！"

苏济：做出正确的反应。

教师（对苏济）："做得很好！"

教师（对玛丽）："玛丽，跺跺脚！"

玛丽：做出正确的反应。

教师（对玛丽）："做得很好！"

教师（对约翰尼）："摸一下鼻子！"

第二阶段：从他人那里获取言语信息（例如，表达性命名）。

1. 即时的：使学生能马上做出恰当的反应。

2. 延迟的：在学生有机会模仿他人的示范之前，给学生提供其他信息或用一个简短的活动分散他的注意力。

第三阶段：在团体中进行非言语模仿①。学生在团体中进行非言语模仿。

第四阶段：做那个。教师指着另一个人，要求学生模仿那个人。

第五阶段：找出隐藏物品的游戏——观察。教师让学生看着自己把一件物品藏在一个容器下面，然后来回移动那个容器，再要求学生找出所藏的物品。

第六阶段：和团体成员一起做出言语反应。学生和团体成员一起做出言语反应（例如，唱歌）。

第七阶段：我要/我不要！组织学生做团体游戏，向大家提问，要求学生和同伴一起用"我要"或"我不要"进行回答。辅助学生用"我要！"或"我不要！"、"决不！"或"讨厌！"等恰当的词语回答问题。

1. 谁要……？

    谁要挠痒痒？

    谁要柠檬？

    谁要抱抱？

    谁要捏一捏？

    谁要面条？

    谁要点心？

    谁要洋葱？

2. 谁有……（物品名称）？

第八阶段：在团体（也就是有两个或更多成员）中，要求学生根据对团体成员的观察回答教师提出的问题（例如，"谁头上戴着帽子？""谁拿着球？""谁穿着蓝色的

---

① 译注：非言语模仿，主要是模仿他人的动作，请参阅"非言语模仿"课程的相关内容。

牛仔裤？"等）。要逐渐提高观察要求，逐渐向学生提出只有通过细致观察才能回答的问题。学生应在团体中找到目标。

1. 拿着某种物品：学生要指着那个人。
2. 拿着某种物品：学生要说出那个人的名字。
3. 具有某个特征（头发的颜色、穿蓝毛衣等）。
4. 在做某个动作。

第九阶段： 先让团体中的每一个人都用一句话说说自己（例如，"我喜欢吃比萨饼""我不喜欢打扫房间""我喜欢吃玉米饼"等），然后就此向学生提问［例如，"谁喜欢吃比萨饼？"或"……（人名）喜欢什么？"］。

1. 谁有……（拿着的东西）？
2. 谁喜欢……（物品名称）？
3. 谁……（做了某一动作）？
4. 谁去……（位置）？

第十阶段： 获得言语信息。让学生和其他人坐在一起。这一阶段的教学目标是学生学会在他人进行尝试时一边听一边轮流等候。教师向其他学生提问，并让他们进行回答。不要辅助学生注意，目的是让学生在没有得到辅助的情况下也能对所发生的事情进行观察。然后，教师就其他学生的回答向学生提问。

教师应让大家相互交谈。在有人说了某件事情之后，教师应当转向学生，问他刚才那人说了什么。

1. 即时的：

例 1

教师（问协助训练的人）："博比，几点了？"

博比："三点。"

教师（问学生）："……（学生名），几点了？"

学生：回答教师的问题。

例2

教师（问协助训练的人）："希瑟，你早饭吃的是什么？"

希瑟："奶酪。"

教师（问学生）："……（学生名），希瑟早上吃了什么？"

学生：回答教师的问题。

2. 延迟的：

在学生有机会回答问题之前，给学生提供其他信息或用一个简短的活动分散他的注意力。

第十一阶段：听他人对话中的附带信息。例如，一个人对另外一个人说："喂，我给……（学生名）带了些巧克力饼干，他想吃就可以吃。"

第十二阶段：通过观察他人的活动获取信息。举办活动或利用现成的活动，就此向学生提问（例如，"小明在做什么？""谁在拍球？"）。不要辅助学生注意，目的是让学生在没有得到辅助的情况下也能对发生的事情进行观察。

第十三阶段：发现错误的回答或错误的信息。偶尔也会有人回答错误，学生应该发现并纠正这一错误。

第十四阶段：给协助训练的人看一张图片，但不要让学生看到这张图片。让协助训练的人描述这张图片。

1. 教师问学生协助训练的人看到了什么，学生口头作答。

2. 给学生看两张图片，并问他协助训练的人看到的是哪一张，学生应该指出正确的那一张。最后，给学生看的两张图片应该非常相似，协助训练的人应当描述图片的细微特征（例如，"穿蓝袜子、骑自行车的男孩"/"穿绿袜子、骑自行车的男孩"）。

第十五阶段：团体指令[①]。

1. 向团体中的每一个人发出的指令。

2. 附有条件的指令（例如，"所有红头发的人起立""想要喝汽水的人举手""如果你姓蔡就请挥挥手"等）。

---

① 译注：团体指令，针对某个团体的部分成员或全体成员发出的指令。例如，老师向全班学生发出的指令就是团体指令。

第十六阶段：找出隐藏物品的游戏——演绎推理。看到别人没有猜到物品藏在哪里，学生应该能据此缩小猜测的范围。

第十七阶段：言语推理。

例 1

教师："黛安娜，这个周末你做什么了？"

黛安娜："我参加了狂欢节。"

教师："……（学生名），你觉得黛安娜这个周末玩得开心吗？"

例 2

第一个人："我喜欢吃比萨饼。"

第二个人："我喜欢吃冰淇淋。"

教师："……（学生名），谁会到比萨饼店去吃午饭呀？"

第十八阶段：根据对活动的观察进行推论。让人演示对某些活动或事物的反应，再就此向学生提问（例如，"你也想试试看吗？""马琳怎么喜欢那个的？""里克还会这样做吗？"）。

第十九阶段：要求学生说说同伴的兴趣、爱好。

参阅：接受性指令；我不知道；勇于表达自己的观点和立场；表达性命名。

社交技能

目标：1. 培养学生促进社会交往的技能。

2. 缩小学生与同伴的差距。

程序：开始时，要尽量在自然的情境中教学生基本的社交技能。不过，也许有必要在较为结构化的教学环境中开始社交技能的教学。这样做除了减少可能的干扰之外，也可使学生避免因不当的社交行为而遭受指责。训练的方法包括演示、角色扮演和练习。如果学生掌握了关键的社交技能，就应该在最自然的环境中继续练习并发展社交技能。

社交技能要同年龄相称，这是关键。因此，要了解孩子的同伴具有哪些社交技能，就要对他们进行观察。

总体策略

1. 选定要教的社交技能。
2. 把这一社交技能分解成几个易学的部分。
3. 给学生演示特定的社交技能。
4. 学生练习这一技能，直到能独立地表现出这一技能为止。
5. 创设情境，让学生和接受他的同伴一起练习这一技能。
6. 要逐渐减少督导，同时要鼓励并强化学生恰当的社交行为。

社交发展阶段

1. 和他人玩简单的游戏，如来回滚球之类。（B：1岁）
2. 模仿其他孩子的动作。（B：1岁6个月）

3. 看其他孩子玩耍，并试图短暂加入。（B：2岁）

4. 在其他孩子面前独自玩耍。（B：2岁）

5. 看其他人玩，并靠近他们玩。（B：2岁6个月）

6. 玩简单的团体游戏（如转圈游戏）。（B：2岁6个月）

7. 开始在成人的看护下与其他孩子一起玩耍。（B：2岁6个月）

8. 开始轮流等候。（B：3岁）

9. 在他人帮助下轮流等候。（B：3岁6个月）

10. 和一个玩伴形成短暂的依恋关系。（B：3岁6个月）

11. 通常能玩合作性游戏，但可能需要帮助。（B：3岁6个月）

12. 不需要看护就能进行轮流等候和分享。（B：4岁6个月）

13. 最多和两个孩子玩至少15分钟的合作性游戏。（B：5岁）

14. 有几个朋友，但有一个特别要好。（B：5岁）

15. 在大型的团体游戏中合作性地玩。（B：5岁6个月）

例子

讲笑话

用恰当的方法引起他人注意

作为团体的新成员举止得当

能控制古怪的行为（如出怪声）

知道在生日晚会上该怎么做

会问候他人

知道在公园看到朋友该怎么做

学生可以去的好玩的地方：

童子军

团体性体育活动

商店、购物中心

体育馆

发现区（discovery zone）

图书馆

用下面这些话或行为来纠正学生不恰当的社交行为：

这没有意义

这么做很傻

要酷一点，这不酷

人家会觉得你很怪

我不明白

我不想谈论这个

这很无聊

直接动手纠正学生的不当行为（例如，把学生的手放在口袋里，以制止他拍手）

什么不见了？

目标：1. 培养学生对周围人和事的意识。

　　　 2. 培养学生的记忆能力。

　　　 3. 游戏往往包含"什么不见了"这一概念。

程序：首先，把一组物品放在学生面前，让他仔细看；然后，要学生闭上眼睛，拿走一个或更多物品；最后，让学生睁开眼睛，再问他："什么不见了？"

第一阶段：把物品放在学生面前。

　1. 教师先给物品命名，然后让学生闭上眼睛，再移走物品。在学生睁开眼睛后，教师问学生："什么不见了？"可以用盖住物品而不是移走物品的方法进行辅助；从三个物品开始进行训练。

　2. 由学生而不是教师给物品命名。

　3. 让学生仔细看物品，而不必给物品命名。

　　慢慢地增加物品的数量，最后可移走多个物品。

第二阶段：图片。先在学生面前摆一些图片，然后让学生闭上眼睛，再拿走一张图片，等学生睁开眼睛后，再问他："哪一张图片不见了？"也可以先把图画在黑板或白板上，然后让学生闭上眼睛，再擦掉一幅或更多的图，让学生睁开眼睛，再问他："什么不见了？"

第三阶段：周围的物品（例如，椅子、植物、图片）。

第四阶段："有什么不同？"不是把物品移走，而是改变它们（例如，把桌子颠倒过来），再问学生："有什么不同？"

第五阶段：荒谬之处（例如，脸上没有鼻子）。

回　忆

目标： 1. 增强学生的记忆和注意技能。
  2. 为学生提供讨论以前活动或事件的方法。
  3. 教学生使用过去时。

程序： 创设情境，突出某个动作或活动，然后问学生发生了什么事。开始要马上提问，然后逐渐增加动作之后提问的延迟时间。

在开始的时候，让学生一边做动作一边描述动作，这样，有助于他进行回忆。此外，时间和地点的标记也有助于学生进行回忆。

第一阶段： 教师或学生做动作，并要求学生同时描述这一动作。让学生停止，过一会儿再问：“你刚才做了什么？”这也可以用来教过去时。

可以先给学生看他要做的动作的图片，以此进行辅助。在学生完成这一动作之后，让他通过选择正确的图片来回答"你刚才做了什么？"

第二阶段： 旅程。派学生到房间外面做一些事情，然后让他回房间，再问他："你刚才做了什么？"开始练习时，动作要明显、有趣、好记。

要逐渐增加学生做事之后问他"发生了什么事？"的延迟时间。也许要用"我们刚才在**客厅**做什么？"或"我们在**购物中心**做什么？"之类的话对学生进行提问。

第三阶段： 就以前某天发生的事向学生提问。有必要了解当天到底发生了哪些事，这样不仅可以让学生进行机械的回答，还可以证实其正确与否。

要为这一阶段的训练做好准备，就一定要让学生一边做事一边描述此事。做过之后不久，还要不时向他提问，让他记住这件事。

可以带学生去一些有趣、好玩的地方，这可以为学生提供回忆和交谈的主题，如商场或购物中心、发现区、图书馆、宠物商店、海滩、公园。

第四阶段：就昨天发生的事情向学生提问。如果事情和提问之间的时间间隔大大延长，对学生进行辅助有助于他正确回答问题。可以先给学生看图片，其中有一张画的是昨天发生的事，然后问他："昨天我们做了什么？"再让他选择正确的图片。

第五阶段：教学生问其他人遇到了什么事。

参阅：表达性命名；扩展语言；交谈：初级、中级、高级。

数量概念

目标：1. 培养学生的学业技能。

2. 增强学生数量推理的能力。

3. 为学生提供解决日常生活中数学问题的方法。

4. 为学生理解钱的概念打下基础。

5. 扩展学生对与数量和测量有关的语言概念的表达性运用。

第一阶段：叠圆环或杯子。

区辨刺激（指令）："叠起来"或"叠好"。

反应：学生把圆环或杯子按正确的顺序叠在一起。

第二阶段：根据大小排列 5 个以上的物品。把它们按从大到小（或从小到大）的顺序进行排列。

第三阶段：从 1 数到 10（从左往右，一一对应）。

区辨刺激（指令）：出示物品并说"数一数"。

反应：学生触摸每件物品，并说出相应的数字。

第四阶段：从 1 背到 100。

区辨刺激（指令）："数到（10）。"

反应：学生按顺序背诵数字。不给学生看任何物品。

第五阶段：使实物与数字相等（1～5）。给学生看两张数字卡片，一张画着相应数量的物品，指着另一张卡片（上面没有画物品），要求学生用实物与第二张卡片配对，使实物数量与卡片上的数字相等。

第六阶段：不同物品相同数量的配对。采用贴有数量不等的贴纸的卡片。

区辨刺激（指令）："和'1'放在一起"或"和'3'放在一起"。

反应：学生把一张贴有 1 颗红心的卡片与一张贴有 1 颗黄星的卡片配对，或将一张贴有 3 颗红心的卡片同一张贴有 3 颗黄星的卡片配对。

第七阶段：接受性数量（不数数）——指着（1、2、3、4、5）。拿出几堆数量不同的物品。

区辨刺激（指令）：指着"3"。

反应：学生指着有 3 个物品的那一堆。

1. 实物。
2. 图片。

第八阶段：表达性数量（不数数）——有多少？（1、2、3、4、5）。拿出 1~5 个物品放在一起。教师指着一堆物品问学生："有多少？"学生不点数就能正确回答。

1. 实物。
2. 图片。

第九阶段：符号（数字）

1. 接受性辨识："指着'3'。"
2. 表达性命名："这是什么数字？"
3. 把数字符号和数量进行配对："和相同的放在一起。"
4. 把数量词和数字以及数量进行配对："和相同的放在一起。"

第十阶段：把它变成_____（1~5）。拿出一张空白卡片和一个放有许多物品的盘子。指着空白卡片说："把它变成'3'"，学生应将"3"件物品放在卡片上。

第十一阶段：较多与较少。拿出两堆物品。

区辨刺激（提问）："指着较多的。"

反应：学生指着较多的那一堆。

1. 用物品。

（1）较多：5∶1
（2）较多：4∶1
（3）较多：3∶1
（4）较少：5∶1
（5）较少：5∶2

（6）较多和较少：(3、4 或 5)：(1 或 2)

2. 用图片。

3. 把它变成较多的或较少的。

4. 最多或最少。

第十二阶段：次序："把它们按次序摆放。"

1. 把连续的数字卡片按顺序摆放。

2. 把不连续的数字卡片按顺序摆放。

3. 在（数字）之前与之后是什么？（用视觉材料进行辅助）

4. 在（数字）之前与之后是什么？（不用视觉材料进行辅助）

第十三阶段：第一／最后。

1. 一列按顺序排的图片，其中的第一张和最后一张。

2. 一串按顺序排的数字或字母，其中的第一个和最后一个。

3. 一组按一定顺序排列的物品，指其中的第一个和最后一个。

4. 一连串动作，其中的第一个动作和最后一个动作。

第十四阶段：10 个一数、2 个一数和 5 个一数。

区辨刺激（指令）："2 个一数。"

反应："2、4、6、8……"

第十五阶段：加法。

第十六阶段：减法。

第十七阶段：加、减混合运算。

第十八阶段：奇数与偶数。

第十九阶段：序数（第几）。

第二十阶段：应用题。

阅 读

目标： 1. 培养学生的学业技能。

2. 增加学生的沟通方法。

3. 使学生能把阅读当作休闲活动。

程序： 教师给学生看字母或单词，并让学生表明其理解的意思。

辅助： 运用位置辅助、言语辅助、点指或手把手辅助。应逐渐减少辅助。

入门标准： 学生掌握实物与实物、图片与图片、图片与实物的配对。一般也要求学生掌握"接受性命名"这一课程。不过，一些拙于听觉联想的学生能够学会视觉联想（例如，把单词和物品配对）。

掌握标准： 在没有得到辅助的情况下，学生10次中能有8次做出正确反应，并至少在另一位老师那里也能做到这一点。

第一阶段： 字母和数字配对。

第二阶段： 单词和单词配对。

第三阶段： 按照从左到右的顺序，把单个字母同单词配对。

第四阶段： 背诵字母表。

第五阶段： 大写字母的接受性辨识。

第六阶段： 小写字母的接受性辨识。

第七阶段： 大写字母的表达性命名。

第八阶段： 小写字母的表达性命名。

第九阶段： 按顺序摆放字母卡片。

第十阶段： 说出字母的发音。教师给学生看一张印有一个字母的卡片，并问学生："怎么发音？"

第十一阶段： 合成音。拿出两张或更多字母卡片，例如"C——A——T"。要求学生一边读一边指，一次只读一个。在你移动手指时，学生应当逐个读出字母；如果你的手指在字母间移动得更快，学生就会把这些音合起来拼出单词。

第十二阶段： 把单词和物品或图片进行配对。可以把它制成一个游戏：先把周围事物的名称（单词）写在卡片上；然后，让学生读出卡片上的单词，并将卡片贴在相应的事物上。

第十三阶段： 单词的接受性辨识。

第十四阶段： 口头拼出单词。

第十五阶段： 阅读句子。

第十六阶段： 把短句与图片进行配对。

第十七阶段： 理解。让学生根据他所读的东西回答问题。

1. 谁……（做动作）？
2. ……（人名）做了什么？
3. 在哪里？
4. 怎么/为什么？

第十八阶段： 遵循书面指令。在卡片上写好简单的书面指令，制成提示卡。这些指令通常与学生在日常生活中要完成的任务和进行的活动有关。

1. 1个词的指令。
2. 2个词的指令。
3. 3个词的指令。
4. 用完整的句子表达的指令。

书 写

目标：1. 为学生提供一种进行沟通的方法。
　　　　2. 培养学生的学业技能。
　　　　3. 提高学生的书写技巧。

程序：要求学生根据指令在纸上书写。

辅助：运用肢体引导、演示、言语、点指或位置辅助。应逐渐减少辅助，直到学生能独立完成任务为止。

入门标准：绘画、阅读。

掌握标准：在没有得到辅助的情况下，学生10次中能有9次做出正确反应，并至少在另一位老师那里也能做到这一点。

第一阶段：拼音字母、数字和简单汉字[①]的描红。用划好横线或格子的纸。

第二阶段：名字的描红、抄写和书写。如果学生成功完成了第一阶段的训练，就可以开始进行这一阶段的训练。

第三阶段：抄写拼音字母、数字和简单汉字。

第四阶段：书写拼音字母、数字和简单汉字。如果学生能成功地完成第三阶段的训练并能辨识字母、数字和简单的汉字，就可以开始进行这一阶段的训练。教师吩咐学生："写……（拼音字母）。"

第五阶段：按从左到右的顺序将单个字母与单词进行配对[②]。

第六阶段：抄写教室前面黑板上的字词。

第七阶段：听写字词。

第八阶段：写句子回答问题。

参阅：绘画；阅读。

---

① 译注：此处根据汉字学习的特点增加了相应的内容，实际教学中可酌情处理。
② 译注：在对中国孩子进行书写训练时，可将汉字的偏旁部首同汉字进行配对。

自理技能

目标： 1. 培养学生日常独立生活的能力。
2. 培养学生与年龄相称的能力。
3. 促使学生融入社会。

程序： 第一，要进行**任务分析**，把所有技能都分解成便于教学的部分。任务分析能简化技能，也能使学生少受挫折，并确保学生理解每一个步骤。更重要的是，任务分析有助于保持教学的一致性，使所有教师都能根据任务分析规定的步骤进行教学。

第二，为了让学生完全掌握并保持技能，必须采用有计划、分层次的教学方法。直接教授完整的复杂技能并不是有效的教学方法。

第三，领会"掌握"这一概念很重要。那就是，一次只能教一个步骤，只有学生掌握了上一步，才能教他下一步。只有学生连续三个教学单元都能在**没有得到任何辅助**的情况下独立完成某一步骤，才能认为他已经掌握了这一步骤。

第四，教学时，尽量运用必要的、干预程度最低的辅助。下面是一些常用的辅助，根据干预程度从低到高排列：

手势辅助

间接的言语辅助（例如，"继续进行"）

直接的言语辅助（例如，"拿毛巾"）

示范

肢体引导

最终应逐渐减少辅助，以便学生能独立完成任务。要运用差别强化，对只需较少的帮助就能完成的步骤，应该给予较大的强化。

第五，要考虑教学的时机。要尽量在条件最有利的时候进行教学，这一点很重要。这就是说，要在学生最能接受、教师活动最有效的时候进行教学。重要的是，要在学生没有表现出行为问题、具有学习兴趣和学习动因的时候进行教学。应该利用各种自然出现的机会进行教学，但不能以牺牲教学质量为代价。例如，准备上学就是自然出现的教孩子穿衣服的机会，但由于时间紧迫，它**并非**教孩子穿衣服的**最佳时机**；而马上要到外面去玩，则是教孩子穿衣服的最佳时机，因为时间很充裕，而且出去玩是要学生穿好衣服的合理理由，也能自然地强化学生穿好衣服这一行为。

吃

1. 不需帮助就能用双手捧着杯子喝水。（B：1岁3个月）

2. 用汤匙"舀"食物。（B：1岁3个月）

3. 将汤匙从盘子送到嘴里，有一些洒落。（B：1岁6个月）

4. 用吸管吸。（B：1岁6个月）

5. 不需帮助就能用一只手拿着杯子喝水。（B：1岁6个月）

6. 使用叉子。（B：2岁）

7. 用汤匙，没有洒落。（B：2岁）

8. 用叉子的边切割柔软的食物。（B：3岁）

9. 用手指握叉子。（B：4岁）

10. 用刀涂食物。（B：4岁）

11. 用刀切食物。（B：6岁）

12. 倒饮料。

脱衣服

1. 脱袜子。（B：1岁6个月）

2. 脱鞋。（B：1岁6个月）

3. 脱外套。(B：2岁)

4. 脱衬衫。(B：2岁)

5. 脱裤子。(B：2岁)

6. 脱衣服,除了难脱的套头衫。(B：3岁)

7. 脱毛衣。(B：4岁)

穿衣服

1. 穿夹克。(B：2岁6个月)

2. 穿鞋。(B：2岁6个月)

3. 穿裤子。(B：2岁6个月)

4. 穿袜子。(B：3岁)

5. 穿毛衣。(B：3岁)

6. 几乎不用监督就能穿衣服。(B：3岁)

7. 几乎不用监督就能穿衣服,但需要帮助其扣纽扣。(B：4岁)

8. 独立穿衣服。(B：5岁)

解衣服

1. 解开前面的纽扣。(B：2岁)

2. 解开蝴蝶结。(B：2岁)

3. 解开前面的纽扣。(B：3岁)

4. 拉开拉链。(B：3岁)

系扣

1. 扣上前面的大扣子。(B：3岁)

2. 扣上前面的纽扣。(B：3岁)

3. 拉上前面的拉链。(B：3岁)

4. 尝试穿鞋带。(B：3岁)

5. 扣上前面的小扣子。(B：3岁)

6. 穿鞋带。(B：4岁)

7. 系鞋带。(B：5岁)

洗澡

1. 擦干手，可能需要帮助。(B：2岁)

2. 洗手，可能需要帮助。(B：2岁)

3. 擦干手，不需要帮助。(B：2岁6个月)

4. 擦干脸，可能需要帮助。(B：2岁6个月)

5. 洗手，不需要帮助。(B：3岁)

6. 洗脸，需要帮助。(B：3岁)

7. 开、关水龙头。(B：3岁)

8. 调节水温，需要帮助。(B：3岁)

9. 擦干脸，不需要帮助。(B：3岁)

10. 洗脸，不需要帮助。(B：4岁)

11. 洗澡，需要帮助。(B：4岁)

12. 洗澡之后擦干身体，不需要帮助。(B：4岁)

13. 洗澡，不需要帮助。(B：6岁)

梳洗

1. 尝试刷牙，但需要很多帮助。(B：2岁)

2. 刷牙，需要帮助。(B：3岁)

3. 刷牙，不需要帮助。(B：4岁)

4. 梳头，需要帮助。(B：4岁)

5. 梳头，不需要帮助。(B：5岁)

做家务

1. 把东西收好。

2. 准备简单的食物（用微波炉煮、用烤箱烤、摆好餐桌、搅拌等）。

3. 杂务（准备餐桌、把碟子放在水槽里、扔垃圾、铺床、换床单、洗衣服等）。

4. 擦桌子、擦窗子、擦墙。

5. 将碟子放在水槽里，准备餐桌。

6. 照料宠物。

社区

1. 安全步行。

2. 购物。

3. 交通。

4. 通信。

5. 安全／陌生人／处理紧急情况。

与钱有关的技能

1. 配对钱币。

2. 接受性命名。

3. 表达性命名。

4. 购物。

使用电话

留言

帮人取东西并交给人家

购买杂货

排便训练

入门标准： 孩子能长时间安坐。

程序： 训练之前，拿走孩子喜欢的饮料和强化物，这样可以增强它们在进行大小便训练时的强化价值，也可以使孩子在进行大小便训练时多喝饮料。

独立上厕所（B：2岁6个月）

第一阶段：

1. 让孩子坐在马桶上，每有2~3分钟"坐得好"，就用夸奖和饮料等对他进行强化。可以让学生坐在马桶上进行各种活动，不过，不应让他忙到不能注意便意。

2. 如果学生解下大小便，就应对他大加夸奖，并把他非常喜爱的强化物给他，再允许他离开马桶10分钟左右进行他所喜欢的活动，不过不能离开厕所。

3. 短时间之后（例如，10分钟），学生应该回到马桶上，再次进行上述过程。

4. 如果过了很长时间，学生还没有排泄，感到不舒服，就让他起来几分钟，但不能让他离开厕所。过一会儿，再让他坐在马桶上。**非常**重要的一点是，学生离开马桶的时间**不能长**，并且要对他进行**密切**监控，**防止**他便在身上。

进阶标准： 如果学生能理解上厕所与强化之间的关系，就可以开始进行下一个阶段的训练。

第二阶段：

1. 让学生不穿内裤或裤子，坐在马桶边的椅子上。

2. 每有2~3分钟"坐得好"，就用夸奖和饮料对他进行强化。

3. 等他自己起来上马桶。

☆即使学生很想排便，也不要对他进行辅助！！！否则，他会变得依赖辅助。☆

4. 当学生坐在马桶上排便时，应该这么做：

（1）对他大加表扬（就像马戏团来到了小镇上！）。

（2）让他短时间（例如，10分钟）离开厕所进行他喜欢的活动。

（3）逐渐延长椅子和马桶之间的距离。

（4）逐渐给他加不同的衣服（例如，第一次加内裤，第二次加宽松的长裤等）。

5. 如果学生把大小便便在身上，应该这样处理：

（1）如果看到学生开始在身上便大小便，千万不要急着拉他上厕所，否则他会变得有依赖性。

（2）让学生自己清洗身体，换洗湿衣服，清洁被他弄脏的地方。

（3）让学生练习正确使用马桶的方法，5次左右。

（4）把椅子搬回原处。

（5）让他脱掉一件衣服。

进阶标准：如果学生能完全穿好衣服再离开厕所，就可以开始进行下一个阶段的训练。

第三阶段：

1. 每隔30分钟就检查一下学生的裤子，看看是干的还是湿的。如果裤子又干又清洁，就要对他大加夸奖。

2. 如果学生把大小便便在了身上，就用在第二阶段讲过的处理方法。

3. 如果学生在马桶上排便，就要特别强化他（见上文）。

4. 延长检查学生裤子干湿的间隔时间（例如，1小时、2小时、4小时、6小时等）。

上厕所习惯的训练

1. 记录学生排便的时间。

2. 在学生通常要排便的时间前15分钟，把他带到厕所。

3. 让学生不穿衣服坐在马桶上，每有2～3分钟"坐得好"，就要夸奖他，还要用饮料强化他。

4. 如果学生排了便，就要对他大加夸奖，并允许他离开马桶进行自己喜欢的活动。

5. 如果学生在马桶上坐了 30 分钟还没有排便，就让他进行之前的活动。

6. 每过 1 个小时就让学生坐回到马桶上，直到他排便为止。

7. 如果学生在大小便训练课以外的时间将大小便便在了身上，应该这样处理：

（1）让学生自己清洗身体，换洗湿衣服，清洁被他弄脏的地方。

（2）让学生练习正确使用马桶的方法，5 次左右。

训练独立大小便（适用于完成了上厕所习惯训练的孩子）

1. 如果学生在以前的大小便训练过程中形成了依赖辅助的习惯和依赖他人按预定的时间带他上厕所的习惯，就要对他进行这一训练。不过，学生应能在走到厕所之前保持干爽，一坐上马桶就能排便。

2. 可以在学生排便 30～60 分钟之后开始这一训练，这可以使学生在开始进行这一训练之后很快就要上厕所。在开始训练之前，要给学生多喝点饮料，这样在训练开始之后他很快就会要上厕所。一开始，把学生带到厕所里，让他坐在马桶旁边的椅子上。每有 2～3 分钟"坐得好"，就要夸奖他并让他喝饮料，以此进行强化。可以让学生坐在椅子上做游戏、唱歌、看书、做训练、看录像等，不过，要容许学生暂停活动，这样才不会抑制学生自发上厕所。

3. 等待学生自己站起来上厕所。切不可辅助他上厕所，因为训练的目的就是消除学生对辅助的依赖，因此，最好的方法就是**不进行任何辅助**。如果非要进行辅助不可，就用手势之类的非言语辅助，并尽快减少辅助。

4. 如果学生在厕所里排了便，就应该对他大加夸奖。（就像马戏团来到了小镇上！！！）可以让学生离开厕所一段时间（例如，10～30 分钟）。

5. 每取得一次成功，就要在把学生带回厕所之前移动椅子，逐渐加大椅子和马桶之间的距离。

6. 如果学生在进行大小便训练的时候或其他时间将大小便便在了身上，应该这样处理：

（1）让学生自己清洗身体，换洗湿衣服，清洁被他弄脏的地方。

（2）让学生练习正确使用马桶的方法，5 次左右（也就是让学生练习从椅子上站起来后立即坐到马桶上）。

（3）把椅子搬回原处。

夜间大小便的训练

1. 购买用于训练的衬垫（潮湿感应报警衬垫），可从 Night Trainer(800)544-4240[①]或 Mattell Toy(905)501-5149 购买。

2. 确定衬垫的报警铃声能否唤醒学生。如不能，就要在衬垫上接更响的铃。

3. 铃声响后，一定要使学生完全清醒，如有必要，可帮助他上厕所。

4. 在学生回床上睡觉之前，让他帮助清洁衬垫。

大便困难

忍住大便：

1. 减少可能出现的对抗（例如，愤怒、命令等）。

2. 确定学生只要排便就能得到的强化物。

3. 确定学生只要独立上厕所就能得到的强化物。

4. 把强化物放在显眼的地方，让学生能看到强化物。

5. 每天都要问他怎样才能得到强化物。

6. 如果学生把大便便在身上，应该这样处理：

（1）让学生自己清洗身体，换洗湿衣服，清洁被他弄脏的地方。

（2）让学生练习正确使用马桶的方法，5 次左右。

处理使用尿布的刻板行为：

1. 给学生提供专在厕所里使用的尿布。

2. 如果学生在厕所里把大小便排在尿布上，就开始让他坐在马桶上（仍然兜着尿布），直到他大便完毕。

3. 在学生把大小便排在尿布上之后，让他把排泄物倒在马桶里。

4. 在尿布上剪孔，直到学生不再兜尿布为止。

[①] 译注：可登录 http://www.pottytrainingstuff.com/ntrainer.htm 了解这一产品的情况。

学校行为核查表

日常报告要评定的项目：

_____ 遵守课堂纪律和课堂常规

_____ 手放好

_____ 在适当的时候看着老师

_____ 服从个别指令

_____ 服从团体指令或带有条件的指令

_____ 在没有得到指令或没有模仿对象的情况下也能遵守常规（例如，放好书包）

_____ 和其他孩子在一起，不孤立自己

_____ 对其他孩子的交谈做出回应

_____ 主动发起游戏

_____ 主动与他人说话

_____ 活动不过快

_____ 能够耐心等待

_____ 在活动时间待在指定的位置：站在队列中（或行列中）

_____ 语言清晰

_____ 注意其他孩子在做什么，并能从中获取信息

_____ 与他人一起背诵

_____ 与他人分享玩具

_____ 在其他孩子抢夺其物品时敢说敢言

_____ 能控制刻板行为（自我刺激行为）

_____ 以恰当的方式玩玩具

_____ 能专心做作业

_____ 能持续进行指定的（或自选的）游戏活动

附　录

附录一：课程评估

姓名：_____

观察一：日期：_____　　评估人：_____
评论：_____ _____

观察二：日期：_____　　评估人：_____
评论：_____ _____

观察三：日期：_____　　评估人：_____
评论：_____ _____

观察四：日期：_____　　评估人：_____
评论：_____ _____

技能代码：

    M：<u>掌握水平</u>

        M1：没准备好

        M2：正在学习

        M3：已经掌握

        G：已经泛化

    N：已经掌握的项目数量

    H：已经达到的最高水平

    I：已经掌握的项目列表

    C：复杂性（例如，图样中积木的数量）

行为代码：

    %：出现的百分比

    S：<u>严重性</u>

        S1：重度

        S2：中度

        S3：轻度

    F：频率

        HR：每小时

        DY：每天

        WK：每周

        MO：每月

    D：平均持续时间

行为		观察一	观察二	观察三	观察四
发脾气	F				
	S				
自我伤害	F				
	S				
攻击性	F				
	S				
自我刺激行为	F				
	S				
其他主要破坏性行为（具体说明）：	F				
	S				
其他主要破坏性行为（具体说明）：	F				
	S				
离开训练区域或座位	F				
	S				
手脚不停地动	F				
	S				

续表

行为		观察一	观察二	观察三	观察四
注意的持续时间（平均持续时间）	D				
看着别人的脸：					
根据要求看	%				
在有人叫名字时看	%				
在说话或听讲时看	%				
看着与任务有关的材料	%				
服从用手势表示的简单指令	%				
服从：					
从1.5米远的地方过来	%				
穿过房间过来	%				
从房子的其他区域过来	%				
在户外规定的区域中从不远处过来	%				
在户外从较远处过来	%				
坐下	%				
起立	%				
手放下	%				
取回物品（可能有手势辅助但无干扰物）：					
从桌子上	M				
从桌子旁边的地板上	M				
从1.5米远的地方	M				
从对面的房间	M				
等待：					
听指令	M				
在老师拿强化物时	M				
在成人完成必要的活动时	M				
在轮流等候玩很喜爱的游戏时	M				
独立进行活动的持续时间（具体说明任务和持续时间）：					
任务一：	D				
任务二：	D				
任务三：	D				

续表

行为		观察一	观察二	观察三	观察四
在不同情况下完成技能：					
不同的语言和材料	M				
不同的人	M				
不同的地点	M				
延长治疗师和儿童之间的距离	M				
服从和恰当的行为的泛化（例如，在超市、公园、朋友和亲戚家）	M				

注意追踪		观察一	观察二	观察三	观察四
找出隐藏物品的游戏（教师把物品藏在容器里，让学生去找） ①一个干扰物；②两个干扰物；③三个或更多干扰物	H				

		观察一	观察二	观察三	观察四
非言语模仿	M				
模仿操作物体的动作	N				
模仿粗大动作	N				
离开座位进行模仿	N				
模仿精细动作	N				
模仿一连串动作	M				
区辨较为细致的动作	N				
模仿两个步骤的系列动作	M				
模仿交叉动作	N				
模仿同时做两个动作	N				
模仿三个步骤的系列动作	M				
模仿录像中的动作： 模仿单一的分解动作；模仿两个步骤的动作（同步模仿）；模仿三个步骤的动作；模仿一连串动作；延迟模仿两步动作；延迟模仿三步动作					
模仿静止的录像画面	N				
模仿图片上的动作	N				
模仿其他人的动作	N				

		观察一	观察二	观察三	观察四
积木仿搭	M				
搭一座塔	C				
区辨不同颜色的形状	M				
逐步仿搭	C				
仿搭预先搭好的事物	C				
仿搭边长为3厘米的彩色立方体所构成的形状	C				
仿搭用颜色相同的积木所搭成的事物	C				
仿搭照片或图画上的事物	C				
创造特定的结构	N				
	C				
根据记忆来设计要搭的事物	C				

		观察一	观察二	观察三	观察四
粗大动作（要具体说明是什么动作）					
动作一：	M				
动作二：	M				
动作三：	M				
动作四：	M				
动作五：	M				

		观察一	观察二	观察三	观察四
精细动作（要具体说明是什么动作）					
动作一：	M				
动作二：	M				
动作三：	M				
动作四：	M				
动作五：	M				

		观察一	观察二	观察三	观察四
配对	M				
实物与实物配对	N				
图片与图片配对（相同的物体、人、动物）	N				
图片与图片配对（相同的动作图片）	N				

续表

		观察一	观察二	观察三	观察四
颜色配对	M				
形状配对（圆形、正方形、三角形）	M				
大小配对（大对小）	M				
实物与图片配对（完全相同的实物与图片）	N				
图片与实物配对（完全相同的图片与实物）	N				
找相同的（点指）	M				
根据多种特征进行配对（颜色、形状、大小完全相同）	M				
分类：					
提供属于某类事物的例子	C				
不提供属于某类事物的例子	C				
用不完全相同的实物进行配对	N				
用不完全相同的图片进行配对	N				
不完全相同的实物与图片配对	N				
不完全相同的图片与实物配对	N				
不完全相同的动作配对	N				
数量配对	N				
把相关的事物进行配对	N				
情绪配对	N				
介词配对	N				
字母、数字和文字的配对	M				

		观察一	观察二	观察三	观察四
绘画	M				
控制笔	M				
区辨运笔动作和笔画：连续画圈圈、画横线、画竖线	M				
在画好的轮廓内涂颜色	C				
水彩	C				
描红（线条、圆圈）	M				
把点连接起来	M				

续表

		观察一	观察二	观察三	观察四
描摹线条、圆圈	M				
用尺子画线	M				
临摹熟悉物品的图形	N				
徒手画形状	N				
徒手画熟悉的物品	N				

		观察一	观察二	观察三	观察四
游戏					
互动游戏（藏猫猫、做蛋糕）	M				
因果玩具（箱子中的杰克）	M				
完成式玩具/开发式玩具（叠圆环）	M				
拼图	C				
卡车、小汽车、火车	I				
建筑玩具（积木、乐高组合玩具）	I				
游戏布景（例如，农场）	I				
轮流做游戏	I				
动作游戏（鸭子——鸭子——鹅、儿童捉人游戏）	I				
歌曲、舞蹈（伦敦桥等）	I				
玩球：①滚球；②扔球；③接球；④踢球	I				
书籍	M				
棋盘游戏	I				
想象性游戏（医生、突击队员）	I				

		观察一	观察二	观察三	观察四
接受性指令	M				
有背景线索的指令	N				
服从用图片发出的指令：完成一个动作；依次完成两个动作；依次完成三个动作；依次完成一连串动作	N				
操纵物体	N				
在座位上	N				

续表

		观察一	观察二	观察三	观察四
假装动作	N				
在同一房间内离开座位	N				
去另一个房间并回到原地	N				
去另一个房间，完成一个动作之后再回到原地	N				
理解要求"说"的指令与要求"做"的指令	M				
两步指令	M				
三步指令	M				
附有条件的指令	N				

		观察一	观察二	观察三	观察四
接受性命名	M				
提要求	M				
身体部位	N				
物品	N				
物品图片	N				
动作图片	N				
人物图片或照片	N				
人物	N				
取两样东西	M				
颜色	N				
形状	N				
大小	M				
把颜色与物品结合起来进行区辨	M				
把两个抽象的特征结合起来	M				
把三个抽象的特征结合起来	M				
家中和社区各场所的图片	N				
情绪（参见情绪部分）	M				

		观察一	观察二	观察三	观察四
发起交往与沟通	M				
选择/实用的非言语沟通技能:					
从陈列的东西中进行选择(拿东西)	M				
从他人提供的东西中指出想要的	M				
选取图片并交给成人(筹划好的)	M				
选取图片并交给成人(偶然的)	M				
区辨图片	C				
表达愿望——东西陈列出来	M				
表达愿望——东西不陈列出来	M				
诱发沟通:					
筹划好的	N				
偶然的	M				
提问:					
这是什么?	N				
这是谁?	N				
在哪里?	N				
你在做什么?	N				
里面有什么?	N				
你要去哪里?	N				
谁有这个?	N				

		观察一	观察二	观察三	观察四
言语模仿	M				
自发的牙牙学语	M				
口部动作模仿	N				
操纵物体并配上声音	N				
区辨发声时间	N				
声音配对	N				
辅音和元音结合构成音节	N				
没有视觉线索的声音	M				

续表

		观察一	观察二	观察三	观察四
模仿语调：					
音量	M				
持续时间	M				
音调	M				
变音	C				
发一连串音	N				
发音不同的字词	N				
模仿双词句	N				
模仿3～5个词构成的句子	M				

		观察一	观察二	观察三	观察四
表达性命名	M				
提要求	N				
身体部位	N				
物品	N				
物品图片	N				
动作图片	N				
实际动作	N				
人物图片或照片	N				
人物	N				
颜色	N				
形状	N				
大小	N				
家里各场所的照片或图片	N				
社区各场所的照片或图片	N				
情绪（参见情绪部分）	M				

		观察一	观察二	观察三	观察四
基本交谈技能（交谈——初级）	M				
对他人的问候作出回应：①看着人家；②说"你好"；③说"你好+（人名）"	H				

续表

		观察一	观察二	观察三	观察四
命令	N				
句子主干：					
我要……	M				
这是……	M				
那是……	M				
我看见……	M				
我有……	M				
议论（"看那个""我做的"，等等）	N				
确认他人的话（"噢，什么？"，等等）	N				

		观察一	观察二	观察三	观察四
勇于表达自己的观点和立场	M				
愿望（见"诱发沟通"）	M				
表达不满	M				
采取行动制止他人的不当行为	M				
坚持正确的观点：①物品名称；②动作名称；③事物的特征	I				
辨识并纠正老师的错误	M				
拒绝不恰当的建议	N				

		观察一	观察二	观察三	观察四
是/不是	M				
愿望（你想吃饼干吗？）	M				
否定：					
不要这样做	M				
不要（动作名称）	M				
"说"（对）"不说"	M				
不是（摸不是苹果的东西）	M				
物品（这是卡车吗？）	M				
人物（这是爸爸吗？）	M				
动作（妈妈在站着吗？）	M				

续表

		观察一	观察二	观察三	观察四
特征（这是红的吗？）	M				
概念（这是角落吗？）	M				
就不在眼前的事物回答"对"与"错"（或"是"与"不是"）	M				
回答部分正确的问题	M				

		观察一	观察二	观察三	观察四
共同注意	M				

		观察一	观察二	观察三	观察四
情绪	M				
不完全相同的配对①	N				
识别图片所描绘的情绪	N				
根据图片给情绪命名	N				
演示某种情绪	N				
给他人的情绪命名	N				
说出自己的情绪	N				
辨识引发情绪的原因	M				
做动作以引发他人的情绪	M				
在日常生活中给自己和他人的情绪及其原因命名	M				
对他人的思想、情感做出恰当反应	N				

		观察一	观察二	观察三	观察四
手势及肢体语言	M				

		观察一	观察二	观察三	观察四
特征	M				
物理性质	I				
性别	M				

---

① 译注：即用不同模特演示相同情绪的图片进行配对。

续表

		观察一	观察二	观察三	观察四
吵闹的与柔和的	M				
空间概念（空间特征）	I				
数量概念	I				
其他反义词	I				
逻辑连词（和、或）	M				

		观察一	观察二	观察三	观察四
事物的用途或作用	M				
学生用动作表明事物（实物）的用途或作用	N				
你用什么（动作名称）？指着相应的物品	N				
（物体名称）是用来做什么的？（学生看得见物体但要口头回答）	N				
你用什么（动作名称）？指着相应的图片	N				
学生用动作表明图片上事物的用途或作用	N				
你用什么（动作名称）？（学生口头回答）	N				
（物品名称）是用来做什么的？（学生看不见物品但要口头回答）	N				
你用什么（身体的功能名称）？	N				
你用（身体的部位名称）做什么？	N				
你在（房间名称）里做什么？	N				
你在哪里（动作名称）？	N				

		观察一	观察二	观察三	观察四
分类	M				
配对/分类	N				
接受性类别（指着动物）	N				
表达性类别（狗属于哪一类？）	N				
列举某类事物（分类）	N				

		观察一	观察二	观察三	观察四
常识和推理（一）	M				
相互关联的事物——两个相关实物的配对	N				
相互关联的事物——两张相关图片的配对	N				
听觉区辨——把物品同真实的声音配对：					
从物品中选择	N				
从图片中选择	N				
在看不到物品或图片的情况下回答	N				
听觉区辨——把物品同录音配对：					
从物品中选择	N				
从图片中选择	N				
在看不到物品或图片的情况下回答	N				
把动作和人、动物、（影视或动画中的）人物联系起来：					
动物发出什么声音？	N				
（影视或动画中的）人物吃什么？	N				
（影视或动画中的）人物做什么？	N				
谁发出（声音）？	N				
谁吃（东西）？	N				
谁（做动作）？	N				
场所：					
接受性（自己家）房间辨识（图片）	N				
表达性（自己家）房间命名（图片）	N				
到所列举的房间去	N				
说出他人所在房间的名称	N				
常见房间的接受性辨识（图片和实物）	N				
常见房间的表达性命名（图片和实物）	N				
社区中不同场所的接受性辨识（图片和实物）	N				
社区中不同场所的表达性命名（图片和实物）	N				

续表

		观察一	观察二	观察三	观察四
社区工作人员：					
人的接受性辨识	N				
人的表达性命名	N				
（人名）做什么？	N				
谁（担当角色）？指着图片、口头回答	N				
你在哪里看到（人名）？指着图片、口头回答	N				
（人名）用什么？指着图片、口头回答	N				
相反的事物（只有区辨言语刺激，无视觉刺激）：					
把……放在一起（图片）	N				
和……相反的是什么？指着与之相反的事物	N				
和……相反的是什么？给与之相反的事物命名（没有视觉刺激）	N				
质地：					
把用相同材料做的东西归为一类	N				
什么是用（材料名称）做的？用手指	N				
（物品名称）是用什么做的？	N				
列举用（材料名称）做的东西	N				
描述人（所描述的人出现）	C				
	N				
辨识具有某一（些）特征的人	C				
	N				
描述动物、物品（看得见物品）	C				
	N				
辨识具有某一（些）特征的动物、物品	C				
	N				

		观察一	观察二	观察三	观察四
常识和推理（二）	M				
描述人或物品（所描述的人或物品不出现）	N				
辨识具有某一（些）特征的人或物品（要辨识的人或物品不出现）	N				
相互关联的事物： 　　教师口头提问，学生口头回答（什么能和鞋放在一起？）	N				
解释为什么要把某两样东西放在一起？	N				
我们什么时候/为什么做（动作名称）？	N				
当你_____时要做什么？	N				
我们到哪里……	N				
难以完成的任务	N				
不合常规或荒谬的事： 　　辨识	M				
解释	M				
纠正	M				
确定图片上少了什么东西	N				
猜谜语	M				
类比推理	M				
扩展模式——在某一序列上加一个项目： ①ABAB；②AABB；③ABBABB；④AABAAB； ⑤ABCABC	I				
译码	C				

		观察一	观察二	观察三	观察四
相同/不同	M				
把相同的给我/把不同的给我	M				
找出相同的或不同的/说出事物的异同	M				
说出两件物品的异同	M				
回答两件物品为什么是相同的或为什么是不同的	M				
回答一个方面相同而另一方面不同的物品，相同在什么地方或不同在什么地方	M				

		观察一	观察二	观察三	观察四
介词	M				
接受性语言：					
上面：①物品；②自己；③图片	M				
下面：①物品；②自己；③图片	M				
里面：①物品；②自己；③图片	M				
旁边：①物品；②自己；③图片	M				
中间：①物品；②自己；③图片	M				
后面：①物品；②自己；③图片	M				
前面：①物品；②自己；③图片	M				
表达性语言：					
上面：①物品；②自己；③图片	M				
下面：①物品；②自己；③图片	M				
里面：①物品；②自己；③图片	M				
旁边：①物品；②自己；③图片	M				
中间：①物品；②自己；③图片	M				
后面：①物品；②自己；③图片	M				
前面：①物品；②自己；③图片	M				

		观察一	观察二	观察三	观察四
代词	M				
接受性语言：					
我的（对）你的	M				
他的/她的：①人物；②图片	M				
他们的/我们的/你们的	M				
我/你（宾格）（"指着我/你"）	M				
他/她（宾格）["把（物品名称）给他/她""指着他/她"]	M				
表达性语言：					
我的（对）你的	M				
他的/她的	M				
他们的/我们的	M				

续表

		观察一	观察二	观察三	观察四
我 / 你（主格）	M				
他 / 她（主格）	M				
他们 / 她们（主格）	M				
主格与所有词结合（"你在摸我的鼻子"）	M				

		观察一	观察二	观察三	观察四
扩展语言	M				
这是（物品名称）	M				
我有（物品名称）	M				
我看见（物品名称）	M				
我看见（物品名称）和（物品名称）	M				
我看见（房屋周围的多个物品）	M				
我看见（复杂图片中的多种东西）	M				
动词 + 物品名称	N				
名词 + 动词	N				
代词 + 动词	N				
形容词 + 物品名称	N				
形容词 + 形容词 + 物品名称	N				
名词 + 动词 + 物品名称	N				
代词 + 动词 + 物品名称	N				
这是（形容词 + 物品名称）	M				
我看见（形容词 + 物品名称）	M				
我有（形容词 + 物品名称）	M				
这是（形容词 + 形容词 + 物品名称）	M				
我看见（形容词 + 形容词 + 物品名称）	M				
我有（形容词 + 形容词 + 物品名称）	M				
形容词 + 物品 + 介词 + 物品名称	M				
主语 + 动词 + 宾语 + 形容词	M				
动词时态：					
现在时	M				
过去时	M				

续表

		观察一	观察二	观察三	观察四
将来时	M				
复数：①					
接受性名词	M				
表达性名词	M				
表达性动词	M				
在句子中使用单数和复数名词和动词	M				

		观察一	观察二	观察三	观察四
"我不知道"	M				
对不知道的问题回答"我不知道"：					
这是什么？	M				
这是谁？	M				
这是什么地方？	M				
在回答问题时寻求信息：					
这是什么？	M				
这是谁？	M				
这是什么地方？	M				
用"我不知道"回答意外的问题	M				
我不明白	M				

		观察一	观察二	观察三	观察四
中级交谈技能（交谈——中级）	M				
回答不提供选项的问题（需要记住答案）（你叫什么名字？）	N				
回答主观问题（你最喜欢的……是什么？）	N				
回答"是"与"否"的问题（你是男孩吗？）	N				
在交谈中回答简单问题（昨天晚上你做了什么？）	N				
回答多项选择题	N				

---

① 译注：关于"动词时态"和"复数"这两部分内容，在实践中可根据汉语特点酌情处理。

续表

		观察一	观察二	观察三	观察四
回答完别人的问题之后问对方相应的问题	N				
在别人陈述之后进行相应的陈述	N				
在别人陈述之后提出相应的问题	N				
在别人陈述之后进行相应的否定陈述	N				
在别人陈述之后进行相应的陈述并提问	N				

		观察一	观察二	观察三	观察四
提问	M				
这是什么？	M				
这是谁？	M				
在哪里？	M				
你在做什么？	M				
里面有什么？	M				
你要去哪里？	M				
谁有这个？	M				

		观察一	观察二	观察三	观察四
排序	M				
由 3 张卡片组成的序列	N				
排列 3 张字母卡片	M				
排列 3 张数字卡片	M				
由 4 张卡片组成的序列	N				
下面发生什么事？	M				
由 5 张和 6 张图画卡片组成的序列	M				
排列 4~6 张字母卡片	M				
排列 4~6 张数字卡片	M				

续表

		观察一	观察二	观察三	观察四
时间概念	M				
第一/最后：					
图片、数字或字母序列的第一个和最后一个	M				
动物、（影视、动画中的）人物玩偶、人排成一排，其中的第一个和最后一个	M				
你首先摸了什么？（对）你最后摸了什么？	M				
你首先做什么？（对）你最后做什么？	M				
数字或字母序列的第一个和最后一个	M				
之前/之后：					
某数字之前是什么？（对）某数字之后是什么？	M				
某字母之前是什么？（对）某字母之后是什么？	M				
某天之前是什么？（对）某天之后是什么？	M				
在序列的某张图片之前是什么？（对）在序列的某张图片之后是什么？	M				
中间那个动作之前是什么动作？（对）中间那个动作之后是什么动作？	M				
执行与"之前"有关的指令（对）执行与"之后"有关的指令	M				

		观察一	观察二	观察三	观察四
想象和讲故事	M				
学动物叫	N				
学动物的动作	N				
孩子假装做某事	N				
孩子辨识治疗师描绘的动作	N				
扮演角色：图书馆管理员、商店职员、公共汽车司机等	I				

续表

		观察一	观察二	观察三	观察四
这可以是什么？（创造性地使用常见的物品）	N				
画图	I				
用乐高组合玩具或积木制作结构和物品	I				
描述按顺序排列的图片——"给我讲这个故事"：①1个场景；②2个场景；③3个场景；④4～6个场景	H				
在图片的辅助下讲故事	I				
讲完故事/完成序列——"下面发生什么事？"	M				
师生轮流共编一个故事	M				
编故事	M				

		观察一	观察二	观察三	观察四
原因与结果	M				
根据现场演示回答为什么的问题	N				
叙述序列中漏掉的图片	M				
某组序列图片所示的事件之前会发生什么事	M				
某组序列图片所示的事件之后会发生什么事	M				
根据图片上的动作进行推理	M				
根据常识回答为什么的问题	M				

		观察一	观察二	观察三	观察四
理解	M				
观察：					
什么（实物和图片）	M				
什么颜色（实物和图片）	M				
什么（对）什么颜色	M				
谁（真人和照片）	M				
谁（对）什么	M				
做什么（实物和图片）	M				
谁（对）什么（对）做什么	M				
哪里（实物和图片）	M				

续表

		观察一	观察二	观察三	观察四
谁（对）什么（对）做什么（对）哪里	M				
哪个（实物和图片）	M				
谁（对）什么（对）做什么（对）哪里（对）哪个	M				
怎样（实物和图片）	M				
谁（对）什么（对）做什么（对）哪里（对）哪个（对）怎样	M				
听和读：					
谁（对）做什么	M				
谁（对）做什么（对）什么（对）什么颜色	M				
哪里（实物和图片）	M				
谁（对）做什么（对）什么（对）什么颜色（对）哪里	M				
谁（对）做什么（对）什么（对）什么颜色（对）哪里（对）什么时候	M				
谁（对）做什么（对）什么（对）什么颜色（对）哪里（对）什么时候（对）哪个	M				
谁（对）做什么（对）什么（对）什么颜色（对）哪里（对）什么时候（对）哪个（对）为什么	M				
谁（对）做什么（对）什么（对）什么颜色（对）哪里（对）什么时候（对）哪个（对）为什么（对）怎样	M				

		观察一	观察二	观察三	观察四
高级交谈技能（交谈——高级）	M				
"告诉"（对）"问"	M				
非言语交谈技能	M				
交谈的方式、方法	M				
根据话题列出在交谈过程中会提到的事物	M				
回答与话题有关的简单问题	M				

续表

		观察一	观察二	观察三	观察四
就选定的话题进行交谈	M				
提问	M				
以恰当的方式进行插话	M				
了解他人的兴趣	M				
发起交谈	M				
了解同伴什么时候对交谈不感兴趣	M				

		观察一	观察二	观察三	观察四
社交意识	M				
根据示范辅助进行学习：					
言语的示范	M				
视觉的示范	M				
问候：					
回应他人的问候	M				
主动问候他人	M				
分享与合作：					
轮流	M				
坦然面对失败	M				
辨识小组里的人：					
拿着某种物品	M				
具有某种特征（头发的颜色、穿蓝色毛衣等）	M				
正在做某个动作	M				
说过某句话	M				
其他信息（例如，自己喜欢的人或不喜欢的）	M				
在小组里注意听别人讲话：					
在小组活动时留在指定位置	D				
和小组里的人一起做动作	%				
和小组里的人一起唱歌	%				
看着正在发言的人	%				

续表

		观察一	观察二	观察三	观察四
回答小组的提问	%				
服从小组的指令	%				
向小组或圈内人发出信息	M				
寻求信息	M				

		观察一	观察二	观察三	观察四
观察学习	M				
通过模仿他人学习要学的行为	M				
对周围人和事的意识：					
辨识拿着物品的人	M				
辨识具有某种（身体方面的）特征的人	M				
辨识正在做某个动作的人	M				
辨识正在说话的人	M				
在他人进行尝试时一边听一边等待轮到自己（能回答"发生了什么"之类的问题）：					
（人名）做什么？	M				
谁（做动作）？	M				
（人名）喜欢做什么？	M				
听他人对话中的附带信息	M				
观察周围发生的事（能回答"发生了什么事"这一问题）	M				
发现错误信息	M				
（人名）看见哪一个？	M				
团体指令：					
向团体中每一个人发出的指令	M				
附有条件的团体指令	M				
是我/不是我	M				
获得言语信息	M				
言语推理	M				
获得视觉信息	M				
根据对活动的观察进行推论	M				
说说同伴的兴趣爱好	M				

		观察一	观察二	观察三	观察四
社交技能	M				

		观察一	观察二	观察三	观察四
记忆	M				
视觉记忆（延迟的配对）	M				
给学生看多个物品（接受性命名）	M				
什么不见了？	M				
看完物品10秒以后记住3个物品	M				
回忆	M				
记住字词到歌曲	M				
讲述一个熟悉的故事（例如，3只小猪）	M				

		观察一	观察二	观察三	观察四
数量概念					
叠圆环或杯子	M				
根据大小排列5个以上的物品	M				
从1数到10（从左往右，一一对应）	H				
数到：_____	H				
使实物与数字相等	M				
数量配对：					
相同物品相同数量的配对	H				
不同物品相同数量的配对	H				
接受性数量：					
实物	H				
图片	H				
表达性数量：					
实物	H				
图片	H				
符号（数字）：					
接受性辨识	H				
表达性命名	H				
把数字符号和数量进行配对	H				
把数量词和数字以及数量进行配对	H				

续表

数量概念		观察一	观察二	观察三	观察四
把它变成（数量词）/给我（数量词）	H				
较多（对）较少：					
接受性区辨	M				
把它变成较多的/较少的	M				
最多（对）最少	M				
次序：					
把连续的数字卡片按顺序摆放	H				
把不连续的数字卡片按顺序摆放	M				
在（数字）之前/之后是什么？	M				
10个一数、2个一数和5个一数	I				
加法	H				
减法	H				
加（对）减	M				
奇数/偶数	M				
序数	H				
应用题	M				

		观察一	观察二	观察三	观察四
时间概念	M				
日历：					
一个星期中每一天的名称	M				
月	M				
年	M				
今天/明天/昨天	M				
周末/工作日	M				
下星期/上星期	M				
你什么时候_____？早晨；下午；晚上；夜里	M				
季节	M				
假期	M				
区分时间：①1小时之前；②半小时之前；③15分钟之前；④5分钟之前	H				

阅读		观察一	观察二	观察三	观察四
配对：					
字母与字母配对	M				
单词和单词配对	M				
按照从左到右的顺序，把单个字母同单词配对	M				
背诵字母表	M				
接受性辨识：					
大写字母	N				
小写字母	N				
表达性命名：					
大写字母	N				
小写字母	N				
按顺序摆放字母卡片	C				
说出字母的发音	N				
合成音	M				
把单词和物品或图片进行配对	M				
单词的接受性辨识	M				
口头拼出单词	M				
阅读句子	M				
把短句与图片进行配对	M				
理解：					
谁（做动作）？	M				
（人名）做了什么？	M				
在哪里？	M				
怎样/为什么？	M				
遵循书面指令：					
一个词的指令	N				
两个词的指令	N				
三个词的指令	N				

书写		观察一	观察二	观察三	观察四
在划好横线或格子的纸上描红拼音字母、数字和简单汉字	M				
名字的描红、抄写和书写	M				
抄写拼音字母、数字和简单汉字	M				
书写拼音字母、数字和简单汉字	M				
按从左到右的顺序将单个字母与单词进行配对	M				
抄写教室前面黑板上的字词	M				
听写字词	M				
写句子回答问题	M				

自理技能		观察一	观察二	观察三	观察四
吃:					
汤匙/叉子	M				
用杯子喝水	M				
倒饮料	M				
用吸管吸	M				
用刀涂食物/用刀切食物	M				
穿着:					
脱衣服	M				
穿衣服	M				
解（揿扣、纽扣、拉链）	M				
系扣	M				
脱鞋	M				
穿鞋	M				
系鞋带	M				
排便:					
上厕所习惯的训练	M				
主动大小便	M				
夜里保持干爽	M				
卫生:					
洗脸、洗手	M				

续表

自理技能		观察一	观察二	观察三	观察四
刷牙	M				
梳头	M				
洗澡	M				
家务：					
把东西收好	I				
准备简单的食物（用微波炉煮、用烤箱烤、摆好餐桌、搅拌等）	I				
杂务（准备餐桌、把碟子放在水槽里、扔垃圾、铺床、换床单、洗衣服等）	I				
擦桌子、擦窗子、擦墙	I				
将碟子放在水槽里，准备餐桌	I				
照料宠物	M				
社区：					
安全步行	M				
购物	M				
交通	M				
通信	M				
安全/陌生人/处理紧急情况	M				
与钱有关的技能：					
配对钱币	M				
接受性命名（1分、5分、1角、2角、5角、1元、5元、10元、20元）	N				
表达性命名	N				
购物	M				
使用电话	M				
留言	M				
帮人取东西并交给人家	M				
购买杂货	M				

附录二：日常资料汇编

课程：_____ 阶段：_____

附录三：回合尝试资料

课程：_____ 阶段：_____

（+）正确　（-）错误　（P）辅助　（O）没反应　（OT）偏离任务

附录四：课程概要

日期										

附录五：成绩评估

工作人员：_____ 日期：_____年_____月_____日

评估人：_____ 儿童：_____

评估理由：_____

1= 很少出现 / 明确关注　2= 有时遇到 / 需要提高　3= 经常出现 / 恰当的 / 可接受的

（标有 * 的项目不能只根据直接的观察进行评定）

行为塑造	1	2	3
1. 有时进行正强化以增强并维持指向任务的恰当行为			
2. 不使用威胁或贿赂			
*3. 采用积极教学法促进适当的替代行为			
4. 在需要时纠正破坏性行为			

情境	1	2	3
1. 能准备和组织好教学材料			
2. 物理环境的布置和干扰水平适合学生			
3. 能变换教学地点，并采用（适合学生的）自然的环境			

任务	1	2	3
1. 任务同学生的机能水平相适应			
2. 把任务分解成组成部分			
*3. 教师理解课程的目的			

指令（区辨刺激）	1	2	3
1. 指令同儿童的机能水平相适应（例如，复杂程度和清晰度等）			
2. 采用自然的语调			
3. 采用与所希望的行为相应的词语			
4. 指令的变化 / 一致性与儿童的机能水平相对应			
5. 能给学生留出适当的时间做出反应（例如，大约 3～5 秒）			

反馈/后果	1	2	3
1. 如学生所需,立即进行反馈			
2. 后果有效			
3. 正确评估学生的反应			
4. 强化的频率得当（通常是足以产生效果,但要尽快减少）			
5. （根据反应的质量、注意、辅助的减少等）运用差别后果			
6. 运用告知性反馈			
7. 为了有效地提高社会性强化的价值,如果要采用实际的强化物,就把它和社会性强化物结合起来			
8. 反馈有一致性			
9. 采用各种不同的强化物			

尝试之间的间隔时间	1	2	3
1. 每次尝试是分开的			
2. 尝试之间的间隔时间恰当（教学进度恰当；学生有充分的时间得到强化）			

辅助	1	2	3
1. 能在最佳时机进行辅助（通常在发出指令之时就进行辅助或在发出指令之后马上进行辅助）			
2. 辅助要保证学生能取得成功,但决不超出需要			
3. 如果首次辅助不起作用,就采用干预程度更高的辅助			
4. 运用辅助对学生进行必要的帮助,避免学生长期遭受失败			
5. 在进行得到辅助的尝试之后,就进行没有得到辅助的尝试或减少了辅助的尝试			
6. 采用恰当的辅助方法（例如,演示、言语示范、肢体引导、隐含在指示物体中的辅助等）			
7. 在学生因分心或游离任务而犯错误时,只有在不能用后果来纠正错误行为时才对学生进行辅助			
*8. 有计划地逐渐减少辅助			
9. 防止进行不经意的辅助（例如,位置、眼神、榜样、苦相等）			

引起注意	1	2	3
1. 在学生注意力集中的时候，一定会对他进行强化			
2. 选择最佳时机开始进行尝试，以使学生能更好地集中注意力			
*3. 有计划地培养学生独立注意的能力			

加快学生学习进步的速度（要使学习有趣、自然）	1	2	3
1. 课时长度适当；休息的时机和时间适当			
2. 调整任务的次序，把较难的任务穿插在较容易的任务中间			
3. 在学生成功完成任务之后结束课时			
4. 积聚学习冲劲			
5. 将整个课程同游戏完美地结合起来			
6. 治疗尽可能自然（例如，采用日常语言）			
7. 尽快促进泛化			
8. 根据学生的行为和成绩调整训练			
9. 语调热情			
10. 采用有趣的、学生喜爱的材料			
11. 不重复学生已经掌握的课程，以免学生感到无聊			
12. 在训练结束之后，马上对学生良好的注意和表现进行强化			
13. 穿插任务适当			

其他意见（如有必要）

_____

_____

_____

_____

_____

_____

在适当的时候,就多名工作人员在日常工作中表现出来的工作习惯发表意见。

专业成长	1	2	3
1. 是否渴望学习、积极学习			
2. 在诊所里做出有价值的贡献			
3. 寻求成长			

关系	1	2	3
1. 作为临床小组的一员,工作良好			
2. 能否对反馈做出回应			
3. 能同家长建立恰当的关系			

责任感和职业行为	1	2	3
1. 是否准时			
2. 出勤良好			
3. 在取消治疗时以适当的方式通知家属			
4. 合理利用时间			
5. 穿着符合职业特点			

其他意见(如有必要)

_____
_____
_____
_____
_____
_____
_____

工作人员签名:_____   日期:_____年_____月_____日

附录六：课程说明

课程：_____ 已采用：_____ 已掌握：_____

总体程序：_____

开始	教师说 / 做	学生说 / 做
	S^{D*} ①	R^{**} ①
	S^{D*} ②	R^{**} ②
	S^{D*} ③	R^{**} ③
	S^{D*} ④	R^{**} ④
	S^{D*} ⑤	R^{**} ⑤

*S^D：区辨刺激　　**R：反应

辅助：_____

意见：_____

附录七：追踪表格

课程：_____ 阶段：_____

项目	反应	已开始	已掌握	意见
1				
2				
3				
4				
5				
6				
7				
8				
9				
10				
11				
12				
13				
14				
15				
16				
17				
18				
19				
20				

作者简介

罗恩·利夫（Ron Leaf），临床心理学家，拥有超过40年治疗孤独症的临床经验。他在美国加州大学洛杉矶分校（University of California, Los Angeles）获得学士学位和博士学位，曾与伊瓦尔·洛瓦斯（Ivar Lovaas）教授密切合作。利夫博士广泛参与"幼儿孤独症研究计划"（Young Autism Project）的调查研究，参与撰写《我的书》（*The Me Book*），并参与制作该书的配套录像带。他还为国内外孤独症家庭和孤独症治疗机构提供咨询。利夫博士同约翰·麦克伊钦博士一道创办并领导孤独症治疗机构"孤独症伙伴"（Autism Partnership），他亦是美国行为治疗和学习中心（Behavior Therapy and Learning Center）的执行董事，这一机构主要从事孤独症的治疗和咨询工作，也为孤独症家长、教师和治疗师提供相关服务。

约翰·麦克伊钦（John McEachin），临床心理学家，拥有超过40年治疗孤独症及其他发展性障碍的临床经验。他在美国加州大学洛杉矶分校获得博士学位，并在伊瓦尔·洛瓦斯教授的指导下，参与"幼儿孤独症研究计划"的研究。麦克伊钦博士曾对接受密集行为治疗的孤独症儿童进行长期的追踪研究，并于1993年发表研究成果。他与利夫博士共同创办并领导"孤独症伙伴"，也曾到世界各地举办讲座，并定期向家长、机构及学校提供咨询服务，协助制订治疗方案并培训家长、照顾者及教师。

图书在版编目（CIP）数据

孤独症儿童行为管理策略及行为治疗课程/（美）罗恩·利夫（Ron Leaf），（美）约翰·麦克伊钦（John McEachin）主编；蔡飞译. --北京：华夏出版社有限公司，2020.3（2023.3 重印）

书名原文：A Work in Progress: Behavior Management Strategies and a Curriculum for Intensive Behavioral Treatment of Autism

ISBN 978-7-5080-9852-4

Ⅰ．①孤… Ⅱ．①罗… ②约… ③蔡… Ⅲ．①孤独症－儿童教育－特殊教育－行为控制 Ⅳ．①G766

中国版本图书馆 CIP 数据核字（2019）第 211757 号

Copyright © Autism Partnership Ltd., 1999
© 华夏出版社有限公司　未经许可，不得以任何方式使用本书全部及任何部分内容，违者必究。

北京市版权局著作权合同登记号：图字 01-2007-4873 号

孤独症儿童行为管理策略及行为治疗课程

主　　编	［美］罗恩·利夫　　［美］约翰·麦克伊钦
译　　者	蔡　飞
责任编辑	贾晨娜　刘　娲
责任印制	顾瑞清
出版发行	华夏出版社有限公司
经　　销	新华书店
印　　装	三河市少明印务有限公司
版　　次	2020 年 3 月北京第 1 版　　2023 年 3 月北京第 6 次印刷
开　　本	787×1092　1/16 开
印　　张	20.75
字　　数	342 千字
定　　价	68.00 元

华夏出版社有限公司　地址：北京市东直门外香河园北里 4 号　邮编：100028
　　　　　　　　　　　网址：www.hxph.com.cn　电话：（010）64663331（转）
若发现本版图书有印装质量问题，请与我社营销中心联系调换。